天津社会科学院 中国城市史研究会 主办

城市史研究

（第33辑）

URBAN HISTORY
RESEARCH

张利民　主编

社会科学文献出版社
SOCIAL SCIENCES ACADEMIC PRESS (CHINA)

《城市史研究》 编委会

目　录

区域体系与经济发展

空间结构与环境变迁

社会阶层与文化教育

近代广西城镇商业发展的量化考察

——以桂林大圩镇为例

熊昌锟

内容提要： 大圩因水运而兴，明代就已成为桂林东面重要的水陆码头。清代以来，随着商品经济的快速发展，大圩逐渐成为桂北全县以及兴安、临桂、灵川、龙胜等县农副产品的货物集散地，位列"广西四大圩镇"之一。清末民初，为大圩最兴盛时期，湘商、粤商、赣商、闽商以及广西本土商人汇聚于此，商铺也多达 306 户。清代以来大圩的繁荣，既反映了广西与周边广东、湖南、江西等省的经济文化交流，同时也体现了当时广西城镇经济的发展程度。

关键词： 近代　广西城镇　商业　大圩

明末清初，中国的商品经济得到迅速发展，主要的特征表现为市镇经济的繁荣。地处西南边疆的广西发展相对迟缓，然而在清代，尤其是梧州等地相继开埠之后，广西的农作物通过西江及支流大量运往广东，促进了广西商品经济的发展，一批圩镇先后兴盛起来。此前，学界对广西的城镇研究，多集中于市场网络、市场变迁的讨论，[①] 而忽略个案的研究。本文欲以桂林大圩镇为例，考察清代以来广西城镇的发展过程。

清代，大圩隶属临桂东乡，"大墟、去城三十里，水陆码头，旧名长

---

① 宾长初：《论广西近代圩市的变迁》，《中国边疆史地研究》2003 年第 4 期；《广西近代的市场及市场网络》，《中国经济史研究》2007 年第 2 期；《清代西江流域城镇商业的量化分析：以平乐镇为个案的考察》，张利民主编《城市史研究》第 29 辑，天津社会科学院出版社，2013，第 168～184 页。

1

安市"。① "大墟为临桂东乡巨镇"，② 因其商业繁荣，得以名列广西四大圩镇，另有苍梧戎圩、平南大乌圩、桂平江口圩。民国年间，桂林"除县城外，重要市镇有南乡之六塘镇、良丰镇，东乡之大墟镇，西乡之雨江镇，约有二千户，苏桥约有一千户，良丰镇约有四百余户"。③ 民国时期的大圩，因其圩市商业的繁荣，有"小桂林"之称。民国初年，大圩属桂林县第一区。1940 年，桂林县改称临桂县，大圩属临桂县第一区。1961 年，划归灵川县，称大圩镇。

一　大圩的商铺统计及经营内容

清初，大圩商业已有一定程度的发展，彼时其商业发展状况无具体数据呈现，或可通过商人捐资情形和商铺数量反映。清代嘉庆年间重建万福桥亭祠，其中大圩捐款的商人已达 200 多人，可见当时已有较为庞大的商人群体，详细捐资情形见表 1。

表 1　重修万福桥大圩商人捐资统计

捐款分类	商号（人）数	占总数百分比（%）	捐款额（千文）	占总额百分比（%）
十千文以上（含）	4	1.84	50	19.66
五千文到十千文	4	1.84	27	10.62
一千文到五千文	85	39.17	118.6	46.64
一千文以下	124	57.14	58.7	23.08
合　计	217	100.00	254.3	100.00

资料来源：《重建万福桥亭祠碑记》（嘉庆二十五年），现存大圩建设街福德祠内。

从碑刻内容可以看出，捐资的商号（人）达到 217 户（人），共捐资 254.3 千文，即 254.3 两银。捐资在 10 两以上，仅 4 家，共捐资 50 两，占捐资总额的 19.66%。5 两至 10 两之间，亦只有 4 家，捐资 27 两，占 10.62%。而捐资在 1 两至 5 两商号（人）之捐款额，则占捐资总额的 46.64%。超过半数的商号（人）捐资未到 1 两，因此尽管人（户）数众

---

① （清）吴征鳌：《临桂县志》卷 7《舆地一》，光绪三十一年重刊本。
② （清）金武祥：《粟香随笔》卷 4《粟香二笔》。
③ 广西民政厅秘书处编印《民国二十一年度广西各县概况》，民国 22 年（1933），第 64 页。

多，但捐资额不过 23.08%。这也说明嘉庆年间（1796～1820），大圩虽然出现了数量众多的商户，但小商小贩仍占主体。

大圩商业的鼎盛时期是在清末民初。清末民国时期，大圩商铺林立，鼎盛时曾达 306 家，比一般县城的商铺要多。[①] 商铺是圩镇中开展商业贸易的主要场所。大圩的商铺多前临街道，后滨漓江。既做铺户，亦做客房。商铺的空间结构则从现存的"刘万元"可窥一斑。"刘万元，该店铺建于清代初期，至今已有 280 余年历史，占地近 180 平方米，砖木结构，一楼一底，分前后两进，前部分为铺面，设有柜房、粮囤、香案，后部分为住房，中间有天井，天井起通风、调节房屋功能作用，两侧为厢房。本店铺坐南朝东，前临集市，后傍漓江，冬暖夏凉。至今传承 11 代，历代屋主从清代至 1946 年基本经营粮食生意，在大圩颇有名气。本店铺在抗战时曾毁于失火，后复建基本保持原貌，为清代至解放前大圩的典型店铺。"[②]

民国时期，大圩资本额较大的商铺，又可分为"四大家""八中家""二十四小家"。现将其资本额及年营业额列为表 2。

表 2　大圩部分商户的资本额及年营业额情况

单位：万元

四　大　家			
商　号	资　金	主要经营范围	全年营业额
黄源顺	60	桐油、白果、水面生意	48
裕和昌	8	油类、白果、水面生意	7
广昌均	16	苏杭丝绸	13
廖忠源	12	杂货、醋坊、水面生意	10
八　中　家			
秦巨利	15	醋坊、榨油、水面生意	12
周信泰	10	榨油、水面生意	8
刘聚兴	9	榨油、水面生意	7
阳万美	5	白果、粮食、水面生意	4
祥华	8	杂货、水面生意	6
周三合	6	粮食、水面生意	5

---

① 廖江主编《灵川县志》，广西人民出版社，1997，第 465 页。

② 2013 年 8 月 31 日，笔者在大圩考察时，据"刘万元"屋主介绍，其祖上来自湖南，清初已到大圩，以经营粮食生意为主，附带经营杂货生意。

续表

		八 中 家		
白兴泰	5	杂货、粮食、水面生意		4
周茂和	3	水面生意、金银铺		4
		十 二 小 家		
周鸿昌	5	水面生意、榨油		4
毛锦丰	4	水面生意、榨油		3
李公昌	4	水面生意、杂货		3
熊大合	6	水面生意、杂货		5
黄世昌	3	水面生意、粮食		2
黄泗盛	3	水面生意、粮食		2
黄广源	6	水面生意、马蹄		5
黄荣华	3	水面生意、杂货		2
邹三合	3	土布、染坊		2
均和安	3	水面生意、杂货		2
周永和	3	水面生意、粮食		2
李恒美	3	土特产、杂货		2

注：（1）表中二十四家商号的资本总额及年营业额为民国年间的调查数据，具体年份不详；
（2）另有"十二小家"没有详细的资本额及年营业额情况，在此不做讨论。
资料来源：《大圩镇志》（内部资料），1980，现藏广西灵川县县志办。

从表2可以看出，民国时期大圩"四大家"的资本总额为96万元，年营业额为78万元。"八中家"的资本总额为61万元，年营业额为50万元。"十二小家"的资本总额在46万元，年营业额为34万元。此24家商户的总资本额为203万元，年营业额则有162万元。① 可见当时大圩商业之盛。日本东亚同文会所编的《新修支那省别全志》中也提及民国时期的大圩："大墟，位于桂江左岸，约有二百五十家商铺，建有广东会馆、湖南会馆及团练局、小学校等。市况繁荣，物产有茶油、桐油及苎麻等。"②

---

① 货币单位中"元"的来源，最初起因于外国银元（如本洋、鹰洋）在中国的长期流通，清政府在光绪年间为求抵制而仿铸之，并在宣统二年颁布《币制则例》，规定以"元"为国币单位。民国时期铸造的袁世凯银元、孙中山银元因袭"大清银元"的式样、成色及重量。此处的"元"应是民国时期铸造的银元，如"广东省造库平七钱二分"银元。

② 〔日〕支那省别全志刊行会编《新修支那省别全志》第2卷《广西》，东亚同文会，1941，第168页。

大圩商号除了"四大家""八中家""二十四小家"之外，还有其他众多商号。根据已有资料和访谈部分商号后人所得的统计数据，列为表3。

表3 民国时期大圩商铺情况统计

商 号	业 主	主要经营范围	商 号	业 主	主要经营范围
		鼓 楼 街			
黄源顺	黄秋波	白果、桐油、水面生意	广昌均	高广昌	苏杭绸缎、布匹
廖忠源	廖得仁	杂货、醋坊、水面生意	裕和昌	李实甫	白果、榨油、水面生意
秦巨利	秦雨轩	醋坊、榨油、水面生意	周巨丰	周治庭	白果、粮食、水面生意
罗才合	罗和生	布匹、染坊	刘荣昌	刘 尧	布匹、染坊
李公昌		杂货、水面生意	熊大合		杂货、水面生意
廖三盛	廖仁寿	糕点、糖果、醋坊	益盛昌	李培良	杂货、水面生意
周晋丰	周保兴	山货、水面生意	全福庄	曾云波	山货、水面生意
周裕和	周家瑞	山货、水面生意	朱利和	朱芳庭	加工经营铁器
广昌荣		杂货、醋坊、糕点、糖果	有 利	侯有利	加工经营铁器
刘顺记	刘福佑	杂货、醋坊、糕点、糖果	熊元兴	熊智有	加工金银首饰
茂 兴	刘顺第	杂货、醋坊、糕点、糖果	秦两益	秦明晃	加工金银首饰
裕 顺	李绍渊	杂货、醋坊、糕点、糖果	玉和祥		加工金银首饰
广 成	刘 刚	杂货、醋坊、糕点、糖果	吕和泰		加工金银首饰
朱均益		杂货、醋坊、糕点、糖果	秦益昌		加工经营铁器
三合栈	周忠寿	杂货、醋坊、糕点、糖果	高福记		加工经营木器
仁 祥		杂货、醋坊、糕点、糖果	刘桥平	刘桥平	加工经营木器
刘大昌	刘秉衡	染坊、布匹、百货	李和平	李和平	加工经营木器
谢德和	谢正轩	染坊、布匹、百货	秦大尤	秦大尤	加工经营木器
广昌发	高新华	染坊、布匹、百货	秦玉华	秦玉华	加工经营木器
福茂昌		染坊、布匹、百货	瑞 安	骆启荣	经营文具兼印刷
大盛昌		染坊、布匹、百货	潘 波	高家骥	经营文具兼印刷
邹三合		染坊、布匹、百货	徐玉书	徐耀明	经营文具兼印刷
杨维善		染坊、布匹、百货	广馨兰		加工经营烟叶、烟丝
朱宝山		稻米加工、杂粮、面粉等	钱昆庭	钱昆庭	加工经营烟叶、烟丝
陆联兴	陆家栋	稻米加工、杂粮、面粉等	万兴烟庄	阳子祥	加工经营烟叶、烟丝
	高家亮	缝纫、定制衣服	省香居	刘宜生	饭馆、熟食
	申五保	缝纫、定制衣服	有新来	刘如福	饭馆、熟食

续表

		鼓 楼 街			
商　号	业　主	主要经营范围	商　号	业　主	主要经营范围
	申有明	缝纫、定制衣服		李荣早	客栈、旅店
	陈五生	缝纫、定制衣服		陈长顺	客栈、旅店
	陈六生	缝纫、定制衣服		肖宏发	客栈、旅店
	徐荣生	缝纫、定制衣服	永　利	贺宏芝	理发
	肖德秀	缝纫、定制衣服	美　安	廖伯钧	理发
	周得胜	缝纫、定制衣服	朱中和	朱继忠	中医
	申淑珍	缝纫、定制衣服	三益堂	宋孟宾	中医
	高冬连	缝纫、定制衣服	春和堂	胡子承	中医
	贺仁义	成衣	熊国春		中医

		泗 瀛 街			
商　号	业　主	主要经营范围	商　号	业　主	主要经营范围
广兴祥	吕绍宣	醋坊	吴广兴	吴子成	杂货、糕点
白顺兴	白老贵	杂货、醋坊、糕点、糖果	杨公和	杨少全	加工金银首饰
吴广兴	吴子成	杂货、醋坊、糕点、糖果	刘吉荣	刘吉荣	经营瓷器、陶器
集义兴	申耀龙	杂货、醋坊、糕点、糖果	赵义盛	赵月山	经营瓷器、陶器
万利祥	骆振忠	杂货、醋坊、糕点、糖果	赵义泰	赵启保	经营瓷器、陶器
张永源	张振榕	杂货、醋坊、糕点、糖果	李华昌	李　斌	加工经营木器
廖永盛	廖如芝	杂货、醋坊、糕点、糖果		李方五	加工经营木器
荣　兴	廖　荣	杂货、醋坊、糕点、糖果		陈杰发	加工经营木器
李义胜	李仁珍	杂货、醋坊、糕点、糖果		陈得贵	加工经营木器
马永顺		杂货、山货、水面生意		周成发	加工经营木器
段有发	段世林	染坊、布匹、百货	高家兴		加工经营木器
曾义昌	曾宗汉	染坊、布匹、百货	刘万益	刘义德	加工经营鞭炮
高均利		染坊、布匹、百货	李万昌	李章寿	加工经营鞭炮
李杏林		稻米加工、杂粮、面粉等	莫广兰	莫启梅	加工经营烟叶、烟丝
文长美		稻米加工、杂粮、面粉等	吴发兰	吴发森	加工经营烟叶、烟丝
瑞昌隆		稻米加工、杂粮、面粉等		李　斌	客栈、旅店
仁　兴	周启珍	稻米加工、杂粮、面粉等		申和顺	客栈、旅店
李兴隆	李国钰	稻米加工、杂粮、面粉等		陆四生	客栈、旅店
廖就利	廖振斌	稻米加工、杂粮、面粉等	莫炎利	黄荣茂	理发

泗瀛街					
商　号	业　主	主要经营范围	商　号	业　主	主要经营范围
米益利	朱　辉	稻米加工、杂粮、面粉等		秦发生	理发
莫石桥		稻米加工、杂粮、面粉等		秦官庆	理发
刘万元		稻米加工、杂粮、面粉等		曾国民	理发
太和祥		面条加工等	大生堂	莫雪村	中医
	高　正	缝纫、定制衣服	均济药店	莫如松	中医
	李明栋	缝纫、定制衣服	江锦和	江　焱	中医
			军医诊所	侯振隽	西医

塘坊街					
商　号	业　主	主要经营范围	商　号	业　主	主要经营范围
周信泰	周亨德	榨油、水面生意	白兴泰	白林宣	杂货、粮食、水面生意
周三合	周三合	粮食、水面生意	均成栈	王怀俊	杂货、醋坊、糕点、糖果
锦华源	周明忠	杂货、水面生意	信成栈	阳静龄	杂货、糕点
曾生昌	曾良金	粮食、水面生意	阳万美	阳水元	杂货、粮食、水面生意
黄广源	黄超仁	马蹄、水面生意	李恒美	李恒美	杂货、山货
廖恒义	廖仕斌	山货、水面生意	义和记	钟仁美	山货、水面生意
周汇丰	周保兴	杂货、土产、水面生意	汪福茂	汪秉宣	加工经营烟丝、烟叶
白寿安	白克振	杂货、土产、水面生意	车馨兰		加工经营烟丝、烟叶
义昌和			李亨利	李少林	经营修理钟表
两义和		杂货、土产、水面生意		申有元	经营修理钟表
胡新民	胡新民	杂货、土产、水面生意		王成林	客栈、旅店
三　兴	黄范五	杂货、醋坊、糕点、糖果		申二娘	客栈、旅店
三　合	周相仁	杂货、醋坊、糕点、糖果		唐福保	理发
裕通号	廖茂宣	杂货、醋坊、糕点、糖果	莫如福	莫如顺	理发
广粮店	袁德顺	稻米加工、杂粮、面粉等		蔡锐生	缝纫、定制衣服
阳德和		稻米加工、杂粮、面粉等	保生堂	周明智	中医
廖丰亨	廖廷耀	加工金银首饰	回春堂	王佑生	草医
汪六九	汪六九	经营瓷器、陶器		李荣早	牙科
	赵祯祥	加工经营竹器	军医诊所	李勤生	西医
	蒋苟妹	加工经营竹器		秦锐苟	加工经营竹器
	阳水发	加工经营竹器		申桂芳	刻章

续表

兴　隆　街

商　号	业　主	主要经营范围	商　号	业　主	主要经营范围
黄泗盛	黄泗盛	醋坊、粮食、水面生意	白义美	白玉寿	杂货、山货
均　兴	王怀仕	杂货、醋坊、糕点、糖果	赵永利	赵吉宽	稻米加工、杂粮、面粉
赵裕和	赵首明	粮食、杂货	半济堂		稻米加工、杂粮、面粉
宋复兴	宋惠甫	杂货、醋坊、糕点、糖果	裕和安		稻米加工、杂粮、面粉
华　安		布匹	李忠和		稻米加工、杂粮、面粉
许老㧤		布匹、百货	赵裕和		稻米加工、杂粮、面粉
肖德生		加工经营竹器	李恩息		经营修理钟表
李光生		加工经营纸扎			

隆　安　街

商　号	业　主	主要经营范围	商　号	业　主	主要经营范围
均和安	王小友	杂货、醋坊	黄荣华		杂货、水面生意
石点金	石玉剑	杂货、土产、水面生意		胡老三	加工经营竹器
廖荣保	廖荣保	加工经营烟叶、烟丝		马启明	加工经营竹器
日新来	莫广养	饭馆、熟食		周上禄	缝纫、定制衣服
	陆四生	客栈、旅店		黄玉恩	缝纫、定制衣服
桂　阳	郑芝华	理发		许传弟	缝纫、定制衣服
	何祖阳	缝纫、定制衣服			

福　星　街

商　号	业　主	主要经营范围	商　号	业　主	主要经营范围
刘聚兴	刘云端	榨油、水面生意	骆成合	骆六二	杂货、醋坊
玉孙祥	唐开元	布匹、染坊	朱松柏	朱瑞卿	粮食、杂货
黄源昌		杂货、土产、水面生意	周冬苟		加工经营纸扎
陈茂盛	陈茂盛	杂货、醋坊、糕点、糖果	肖立正		理发
文彦培		稻米加工、杂粮、面粉	熊新盛	熊荣恩	稻米加工、杂粮、面粉
文华堂	文回友	草医	陶沛一		眼科

老　圩　街

商　号	业　主	主要经营范围	商　号	业　主	主要经营范围
白重兴	白伯恒	杂货、醋坊、糕点、糖果	熊同安	熊孝发	饭馆、熟食
顺兴隆	莫赞庭	加工、经营铁器	苏㧤爷		石料加工
	周鸣达	理发	永　兴		榨油

老 圩 街					
商　号	业　主	主要经营范围	商　号	业　主	主要经营范围
骆维生		加工米粉	秦鸿兴		榨油
	周志桥	加工、经营木器	合　益		榨油
	周元茂	加工、经营木器		周年苟	加工、经营木器
	周承忠	加工、经营木器		周祖荣	加工、经营木器
	周六青	加工、经营木器			

地 灵 街					
商　号	业　主	主要经营范围	商　号	业　主	主要经营范围
李全合	李玉书	杂货、醋坊	廖明星	廖素清	加工、经营烟叶、烟丝
宋顺利	宋福兴	杂货、醋坊、糕点、糖果	张三兴	张巨鹏	加工、经营烟叶、烟丝
邓祥发	邓祥发	加工、经营鞭炮			

　　资料来源：《灵川县志材料·大圩公社搜集的县志资料》（内部资料），1982，现藏广西灵川县县志办；《大圩镇志》（内部资料）；曾桥旺：《大圩古镇历史文化漫谈》，华夏出版社，2012，以及"三合昆"商号后人周长富老人提供的资料。

　　从表3可以看出，大圩的商铺主要集中在泗瀛街、鼓楼街、塘坊街一带，兴隆街、隆安街也有一定数量的商铺，福星街、老圩街、地灵街则较少。而资本额雄厚的"四大家"都集中在鼓楼街，"八中家"也多集中在塘坊街、鼓楼街。可见，鼓楼街是清代、民国时期大圩较为兴盛的街道。

　　以上所列大圩八街共230家商铺，还有一些商铺因无资料，加上年代久远，无法统计，因此，大圩商铺的数目远在此之上，由此可见民国时期大圩商业的繁荣兴盛。而各商铺经营业务的情况，详见表4所列。

表4　民国时期大圩商铺经营情况

单位：间

行　业	数　量	行　业	数　量	行　业	数　量
百货、杂货	38	竹器店	13	陶器、瓷器店	4
水面行	24	铁匠铺	12	修（卖）钟表店	4
面粉、面条、油料作物	24	榨油厂	6	饭店、熟食	4
染坊、苏杭布匹	18	木器店	5	文具印刷店	3
缝纫店	18	碾米厂	3	鞭炮	3

续表

行　　业	数　量	行　　业	数　量	行　　业	数　量
粮食（谷米）	16	修造船厂	2	纸扎品	3
客栈、旅店	14	面粉厂	1	中医、草医	11
烟丝、烟叶	10	石匠铺	1	西医	2
金银首饰店	6	机械厂	1	牙科、眼科	2

资料来源：《大圩公社志部分资料摘编·大圩镇部分》（内部资料），1983，现藏灵川县县志办。

除了商业以外，大圩还有部分手工业和简单的工业作坊。大圩曾有6家榨油厂，分别为周信泰、秦巨利、巨兴、巨泰、周裕和、宏兴，主要加工花生油、桐油、茶油、芝麻油等。有大德、宏源、昌生3家碾米厂。修造木船厂有李宏发、赵宏发两家，各家有工人30余名。此外，还有加工家庭生活用具和农业工具的5家木器店；13家竹器店，经营手工编织的谷箩、谷筐、竹箕、谷垫等；铁匠铺12家，打造生产生活所需的铁质用具。与此同时，1941年投资建成的广西面粉厂，日产特级农夫牌面粉100袋，佳禾牌面粉100袋，牧童牌面粉300袋，每袋50市斤，鼎盛时有100余名工人。"大圩面"远近闻名，大圩曾有加工经营面条的作坊40余家，年产70万斤，远销广州、香港等地。工业有1941年建厂开业的建国机械厂，主要修理机械类器具，设备有机床、刨床等，雇有8到10名工人。[①]

近代大圩商业、手工业和工业的相继兴起、繁荣，是多种原因促成的，但最基本的是其具备优越的水运条件。在靠近大圩街道一旁，先后建有10多个码头，与同期的桂林相比，还要多出几个，这在当时的桂江流域绝无仅有。1933年，大圩的出口货值达18.27万元，尚未包括进口货值，比同期灵川整个县的出口货值还要多。[②]众所周知，1937年日军全面侵华，桂林和西南的一些城市成为抗战的大后方。在此期间，桂林人口剧增，人口的增长带动了消费的提高，商业出现了大幅度增长。据资料记载，1933年，桂林有各类商店906家，1940年增至2593家，总资本额为364.62万元。[③]大圩因临近桂林，受其影响，商业也得到了一定程度的发展，"每逢

---

① 《大圩公社志部分资料摘编·大圩镇部分资料》（内部资料）。
② 广西统计局编印《广西年鉴》（第一回），民国23年（1934），第444页。
③ 广西统计局编印《广西年鉴》（第一回）；广西省政府统计处编印《广西年鉴》（第三回），1947，第683页。

圩期，赶圩的人成千上万，所交易的农副产品应有尽有"。①

二 大圩市场上的主要商品、规模及中转贸易

商品构成商业贸易最为重要的要素，是实现农村、圩镇之间经济交流的载体。大圩市场上的商品，以谷米、白果、桐油、茶油、海盐等为大宗，此外，还有布匹、花生等。前文提到，大圩为桂北几县的货物集散地，以灵川为例，"物产田产外，地产如桐、茶、白果、锥栗、花生、玉米等均有输出。谷、白果、山麦均销往大墟"。②

抗战以前，广西米粮运销，可分为两大区域，各以南宁及梧州为汇集地。梧州区包括浔江、郁江、桂江，及柳江四大区域。在桂江流域，则灵川、义宁、兴安、全县及桂林所产之米，皆先集中于桂林，直运梧州。其中一部分集中于大圩，运抵梧州。③ 梧桂区是广西较大的粮食市场。梧桂区之较大市场有桂林、平乐、荔浦、蒙山等地，因桂江不通汽船，故各市场运销梧州限民船一种，已知运销费用之项目极少，主要为运输费用。梧桂区销售梧州之米，亦多无佣金，此或因卖方多直接售予批发商，或梧州代理商，或有时直接买进所致。④ 而作为桂北一带谷米运销的集散地，大圩曾设有专门的谷米行以及以运输谷米为大宗的卖米码头，且有专门经营谷米贸易的商铺 13 户，肩挑粮贩约 200 人。周巨丰等商号，每年收购优质米约 1.25 万石运往梧州，黄源顺、阳万美等则于新谷登场时大量低价购进，荒月高价售出。⑤ 据《广西谷米运销》记载，从大圩用民船运销梧州的"八月兰"（谷米中的一个品种）年均 1.5 万石，而同期桂林销往梧州的"八月兰"仅为 1 万石，可见当时大圩谷米贸易之盛。

清代、民国以来，白果逐渐成为一种普通的商品。《灵川县志》记有："白果为五区生产大宗，近一区亦有，销往大墟。"⑥ 桂林一带的白果主要

---

① 钟文典主编《桂林通史》，广西师范大学出版社，2008，第 396 页。
② 陈美文：《灵川县志》卷 2《舆地二·物产》，民国 18 年（1929），石印本。
③ 张先辰：《广西经济地理》，文化供应社，民国 30 年（1941），第 43 页。
④ 张培刚：《广西粮食问题》，民国 27 年（1938），第 124~125 页。
⑤ 廖江主编《灵川县志》，第 446 页。
⑥ 陈美文：《灵川县志》卷 2《舆地二·物产》。

种植在海洋、潮田、大境、灵田、大圩等地，以海洋为最多，其他乡镇亦有零星分布。这一带的白果多先集中于大圩，然后运往梧州、广州等地销售，大圩的鼓楼码头以白果的装卸为大宗。民国时期，甚至有外商与大圩商人进行白果期货贸易。

桐油出口多借水运，运载量大且运费低廉。因而，全州、兴安、灌阳、资源、灵川等桂北五县的桐油多先汇集大圩，由此经水道运抵梧州、粤港等地。一部分也运抵桂林，"桂林位居桂江上游，为东北数县商业之集散地，其油之来源：（一）该县所产之油约一千六百市担（大圩八百市担，陆圩五百市担，良丰三百市担）。（二）附近各处如资源、兴安、灵川、龙胜、义宁、三江、百色，约共一万余市担。（三）湖南边境如城步、武冈、新宁等处，往年亦有桐油运桂。以上各处所出之油，类皆三年，估计桂江一带，年约四万市担"。① 茶油为中国特有林产之一，在广西栽培分布 70 余县，全省总产量达 20 多万担，除大部分供给省内消费外，每年均有大量输出，自民国 21 年至 27 年，平均每年输出 6 万担左右，出口茶油先集中融县之长安及柳州、平乐等地，循水道汇集于梧州，再经珠江运至香港转销日本等国。民国 28 年后，因茶油外销及煤油输入困难，渐成为内地重要之灯用油。② 大圩市场上也有一定数量的茶油或茶籽出售，部分集中到平乐，少部分直接运抵梧州销售。除了桐油、茶油的销售，还有桐籽和茶籽的买卖，大圩曾建有 6 家榨油厂，方便将油桐加工为成品油进行销售。

广西境内无盐场，所需食盐多从广东运抵，且多为海盐。乾隆年间，两广总督鄂弥达上疏称："粤西并无场地，俱配东省盐进行销，而各属盐埠有离东省场地甚遥者，有贴近东省场地一水可通者。其附近东省各埠商力有能转运支持至边缘之地，商人除完东饷西税之外，每无余货赴东拆还。一遇盐缺，则卖价陡昂，且奸商操纵居奇，百姓颇受其累，误引误课滋弊无穷，是以前督臣孔毓珣奏请官运官销，迄今相沿无异。"③ 乾隆以前，从广东运往广西之盐，均为官运官销。其后才逐渐放开，允许商人经销。

桂北几县的农产品通过大圩码头运抵梧州，而回程从梧州购回海盐、布

---

① 关仲乐：《桐油运销概况》，民国 25 年（1936），油印本，第 14~15 页。
② 财政部贸易委员会湘桂办事处编印《广西外销农产》，民国 31 年（1942），第 6 页。
③ 《奏为东省盐斤行销粤西事》，中国第一历史档案馆馆藏，档案号：02-01-04-13982-001。

匹、洋杂等物。嘉庆年间在大圩设立桂林府盐运水利分府，具有管理盐运之职责。而长岗岭村的陈姓商人正是靠收购海盐在大圩、桂林等地出售而起家。因广西北部、湖南南部一带水路不便，海盐到大圩后，从陆路到兴安、全州，湖南城步等县只需几天时间，因此这一带的食盐多由大圩商人提供。大圩四大家之一"裕和昌"的主要业务包括食盐生意，并和桂林一些盐行的盐商合股，在桂林、大圩等地销售，有时桂林的盐商还要到大圩提盐。

此外，大圩市场上还有马蹄、花生、苧麻、黄麻、草席等特色产品。大圩因水陆交通方便，附近物产丰富，村庄密集，人口众多，是当时的物资集散地，进而成为潮田、大境、海洋、柘木、熊村、草坪以及兴安、全州、灌阳、灵川、临桂、义宁等地对外贸易的转运中心。①

虽然 1944 年时，日军入侵桂林，造成大圩全境沦陷。日寇占领大圩期间，烧杀劫掠，大圩的商业发展遭受巨大劫难。但在抗战胜利后，仍有部分商号继续在大圩营业。② 大圩市面上的商号、商业虽因日军的侵占掠夺遭受巨大损失，但其自身的贸易中转站功能很快得以恢复。到 1946 年，桂北各县各类大宗进出口货物逐渐恢复。全县大宗出口货物有生油 274171斤、桐油 67070 斤、红麦 33638 斤、小粉 92648 斤、烟 41688 斤、花生8323 斤、小麦 359003 斤。大宗入口货物有食盐 3697080 斤、布匹 837 尺、黄豆 38597 斤、石膏 54080 斤、纸 340 捆。③ 龙胜县各类大宗出口货物分别为：桐油 5000 担、茶油 1650 担、茶叶 600 担、棕皮 300 担、香焙 100担、五倍子 100 担、辣椒 2800 担、木材 3000 担。大宗入口货物为：布匹85000 匹、食盐 883 石、卷烟 13500 捆、石膏 800 石、火柴 87 箱、丝 160石、麦粉 180 石。④ 义宁县各类大宗出口货物为桐油 150 担、茶油 50 担、生油 60 担、牛骨 190 斤、牛皮 1500 张、柿饼 400 担、苧麻 750 担、烟叶16000 捆、黄芪 17000 担、小麦 1019200 担。大宗入口货物则为：食盐 150担、布匹 160 匹、棉纱 20 箱、煤油 57 加仑、卷烟 1500 条、铁 3 吨，海

---

① 《灵川县志》（未刊），1983，现藏广西灵川县县志办。
② 《灵川县志资料·大圩公社搜集的县志资料》（内部资料）。
③ 《全县统计提要》（民国 35 年度第 1 期），广西壮族自治区档案馆藏，档案号：L015 - 001 -
0025。
④ 《龙胜县统计提要》（民国 35 年 1~6 月），广西壮族自治区档案馆藏，档案号：L015 -
001 - 0029。

味、洋杂，数量不详。① 百寿县大宗出口货值分别为：东纸34340000元、茶油435000元、茶叶61000元、桐油16000000元、杉木2560000元、荸荠110000元，牛皮数量不详。大宗进口货值为食盐168000000元、布匹196800000元、棉28554000元、黄糖53634300元、烟草54889500元。② 灵川县各类大宗出口货物则有水稻、茶油、桐油、湘纸、竹、杉木、松柴、炭、白果、花生、甘蔗。大宗入口货物有：米、布匹、洋纱、食盐、药材、铜铁。③ 然而具体数量不详。因大圩是桂北全州、兴安、龙胜、义宁、百寿、灵川等县的物资集散地，进出口的大宗货物多在大圩码头起运和装卸，由此也可判断此时的大圩已基本恢复此前的货物中转功能。

1951～1952年，圩市商业仍有一定的发展。根据1951年对农村经济的调查，大圩一带的经济情形可参见表5所示。

由表5a～5c可以发现，抗战后大圩区（行政单位，下同）的非农户数占到总户数的23.54%，其中手工业、工商业户仍有417户，从事其他行业的808户，还有部分小商小贩以及与商业有关的副业，如挑夫等职业。而大圩区的特产茶油、花生油、瓜子等仍在大圩出售，而副业、手工业中的土布、酒、面条、麦粉、草席、青瓦，或原料来自大圩，或在大圩出售。同时，1945年后，熊村区年产桐油2600斤，白果25826斤，草帽2893顶，板栗10450斤，销往大圩、平乐。④ 而潮田区年产干桐籽190担，干茶籽140担，木柴840根，冬菇85担，香信13担，白果80担，五倍子31担，柚子500个，面条4000斤，面粉77500斤，销往大圩、桂林、潮田等地。⑤ 总之，此时大圩商业仍有一定的活力。即使到1952年，大圩圩市

---

① 《义宁县统计提要》（民国35年度第1期），广西壮族自治区档案馆藏，档案号：L015-001-0024。
② 《百寿县统计提要》（民国35年），广西壮族自治区档案馆藏，档案号：L015-001-0032。此处货币单位"元"应为法币，因民国24年（1935）11月起，国民政府实施法币改革，禁止银币流通，发行法币。而在民国后期，法币严重贬值，造成通货膨胀，由此也造成货值数量巨大。
③ 《灵川县统计提要》（民国35年度1-2期合编），广西壮族自治区档案馆藏，档案号：L015-001-0028。
④ 《桂林专区临桂县熊村区农村经济调查表》，广西壮族自治区桂林市档案馆藏，档案号：16-1-1。
⑤ 《桂林专区临桂县潮田区农村经济调查表》，广西壮族自治区桂林市档案馆藏，档案号：16-1-1。

表 5a 桂林专区临桂县大圩区农村人口调查

调查时间：1951 年 5 月 6 日

项　别		调查时实有	较 1943 年 (＋)(－)%	项　别		调查时实有	较 1943 年 (＋)(－)%
1. 总户数		5203	＋1.4	3. 农户数		3978	
甲、总人数		23299	＋1	甲、农户总人数		17648	
乙、男人数		11430		乙、农户男人数		8632	
丙、女人数		11869		丙、农户女人数		9016	
2. 阶层人数				4. 农户中全劳动力人数			
甲、地主	户数	116		甲、其中总人数		9460	
	人数	679		乙、其中男人数		4993	
乙、富农	户数	149		丙、其中女人数		4467	
	人数	889		5. 非农户数		1225	
丙、中农	户数	1446		甲、手工业	户数	134	
	人数	7112			人数	622	
丁、贫农	户数	2383		乙、工商业	户数	283	
	人数	9647			人数	1388	
戊、其他	户数	1109		丙、其他	户数	808	
	人数	4972			人数	3641	

表 5b 桂林专区临桂县大圩区主要特产运销情况

种　类	全年产量（斤）	规格	价格（担）	生产方式	运销地	产销淡旺情况	发展前途
茶　油	4000	中样足度	50 万元	合伙经营	桂林、平乐、大圩	2～10 月淡，11、12 月旺	保持原状
瓜　子	750		5 担米	个体种植	桂林、大圩	春夏淡、秋冬旺	
花生油	50000	净白生油	45 万元	合伙经营	本地、梧州、良丰	1～8 月淡，9、10 月旺	大量增植
花生麸	82000	中生麸	7 万元	同上	同上	同上	同上

表 5c 桂林专区临桂县大圩区主要副业或手工业

种 类	全年产量	规 格	原料来源	运销地	工人人数	产销淡旺情况发展前途
土布	1600 匹	毛土布	桂林、平乐	本区乡村	14	春夏淡，秋冬旺
酒	72400 斤	三花酒	大圩	同上	18	同上
面条	24000 斤	担面	本地	桂林梧州	54	春冬淡，秋夏旺
麦粉	20000 斤	土粉	本地	桂林	14	同上
草席	27844 张	6 尺高 4 尺广	本地	桂南各地		春夏淡，秋冬旺
青瓦	300000 块	桶瓦	本地	桂林大圩	4	2、3 月旺，6、7 月淡
石灰	3000000 斤	青色灰	本地	桂林北门	6	同上

资料来源：《桂林专区临桂县大圩区农村经济调查表》，现藏广西壮族自治区桂林市档案馆，档案号：16-1-1。

的货物仍多达 20 余种，尚不包括家禽、家畜、鱼类和耕牛的交易。根据资料，1952 年大圩圩市货物上市及交易情况列为表 6。

表 6 1952 年大圩货物上市量及交易情况

名 称	数量（担）	单价（元）	合 计	名 称	数 量	单价（元）	合 计（元）
稻 谷	200	60000	12000000	麻（担）	10	600000	6000000
白 米	80	80000	6400000	西瓜（担）	100	30000	3000000
糯 米	60	700000	42000000	马蹄（担）	40	400000	16000000
花 生	200	160000	32000000	草席（床）	200	10000	2000000
香花生	10	240000	2400000	白果（斤）	50000	4000	2000000000
芝 麻	50	400000	20000000	杉木（根）	10000	10000	100000000
玉 米	80	70000	5600000	白果篓（个）	20000	2000	40000000
小 麦	200	87000	17400000	箩筐（对）	200	10000	2000000
毛 麦	50	60000	3000000	木柴（担）	200	7000	1400000
荞 麦	5	90000	450000	木炭（担）	100	35000	3500000
蚕 豆	60	80000	4800000	绿豆（担）	5	200000	1000000
豌 豆	20	120000	2400000				

注：此处货币应为新中国成立后发行的第一套人民币，因其面值巨大，在 1955 年发行第二套人民币时，按 1:10000 的比例与旧币进行兑换。

资料来源：《大圩镇县志资料采集座谈会记录》，《大圩镇志》（内部资料）。

从表 6 可以看出，此时圩市的上市货物种类丰富，交易金额也较为可观。此后不久，随着社会主义三大改造、人民公社化等运动的相继开展，圩市商品交易逐渐减少，仅提供部分农村日常生活用品，大规模的集散功能业已不存。

三　历史发展的多个面相：与其他圩镇（市镇）的比较

（一）与桂东南三大圩镇的比较

戎圩、大乌圩、江口圩与大圩并称清代广西四大圩镇。戎圩、大乌圩、江口圩为桂东南最具代表性的三大圩镇，而大圩则在桂北一带最具代表性。因此，本文通过大圩与戎圩等三个圩镇的比较，来观察桂北圩镇与桂东南圩镇发展进程的异同。

黄滨的研究表明，[①] 近代广西的市场呈现"无东不成市"和"无市不趋东"的格局，而戎圩在这种格局中起着重要的中转作用。换句话说，明清之际，至少在梧州开埠以前（1897），戎圩在两广商品市场网络中的地位是其他圩镇不能比拟的。之所以这样说，原因有以下几点：其一，戎圩优越的地理位置，使其成为广西全省大部分地区大宗货物运往广东的集散地。据《重建粤东会馆碑记》记载："苍梧为粤西之东境，离县二十里有巨镇焉，盖古戎城也。其地面临大江，左右高山环峙，峰连翠叠，数十里而不绝，上接两江：一自南宁而下，一自柳州而下，皆会于戎。"[②] "戎墟傍火山而濒水，袤延十里，烟火万家，西通云贵、南宁，东接肇高诸郡，故西粤一大都会也。"[③] 众所周知，粤西的经济区域中，南部以南宁为中心，西北以柳州为中心，东北以桂林为中心，南宁、柳州的货物"皆会于戎"，桂东南的货物也先集中于戎圩。两广之间的商品交流，最大宗者莫过于谷米。广西谷米大量销往广东，称为"西米东运"。"客于戎者，四方接轸而莫盛于广人。集于戎者，百货连檐而莫多于稻子。"[④] 据陈春声估计，广西一年运往

---

① 黄滨：《城镇经济网络结构'无市不趋东'对近代广西经济的影响——粤港商业对广西经济辐射研究之四》，《广西民族研究》2008年第1期。
② 《重建粤东会馆碑记》，见唐凌、熊昌锟编《广西商业会馆系统碑刻集》，广西师范大学出版社，2015，第47页。
③ 《粤东会馆甲申年创造坝头碑记》，见唐凌、熊昌锟编《广西商业会馆系统碑刻集》，第44页。
④ 《重建粤东会馆题名碑记》，见唐凌、熊昌锟编《广西商业会馆系统碑刻集》，第54页。

广东的谷米，为 200 万～300 万石，① 几乎全部先集中于戎圩，然后运往广州等地。"稻谷为戎圩最大宗的出口货物，谷米从附近乡下和各地圩镇由水陆两路运来，每日有二三十万斤，然后大部分出口到广东，因此当时有'出不尽戎墟谷，斩不尽长洲竹的谚语'。"② 其二，广西商品市场中，粤商实力占据绝对优势，其他客商无可比拟。粤商的大本营为粤东会馆，戎圩的粤东会馆，建立时间较早，初建于清康熙五十三年（1714），重建于乾隆五十三年（1788），重建时用银 1.8 万两，由此可见，粤商在戎圩的实力非同一般。其三，清初之时，戎圩商业已有很大发展，在重建粤东会馆捐资题名中，有戎圩当地的行会组织 17 个，商号或商人 652 家（人），具体名目如表 7 所示。

表 7　戎圩重建粤东会馆捐资行会名目

名　称	捐资名目	名　称	捐资名目
承恩会	工金一千五百两	药材行	天后宫红缎绣长旛一对
苣鼓行	武圣殿雕花神楼一座	青蒻行	武圣殿前锡香案一副
布　行	工金一百大元	铜器行	二圣殿大铜锣一对
苣　行	工金三十大元	油　行	二圣殿前铜吊灯二对
银　行	工金三十大元	杂货行	二圣殿前锡宫灯二盏
烟丝行	工金二十四大元	钛钉行	工金一两一钱
磨房行	铜博古炉瓶一座	棉花行	工金三十二大元
皮袋行	二圣殿大铜头锣一对	皮　行	工金四大元
耆英会	二圣殿龙福银金冠二顶		

资料来源：《重建粤东会馆题名碑记》，见唐凌、熊昌锟编《广西商业会馆系统碑刻集》，第 54～56 页。

清初，戎圩就与广西各地市场，以及广东的部分市镇有紧密的联系，在"重建粤东会馆捐资题名"中，外地商号捐资达 574 家，分布情况大致如表 8 所示。

---

① 陈春声：《市场机制与社会变迁：18 世纪广东米价分析》，中国人民大学出版社，2010，第 38 页。

② 广西壮族自治区通志馆编《太平天国革命在广西调查资料汇编》，广西人民出版社，1962，第 19 页。

表8　戎圩重建粤东会馆捐资外地商号统计

地　区	商号数目	地　区	商号数目	地　区	商号数目	地　区	商号数目
横州	34	柳州	31	迁江	26	南宁	21
贵县	21	运江	16	桂平	14	大乌	13
武宣	11	安澜埠	11	顺德	11	禅山	10
三眼堡	10	江门	9	象州	9	南邑	9
南海	8	员冈	8	来宾	8	藤县	7
顺邑	7	北流	6	都城	6	融县	6
桐木	6	黄连	6	罗定	6	太平圩	6
龙州	5	石龙	5	蒲庙	5	平南	5
员山	5	新会	4	龙山	4	大湾埠	4
仁义	4	番禺	4	龙江	4	陈村	4
新圩	3	柳府	3	西南	3	渔捞	3
怀远	3	新邑	3	平塘	2	南乡	2
平马	2	灵山	2	鹤山	2	永淳	2
思明	2	永安州	2	人和圩	2	佛山	2
大石	2	香山	2	和睦埠	2	下湾	2
德庆	2	丹竹	2	古宣	2	牛岭	2
大良	2	三水	2	归顺	1	高明	1
横江圩	1	桂林	1	古宜	1	窦家	1
信宜	1	庆远	1	麻子	1	中庆	1
雒容	1	百色	1	田州	1	波塘	1
石嘴	1	甘竹	1	开建	1	大冲圩	1
云塘	1	岑溪	1	砚州	1	广平	1

资料来源：《重建粤东会馆题名碑记》，见唐凌、熊昌锟编《广西商业会馆系统碑刻集》，第61～68页。

综上所述，明清时期的戎圩，通过西江及其支流，与广西各地的圩镇和城市都保持着密切的商贸往来，同时与广东的一些重要商业城镇发生联系，如佛山、顺德、江门等地。与大圩相比，其市场辐射范围更广，行业分类更细，发育程度更高，进而发展成为近代城市的雏形。而大圩农村圩市的性质更强一些，与农村的联系更为紧密。此外，粤商在戎圩占据主导地位，因此戎圩及梧州一带的社会风俗与广东几无二致。而在大圩，湘商实力胜于粤商，因此社会风俗方面受中原和湖湘文化影响至深。

大乌圩（今平南大安圩），成圩于明末。明末清初以来，粤商沿浔江而上，到达此地，在此开设商行，经营苏杭丝绸、布匹杂货。据乾隆十五年（1750）《增建大乌圩列圣宫碑记》录："墟之设，由来已久。上通容、桂，下达藤、梧，舟车络绎辐辏，四方客商云集"。粤商及当地商人从容县、桂平等地采购桂油、桐油及一些土产，转销粤、港，回程购买苏杭丝绸、食盐、洋杂、煤油等，集中批发临近市场。

由此可见，清代大乌圩的市场范围已涵盖容县、桂平、藤县、梧州等地。民国时期，大乌圩得到进一步的发展，此时圩内横街小巷，星罗棋布，穿街过巷，如入迷宫。据统计，大乌圩市有固定住户 1503 户，赶圩人数 5000 人左右，为平南县南各乡商品集散地，同时为平南第一大圩市，以油、糖、烟、猪、鸡、布匹等为大宗，全年贸易额约 200 万元。然而至1938 年西江封锁后，对外贸易的交通条件无存，只能转为内销，限于市场等因素，商业走向衰落。①

江口圩，又名永和圩，明代成圩。位于浔江与湟江汇合之地，因此处水面宽阔、便于船只停泊，来往客船多泊于此。《桂平县志》记载："同光而后，浔州府城设立厘金，入口加税，船户过而不留，咸集此圩，多于县城南北河数倍。"② 据《南海栈行》记载："清道光年间，每年由江口圩至广东南海、番禺等地的货船有四百艘左右，货运量达五千吨以上，以谷、米、花生油、布匹、猪、鸭以及山货、土杂、竹器为主。广东鹤山等地每年亦有近二十艘船至江口圩购买花生油，每船运载少则十余吨，多则二三十吨。"③ 清同治年间（1862～1874），粤商在此创建粤东会馆，并设有码头1 座，粤商开设的商号、平码行有数十间。清末时期，江口圩已有大小铺户百余家，人口三千有余，圩市内有当铺两间，酒馆两家，其余如山货铺、苏杭铺、杂货药材铺则数十家。民国时期，尤其是抗日战争爆发后，广东人大批溯西江而上，进入沿江各地，桂平、江口人口大增，商业发展迎来难得的机遇。当时，浔江、郁江河面船只云集，客货运输异常繁忙。然而好景不长，随着日军的入侵，商业发展的环境遭受重创，江口圩也就此衰落。

① 郑湘畴纂修《平南县鉴》第 2 编《工商》，民国 29 年（1930），铅印本，第 198 页。
② 程大璋等纂修《桂平县志》卷 9《圩市》，民国 9 年（1920），铅印本。
③ 桂平县志编纂委员会编《桂平县志》第 13 编《商业》。

与桂东南三大圩镇相比，大圩位于桂北地区（此处所指桂北地区大致包括桂林府、柳州府以及平乐府的部分地区），与桂东南、桂西南等地圩镇相比，有一定的共性和特性。共性主要在于明清之际，随着政府加大对岭南地区的开发以及商品经济的发展，加上赋役征银的实施，使得农产商品化的倾向日渐浓厚，一部分圩镇先后产生并逐步走向兴盛。另外，客商和移民在圩镇商业发展过程中起着重要作用，广西当地人不善经商，亦不愿经商。如桂东梧州等地"小民惟知力穑，罔知艺作，不营商贾，家鲜盖藏"。① 桂西镇安府一带"士民惟知务农开山种畲，鲜知贸易"。② 因此明末以来，大量的外省客商进入广西市场。明清时期的移民主要是商业移民，伴随着客商入桂，很多中原和邻省的商人或居民迁入广西后，世代在此定居。"粤西幅员辽阔，纵横三四千里。通计土著十之三四，柳、庆、桂、平四郡，楚南垦荒贸易者多，粤东间有，民人亦略相等，闽省差少。梧、浔、南、镇、郁等府，半与东境毗连，垦荒贸易占籍者，多系东人，闽人间亦有之。"③ 可见，湖南、广东、福建等省的移民在广西社会经济活动中扮演着重要的角色。

在桂北地区湘商实力超过粤商。在明代以前，桂北地区经济开发程度居全省之首。临近桂北的湘赣商人在明代进驻这一区域的城市、圩镇，经过长期经营，在此区域有很强的实力。薛暮桥认为，官话区域是湖南人的势力范围。④ 结合大圩的情况来看，60%以上的商铺为湘、赣两省商人所建。⑤ 清代道光年间的《兴安县志》有湖南会馆、江西会馆的详细信息，却未见有粤东会馆的记载。龙胜、资源等县，"手工业者往往右江、楚南客民挟其技，来此游食"。⑥ 而在桂东南、桂西南一带，粤商有着绝对的优势地位。从梧州、郁林、浔州、柳州、南宁至百色一带，都是粤商的势力范围。"自浔、梧达于南宁，皆东泛舟之役所必至。广西服用百货，无一

① （清）罗勋等：《苍梧县志》卷5《风土志上》，同治年间刊本。
② （清）羊复礼等：《镇安府志》卷8《舆地志一》，光绪年间刻本。
③ （清）严正基：《论粤西贼情兵事始末》，见《清经世文续编》卷81《兵政二十》。
④ 薛暮桥：《广西农村经济状况调查报告》，广西省立师专经济研究委员会，民国23年（1934），序言。
⑤ 《灵川县志资料·大圩公社搜集的县志资料》（内部资料）。
⑥ （清）蒋崧等：《西延轶志》卷2，道光二十年（1840）刊本。

不资于广东。"① 在整个广西市场，粤商影响要远远大于湘商和其他商帮。

此外，与桂东南圩镇相比，商品种类和市场范围亦有一定差异。桂东南三大圩镇，多以广东为市场终点，加上这一带为广西稻谷种植的集中区域，因此，谷米成为圩镇大宗货物，其中尤以戎圩、江口圩为最，而大圩虽有一定数量的谷米交易，但远不及桂东南三圩，且不是圩镇最大宗的货物。此外，桂东南圩镇货物进出口路线单一，绝大部分沿着西江运往粤、港，而进口货物也是沿这条路线实现商品的互通有无。与此相比，大圩进出口路线并非唯一，还可向北与湖南、中原市场相联系。因此，桂东南三大圩镇对西江的依赖程度远甚于大圩，1939 年冬，西江封锁后，戎圩、江口、大乌相继走向衰落，而大圩直到 1944 年被日军占领后才逐步衰落。

（二）广西地区圩镇与江南市镇的比较

众所周知，明清以来的江南市镇在中国各地方市场中发育程度最高。结合江南市镇和广西圩镇的发展情况，可以看出两者至少在以下方面仍存在巨大的差距。

第一，市镇（圩镇）分布格局状况。市镇的分布情况取决于其辐射的范围。根据单强的研究，民国时期江南地区每 $1000km^2$ 有市镇 27.8 个，即约 $36km^2$ 就有一个市镇，因此江南市镇市场的贸易区域在 $36km^2$ 左右。② 而广西地区的圩镇分布格局则远不及江南市镇分布的密度。以经济较为发达的平南县为例，该县土地面积有 $2858km^2$，清末该县有圩市 26 个，圩均贸易区域为 $110km^2$。民国年间，该县圩市数量增至 33 个，圩均贸易区域为 $86.6km^2$。③ 而在广西较落后的山区，只有一两个农村圩市，金秀大瑶山地区，面积约 $2300km^2$，甚至连一个圩市都没有。当地居民要走上好几十里甚至上百里的山路到附近平原地区赶圩，用土特产换取生活的必需品。④ 结合两个地区市镇分布的格局，可以发现，江南地区因为社会生产力发展程度高，商品化程度越来越高，因而对市场的依赖性就越大，市镇的数量越多，密度越大。反之，广西地区的社会经济发展状况不如江南地区，故

---

① 广东文征编纂委员会编印《广东文征》卷 30《说赈》，1973，第 353 页。
② 单强：《近代江南乡镇市场研究》，《近代史研究》1998 年第 6 期。
③ 宾长初：《论民国时期广西农村圩市的发展》，《中国社会经济史研究》2003 年第 2 期。
④ 《广西瑶族社会历史调查》第 1 册，广西民族出版社，1984，第 214 页。

而圩市分布数量较少，密度较小。另外，广西圩市分布不均衡，多集中于较发达的东部地区，西部地区圩市数量较少。总体而言，广西圩镇的发展基本附属于广东外向型经济结构的转型，主要为广东提供米谷及一些农副产品。

第二，市镇（圩镇）的类型。江南市镇以其专业性闻名于世。如南浔镇、乌青镇、菱湖镇、震泽镇是著名的丝业市镇，濮院镇、盛泽镇、双林镇、王江泾镇为著名的绸业市镇。南翔镇、罗店镇、朱家角镇、朱泾镇、封泾镇是著名的布业市镇。平望镇、长安镇、临平镇、硖石镇为著名的粮食业市镇。此外还有盐业、榨油业、笔业、冶业、窑业、渔业、造船业、海运业等其他方面的专业市镇。相对专业化的江南市镇而言，广西的圩镇几无专业性可言，虽有临桂六塘这样的手工业圩镇，但数量极其有限，且发展程度不高。多为单纯的商业圩镇，仅仅是货物的集散和流通场所，几不具备生产的功能。

四 结语

在明清边疆经济开发过程中，尤其是岭南商品经济社会的形成时期，伴随着赋役征银的实施和农产品商品化的倾向，一部分圩镇（城镇）逐渐发展起来，清代"广西四大圩镇"的兴起、繁荣正是其中的代表。大圩通过市场圈的集散功能及贸易机制使城镇及周边地区的居民产生经济向心力，出于自身的需要自觉或不自觉地参与城镇的贸易体系中。另外，大圩因位于桂北地区，与湘南相接，成为广西与中原联系的桥头堡，中原地区的生产、生活方式先后传入桂北地区，因此大圩得以成为这种生产方式和文化的传播地。沿西江上溯的闽粤商人，也将重商的风尚传入这一带，对原有的社会经济格局产生重大的影响。此外，大圩因靠近中心城市桂林，随着政治和文化地位的提升而获得相应的发展，进而提升了自己的地位。关于这一点，主要体现在抗战以来，桂林成为抗战的大后方，人口急剧增加，一部分分流至周边的圩镇，带来了当地商业的急速增长，进出口货物值超过很多县市。

然而，与同时期的江南市镇相比，广西地区的圩镇发展程度仍是比较原始和低端的，其功能主要作为米谷及农副产品的集散地，然后运销广东。因此，广西圩镇发展水平的高低归根结底取决于到达广东市场的交通便捷程度，西江沿岸的戎圩之所以能成为近代广西发展水平最高的圩镇，正是缘于其作为"西米东输"的总汇集地。而大圩的发展也正是得益于优越的地理位置，进而成为桂北几县农副产品的集散地。而从整个圩镇商业发展的历程也可看出，清代尤其是近代以来，广西基本已沦为广东外向型经济的附庸。

作者：熊昌锟，复旦大学历史系

运作、绩效与不足：民国时期天津的小本借贷处

冯　剑

内容提要：天津市小本借贷处，是 1930 年代天津市政府与银行界合作，为救济小本工商业者所实行的一种借贷形式。它设立的目的在于扶植小本工商业，打击高利贷。小本借贷处成立后，借贷者非常踊跃，但是小本借贷的效率不高，代办处始终也没有建立起来。因为借贷条件的限制，一些需要借贷者无法借贷；灾害和战乱以及借贷处本身地位的变迁，使偿还也出现了一些问题。这些使小本借贷处最终没有成为与典当业一样重要的民间借贷机构；同时反映了天津市政府在促进城市金融现代化时所面临的困境，表明了政府与社会只有恰当合作，才能把小本借贷处办好。

关键词：小本借贷　借贷方式　绩效　不足

民间借贷是社会经济生活的重要内容，在近代也为国家与社会高度关注。民国时期，政府与商界为解决民间借贷的问题，在呼吁打击高利贷、改造传统典当业的同时，也开始创办合作社以及尝试小本借贷等具有现代色彩的、新型的借贷形式。小本借贷在政府、银行以及一些专家学者的推动下，在一些大城市和乡村地区推行，成为与典当业、合作社一样针对民间借贷的金融机构。① 当时的一些学者甚至认为，它可以和典当业、合作

---

① 1919 年在北京就有公私机构试行小本借贷业务。参见袁熹《近代北京的贫民小本借贷处》，《今日科苑》2008 年第 19 期。同时一些银行也参照外国银行的经验，首先在上海实施。参见郭凤岐总编纂《天津通志·金融志》，天津社会科学院出版社，1995，第 315页。马溥荫：《京平津之小本借贷》，《益世报》1937 年 1 月 24 日。该文介绍了南京、北京和天津小本借贷处的情况。朱静：《金城银行上世纪二三十年代的小本借贷述评》，《中国社会经济史研究》2005 年第 3 期；该文介绍了金城银行小本借贷的活动情况。

社相互配合形成一个完整的现代民间借贷体系。① 近些年来，学者对历史悠久的典当业以及合作社有了比较深入的研究，但是对小本借贷则关注较少。小本借贷是否与典当业和合作社一样成为具有影响力的民间借贷形式，它在近代的民间借贷中发挥了什么作用？这些问题都需要深入研究。② 天津的小本借贷处是在 1930 年代天津城市工商业凋敝的情况下，政府为救济小本工商业者，与银行界联合举办的一项针对民间小本工商业者的借贷业务。天津小本借贷章程虽然参照北平，但是在资金来源、组织和归属等方面和北平有所不同，是当时开办小本借贷项目的大城市中比较有成效的一个。本文依据天津档案馆所藏的关于小本借贷处的一些档案资料，以及当时的报刊、文献等，对小本借贷处在天津市的运作、绩效及不足等情况做初步研究。

天津小本借贷处成立于 1935 年 1 月，直接隶属于天津市政府。当时为满足天津市小本工商业者的需要，政府向银行借贷 12 万元，并准备由救国基金项下拨款 12 万元，一共 24 万元，用于小本借贷业务。当时由于救国基金没有到位，先由天津政府筹资 4 万元。③ 后来因为银行资金暂时不到位，政府又增拨七万元。④ 1935 年在天津市政府和地方社会的努力之下，救国基金变成实业基金，并以此成立市民银行，小本借贷处于 1936 年 4 月归并在市民银行之下。一直延续到新中国成立，才被天津市公私营银行联

---

① 如马寅初就认为："至典当与合作社一为对物信用，一为对人信用。典当与小本借贷制度，前者重在供给与消费资金，故不问放款用途，后者重在协助生产，故监督放款用途。三者均有特殊之功能，当可并行不悖。惟典当为旧式金融机关，迄于今日，殊有改善之必要。俾成为现在经济机构之一环。"见宓公干《典当论》，商务印书馆，1936，马序，第 10~11 页。

② 参见袁熹《近代北京的贫民小本借贷处》，《今日科苑》2008 年第 19 期；该文对北京小本借贷处的沿革和成绩也进行了介绍。朱静：《金城银行上世纪二三十年代的小本借贷述评》，《中国社会经济史研究》2005 年第 3 期。

③ 《小本借贷处即将开办，市府先垫四万元，基金筹措无问题》，《益世报》1935 年 1 月 8 日，第 5 版。救国基金是"津市前在抵货时期，曾抽一部分救国基金，先后设立工厂及印刷所，惟以办理不善，遂全陷停顿，现尚余款三十余万，最近各方对此款项用途即为注意，多有向市府表示意见，倾闻市府方面，亦以此项基金，殊不宜长此存置，故决定用为'实业基金'"。参见《救国基金用为实业基金，加聘保委员，明日开会商讨》，《益世报》1935 年 10 月 24 日，第 5 版。

④ 《小本借贷处津银行界允予接济签订协约即日实行》，（天津）《大公报》1935 年 3 月 16 日，第 6 版。

合小本贷款处所取代。在其运作期间，小本借贷处一直在传统与现代之间徘徊。小本借贷处的运作过程，体现出了城市金融现代化在近代中国转型期所面临的困境。

在天津市政府成立小木借贷处的前后，天津的一些银行如大陆银行、新华储蓄银行以及河北银行等，也开办过小额或小本借贷的业务，但这些银行的此类业务暂不在本文讨论的范围之内。

一　借贷目的与借贷对象

借贷的目的是借贷者的意向所在，也大致圈定了借贷对象的范围。小本借贷处成立的主要目的，在1936年出台的《天津市市立小本借贷处借贷须知》中已经表明，即"在扶植小本工商业之发展"。《须知》同时还指出："凡为婚丧嫁娶及作投机等非生产事业者，一概不得借款。"[①] 这些要求体现了小本借贷形式的现代色彩。但从借贷实际的对象来看，大多是传统行业的营业者，如来自茶庄、货栈、煤栈、药店等。笔者在档案资料中只见到过一个来自现代行业的例子，就是在天津市河北大经路开设的一个无线电行，因为要扩充营业，在小本借贷处借洋200元，分10个月还清。[②]

小本借贷的另一个目的是打击民间的高利贷。据《益世报》的记者报道：当时天津商界对贫民的借贷问题进行调查，发现城市贫民告贷困难，大都向印子房等高利贷组织借贷，虽然利率极高，但是能够借到也不是容易的。而小本借贷处的成立，就是要"对于小额放款，应力求普遍，以期一般贫民，得有贷款营生之机会"。[③] 当时关注天津小本借贷处的学者吴石城也指出，小本借贷处"直接可提高平民生活、增进生产，间接亦能减免高利贷之苛细盘剥也"。[④] 小本借贷处在1935年9月回复社会局的信中，

---

① 《天津小本借贷处案件》（1936年），天津市档案馆：J0215 - 1 - 001270。
② 《市银行及所属小本借贷处于借款户的往来函件》（1936～1942年），天津市档案馆：J0178 - 1 - 000048。
③ 《小本借贷所普遍设立拟共设十处，短期内实现》，《益世报》1935年10月28日，第5版。
④ 吴石城：《天津之市民金融组织》，《银行周报》第19卷第46期，1935。

还乐观地表示："小本业者以借款利息轻微，并可整借零还，颇称便利，若能推行日久，则社会高利贷借款之恶习，可逐渐改革。"①

小本借贷的慈善性，也是其现代色彩的体现。张廷谔市长②在任时指出，小本借贷是"公益事业"。在他看来几乎类似于捐助："以津市银行家配担，每家不过贷出二三千元，论诸慈善公益，亦应捐助此数。"他还举例说，比如一个牛肉小贩，只要他有需要，立即贷予，可以不要什么手续。③可见小本借贷处是一个具有慈善性质的机构。以借贷的形式推行慈善，是具有现代色彩的。

小本借贷处成立的背景，是当时天津社会经济低迷的境况。1930年代初，天津市正处在经济萧条期。一方面，大量贫民涌到城市中谋求生存，据统计，当时天津市极贫人口，就有大约10万人，占整个城市人口的1/10左右。④另一方面，经济不景气，城市中的小本工商业者以及贫民告贷无门，"赖以通融资金者……月息低者二分，高者逾五分六分"，⑤即便如此也不易借到。因此救济贫民和小本工商业者，也就成为当时政府面临的一项迫切任务。

但笔者对小本借贷能否达到消灭高利贷的目的是存疑的。因为小本借贷处本身的借贷对象只有小本工商业者，而大量的贫民是没有事业的，所以借贷范围有限，无法借贷者仍然遭受着高利贷的盘剥。另外，在当时经济不景气的情况下，即使借贷给贫民，让他们去从事经营也是极为困难的。

同时张市长所希望的慈善借贷，并没有成为现实。在1936年的《小本借贷处借贷须知》中就明确提出，借贷不是慈善赈恤性质。⑥随着小本

---

① 《市立小本借贷处关于接装水表电表优待等杂项事物函稿及市政府的各项训令》（1936年），天津市档案馆：J0178-1-00191。

② 此人于1934年10月至1935年6月任天津市长，在其就任初期即积极筹备小本借贷处成立的事宜。

③ 《小本借贷处决念日开幕，贷款范围限商贩，数目利息临时约定，手续简单，无需觅保》，《益世报》1935年1月16日，第5版。

④ 《二十余万贫民嗷嗷待哺，自治监理处谋救济推广借贷处求治本，望各界人士共襄善举》，《益世报》1935年1月9日，第8版。

⑤ 吴石城：《天津之市民金融组织》，《银行周报》第19卷第46期，1935。

⑥ 《小本借贷处昨日起开始办公，便利小本营业已筹妥四万元，理事会成立后补行开幕礼，贷款人可自行组织贷款合作社》，（天津）《大公报》1935年1月29日，第6版。

借贷处地位的变化，小本借贷处的公益慈善色彩也在不断消退。在小本借贷处直接隶属于市政府时，《小本借贷处章程》规定：借贷的利息至高不得逾月息1分，至低以月息7厘为率，最高额以100元为限。1元至10元借款月息7厘；11元至20元月息8厘；20元以上月息1分。① 在1936年4月借贷处归并到市民银行后，"利息……不论多寡统定为一分"。② 1936年4月小本借贷处归属到市民银行，在重新制定的《天津市市立小本借贷处借贷须知》中，明确指出小本借贷"并非慈善赈恤的性质"，并且告诫借贷者，在借贷之前要考虑自己的归还能力，再申请借贷。③ 1937年天津金融市场上定期信用放款的利息为月息0.5～1.2分；银号的利息在8厘～1分；而在30年代银行借贷的一般利息，也多为1分左右。④ 由此看来，小本借贷处的利息不算低。发生这种变化的原因，一是以前小本借贷处为市政府的下属机构，归并到市民银行后，实际上成了一个官督商办机构，为银行界人士经营，商业色彩十分浓厚。一是小本借贷要把利息中的5厘交到银行，剩余部分作为借贷处的收益，导致小本借贷处利息收益低微，时常处在亏损的状态。1937年小本借贷处会计许霁祥上报的经营状况显示：在归并到市民银行之前，借贷处的亏损已经很严重，"至二十五年年终，计损失7469元3角3分5厘。迨前岁并归市民银行后，银行团约定未用之垫借基金项下余数8万元，准予全数支用。存储利息因之增收，于是由二十六年起至本期止，共盈有2599元6角1分7厘"。⑤ 这样，过高的交易成本使小本借贷处不得不调高利率，以维持营业。

小本借贷处的借贷对象，主要是天津市民中的小本工商业者。天津市的《小本借贷处章程》中规定，"凡年满二十一岁，居住本市城郊一年以上，经营小本农工商业者，不论男女，均得依照本规则向本处申请借款"。⑥ 在小本借贷处成立之初，市长张廷谔对记者表示：借贷的对象"须

---

① 《市府令关于筹设小本借贷处案》（1934年），天津市档案馆：J0054-1-001102。
② 《天津市银行所属小本借贷处及主任调动交接清册余额表与理事会陈报的函件》（1936年），天津市档案馆：J0178-1-00190。
③ 《天津小本借贷处案件》（1936年），天津市档案馆：J0215-1-001270。
④ 参见郭凤岐总编纂《天津通志·金融志》，第319页。
⑤ 《天津小本借贷处案件》（1936年），天津市档案馆：J0215-1-001270。
⑥ 《天津小本借贷处案件》（1936年），天津市档案馆：J0215-1-001270。

有营业，官家贷款主要目的，是因其人有事业，缺乏资金活动或无款扩充所业"。① 同时他也表示：对于那些还未曾营业，因为小本借贷处设立，而拟贷借资金作一小本事业的人，"主办人对此许可，亦可不妨准其贷也"。但是张市长这个指示在实际中并没有执行。如一个叫赵家俊的，因为时局变动而无法维持生计，打算做一些小本生意，"籍谋生计，惟无资本"。小本借贷处对于他的请求批示为："须成立营业后，方有借款资格。"②

在实际的借贷中，小本借贷处对"营业"也有自己的理解。在借贷处成立之初，张廷谔市长认为，只要有营业就可以借贷。可是小本借贷处却把一些营业者排除在外。例如，对于一些民间的传统手艺，如理发等，他们认为不属于工商业借贷的范围，拒绝予以借贷。1936年，一个理发店店主申请借贷，他填写了借贷申请书后，一月有余未见答复，便写信询问借贷处："倘因遗漏，即请从速调查，否则亦请示，覆俾免翘望。"借贷处回答说："理发所系，属于手艺之一……与本处救济工商业之旨不合。"③ 因此没有批准他的借贷请求。

借贷的数额也受到借贷者资本的限制。借贷处对借贷对象调查时，需要查看借贷者的资产，并参考借贷者资产按比例进行借贷。一般来说，借款低于其资本的20%。如有一个借贷者名叫王先筹，要求增加借款额200元。经过借贷处的调查，认定他的资本额仅有500元。因此借贷处回复他说："按照十分之二借贷，百元已含通融程序，已属特别优待，如此后信用无差，则本处自可续借也。"④

小本借贷业务里也有一些农民借贷者，如1940年一个叫刘更生的农民，因为去年的水灾而致春耕没有本金，致函小本借贷处希望借贷。⑤ 但

① 《小本借贷处决念日开幕，贷款范围限商贩，数目利息临时约定，手续简单，无需觅保》，《益世报》1935年1月16日，第5版。
② 《市银行及所属小本借贷处于借款户的往来函件》（1936~1942年），天津市档案馆：J0178－1－000048。
③ 《市银行及所属小本借贷处于借款户的往来函件》（1936~1942年），天津市档案馆：J0178－1－000048。
④ 《市银行及所属小本借贷处于借款户的往来函件》（1936~1942年），天津市档案馆：J0178－1－000048。
⑤ 《市银行及所属小本借贷处于借款户的往来函件》（1936~1942年），天津市档案馆：J0178－1－000048。

是从 1936 年到 1937 年的部分放款分类表来看，对农业的借贷没有超过 8 个，放款的数目也不过几十到几百元，因此，给农民的借贷可谓形同虚设。[1]

从借贷处的部分信函可见，小本借贷者多经营药店、煤栈、货栈、鲜果铺、米面店、织造厂、油店、茶庄、书店等。[2]

二　借贷的信用方式

借贷的信用方式是借贷的首要环节，对借贷最终能否偿还，还具有非常重要的意义。小本借贷处设立的时候，张廷谔市长希望借贷处的手续不要像银行那样太繁杂，而且也无须抵押物品和铺保。只要借贷者的人品好，诚实可靠，为人正直就可以直接借到款项，而且借贷的款数、次数、利息归还日期都可以临时约定。他还对银行要求抵押借贷的条件，进行了公开批评，"唯银行方面曾要保证及抵押品，此本公益事业，北平方面所办小本借贷处基金，只金城银行一家负担，并未要任何手续，即此间亦有数家银行，自动前来接洽，表示愿与市政府协办……故市府拒绝给保及抵押品"。[3] 可见他的借贷思想依然是传统的人格借贷，但依照人品来决定是否借贷，在当时的天津市来说是不现实的。政府的借贷款项来自银行，而银行界人士对借贷的看法与政府不同，他们关心的是收益，而不是公益。为了控制政府对借贷资金的使用，他们在贷给政府款项的时候，提出了由银行方面推荐经理和会计主任的要求。[4] 在现实的困难和银行的压力之下，小本借贷处很快就改变了主意，使用了抵押借贷和铺保借贷的方式，道德人格的借贷方式始终没有付诸实践。[5] 至 1935 年底，抵押借贷的方式也最终被放弃了："津市小本借贷处开办后，津市商民颇感便利，该处前曾筹

---

① 《市民银行小本借贷业务来函》（1936 年），天津市档案馆：J0161 - 2 - 00107。
② 《市银行及所属小本借贷处于借款户的往来函件》（1936～1942 年），天津市档案馆：J0178 - 1 - 000048。
③ 《小本借贷处决念日开幕，贷款范围限商贩，数目利息临时约定，手续简单，无需觅保》，《益世报》1935 年 1 月 16 日，第 5 版。
④ 《小本借贷处立合同》（1935 年），天津市档案馆：J0129 - 3 - 005335。
⑤ 《小本借贷处增指导所十五处，设于自治事务区分所内备有申请书便民众借款，小本借贷处增办业务，增办抵押放款》，《益世报》1935 年 2 月 8 日，第 8 版。

办添办抵押放款，嗣因故未克实现。"① 没有实现的原因与交易成本过高有关。因为银行的资金始终未能全部到位，小本借贷处的人力和财力十分紧张。由此，节省成本而又符合社会习俗的铺保方式，一直是借贷处的主要信用方式。商民李东皋经营硝皮厂，因为一时周转不灵，以致停业，需要借贷数千元。他听说小本借贷处有不动产抵押的业务，就希望以自己的房基红契和工厂全部家具作押，来得到借款。当然他的想法因为与"定章"不合而没有实现。②

借贷处对铺保的资格有比较严格的规定：铺保首先要居住在华界。1936 年 6 月，南市荣安大街怡庆里隆盛号颜料铺要求借贷，因为铺保有一家住在租界内，不符合借贷的规定，导致借贷的申请被注销。③ 其次铺保一般要求两家，这样更为保险。1939 年王绍良任小本借贷处主任后，为方便借贷者，对此进行了改革，铺保"拟改为一家，如实无保铺人保，亦可总以殷实可靠为主"。④

此外，借贷者请求的铺保已经为他人担保，而所担保的借贷者还没有偿还完毕的，也不能担保。如一个叫丁双增的要求借贷，他请求的铺保本身的借贷没有还清，所以不能为他担保。另一个借贷者的铺保是仁义兴煤栈，因为在小本借贷处已经为张文通担保借款，而张的借款当时尚未还清，于是便失去了担保的资格。铺保仅限于在小本借贷处借款并有信誉者才能担任，这个办法虽然稳妥，但是也为借贷者设置了较高的门槛。也有借贷发生后铺保更换的情况，如新记鲜货庄要求改换保人，前一个保人是滕记，因为经理在外未归，所以要改变保人。在借贷中，出现过借贷钱款由铺保使用的情况，如德兴厚的借款到期后没有还款，而让借贷处向铺保索取时称："此钱鄙号并无使用，完全由保人金城药坊借使，此钱可与金城药坊去取，与鄙号无干涉。望贵行急与保人去取"。如果借贷者不能归

---

① 《小本借贷处筹增基金，废年关借户骤多，有保着即可借到》，《益世报》1935 年 12 月 30 日，第 5 版。
② 《市银行及所属小本借贷处于借款户的往来函件》（1936～1942 年），天津市档案馆：J0178 - 1 - 000048。
③ 《市银行及所属小本借贷处于借款户的往来函件》（1936～1942 年），天津市档案馆：J0178 - 1 - 000048。
④ 《天津市银行所属小本借贷处及主任调动交接清册余额表与理事会陈报的函件》（1936 年），天津市档案馆：J0178 - 1 - 00190。

还，铺保需要负完全责任。所以铺保是否愿意担保，往往取决于借贷者的信用以及与铺保的人际关系。如一个叫王乐年的，他的铺保"情愿担保其借洋三百元，如该户到期不付，由鄙号负一切代偿之责，立此信为证"。[①]对于借贷不还的，借贷处要求保人给予归还。如一个叫丁化民的，是借款者的保人，因为借贷人借款 30 元，分 10 期还清，每月 3 元，已经还了 5 期。借款到期而借贷者不在本地，没有按期还款，银行转而向丁氏追讨。他以不景气为由，提出无法一次性清偿，要求分期归还，得到了银行的准许。在 1939 年前，铺保一般是两家，共负完全的责任。如果一家有问题的话，另一家就要负完全的责任。如体仁堂药社的保贷，就出现了这种情况。因为所保的润文斋借贷不还，而另一家保人文裕斋又倒闭，体仁堂药社要求豁免代偿，没有得到允许。对于一些执意不愿归还借款的，银行往往诉诸警察和法律。如小本借贷处 1938 年 11 月 5 日对一个借贷 200 元而故意不还借款的周某，限期三日内归还，"如仍置若罔闻，即当送警押追……以免效尤，届时勿谓言之不预也"。[②]

小本借贷的方式主要有三种：定期、活期、分期。贷款数目，借贷处成立之初，最多为 100 元，[③] 之后有所增加，在 1936 年归属到市民银行后，最高额涨到了 500 元，[④] 不久又涨到了 1000 元，利息为 7 厘~1 分。为了便于归还，分期办理的人占多数。[⑤] 1937 年初，时任天津市长的张自忠对市民银行进行了整顿，决定小本借贷处实行无限制贷款。[⑥]

借贷者在借款时，首先需要依照条件填写借贷的申请表（参见表1）。

---

① 《市银行及所属小本借贷处于借款户的往来函件》（1936~1942 年），天津市档案馆：J0178-1-000048。

② 《市银行及所属小本借贷处于借款户的往来函件》（1936~1942 年），天津市档案馆：J0178-1-000048。

③ 《本市小本借贷处售出现款户统计千余，基金缺少尚在筹备中》，《益世报》1935 年 6 月 22 日，第 5 版。

④ 《小本借贷处已实行改组，借款最高额决略行增加，推定宋祝田为该处主任》，《益世报》1936 年 5 月 19 日，第 5 版。

⑤ 《市银行及所属小本借贷处于借款户的往来函件》（1936~1942 年），天津市档案馆：J0178-1-000048。

⑥ 《小本借贷处改组，明日开始无限贷款，并修正理事章程》，《益世报》1937 年 2 月 7 日，第 5 版。

表1　1930年代借贷申请表

1、借款人姓名：邱致禄　2、字号名称：福增祥　3、开设何处：河东西方巷前大
街门六十二号；属那一区：特二区；电话：无局。
4、家住何处：山东武城县　5、营业种类：杂货铺　6、何时开设：民国二十三年五月
7、铺长何人：山东武城县　同伙五人　8、资本已足收多少：八百元
9、领东或股东人数及姓名：赵少三
10、家里人口多少：五口　11、几等铺捐：五等　12、每年可做多少买卖：六千元
13、去年盈亏多少：得利三百六十元　14、每月开销多少：四十五元　15、连号：无
16、曾为人担保在本处借款几次：无　17、想借多少：三百元
18、分几期归还、何时可以本利清还：拟以一年。
20、何铺担保：德玉成米面铺；李十三胡同，又中和祥杂货铺住姚家台裕安里
借款人：邱致禄
民国二十五年六月十四日。

资料来源：《市银行及所属小本借贷处于借款户的往来函件》（1936～1942年），天津市档案馆：J0178-1-000048。

提交申请表后，再由借贷处的调查员调查，认为真实可靠后才可以办理借贷。①

调查，是小本借贷不同于传统借贷的特点之一，而与近代银行运作特点一致。小本借贷注重调查，是因为城市借贷的环境不同于农村，是一个"生人社会"。调查的主要目的，是掌握借贷对象的营业情况和铺保的信誉。但是调查是需要成本和时间的，在实施中也会产生一些问题。有的是借贷者造成的：如1936年6月，一个叫李鸿洲的，在河东小郭庄派出所对面开设百寿全京局，因资金不足，无法添置应用货物，要借大洋100元。当调查员来调查的时候，他在外办事，请别人替他看柜台，所以导致调查员无法查明真相。有的铺保对所保对象的营业和纳税情况一无所知，也影响了借贷。如1936年11月，在健远鞋帽庄的调查中，调查员因为铺保对这个鞋庄情况一无所知而拒绝了借贷申请，"保号同人对于资本铺捐各项概以不知相答，以致敝处无从核查"。②

---

① 《小本借贷处提早组设，二十日前后成立，放款数最多千元》，《益世报》1935年1月15日，第5版。

② 《市银行及所属小本借贷处于借款户的往来函件》（1936～1942年），天津市档案馆：J0178-1-000048。

借贷处的调查员在调查中也存在着效率低下的问题，因此经常耽误了客户的业务，常常被客户埋怨。如天津市河东小集大街六号的益华药房，向银行请求贷款 400 元，限期 8 个月，分 8 期清还本利。"已遵章觅具妥保两家，填写申请书呈报完毕，然至今两月余，尚未调查。"又如增庆永、高竹生在 1936 年来函向借贷处催促："所借贵行之款，业经台兄检查已有四五日，言及二三日内即将挣下，至今未见……鄙号资本不敷周转，洽有外客定若干货，辄来信催促，无奈贵行不能实施，仰望归还将执照挣下，以济燃眉之急，不胜感念之至。"① 类似的埋怨在小本借贷处的信函中有很多。

调查员有时带官僚习气，导致与客户发生争执。如一个叫刘鸿儒的在 1936 年 8 月给借贷处写信，反映调查员的问题。他在北门邮政局的对面开了一家秌米饭铺，因为生意不景气，要添羊肉及包子的买卖，要求借贷 150 元。借贷处派李职员前往调查，此时是上午 11 点半左右，许多商人和学生正在铺内吃饭，刘鸿儒去医院看病，由次子料理营业。李职员调查铺保已经合格，但是当他来到饭铺调查时，因为人员嘈杂，饭铺的服务员对李职员招待不周，导致他非常不满，一个伙计又把他误认为是食客，找给他角票，使他更感愤怒，"立即恶语连连，声言取消借款资格，以本铺行贿为辞"。事后，刘鸿儒到借贷处解释误会，借贷处又派李职员出面，双方仍不欢而散。最后刘鸿儒只有再给借贷处写信，要求复查。"不可任其稽查自便行动，若如此稽查，至某处调查稍有不随意及种种小误会，则立即取消借款之资格，如此一来，岂不妨碍当局救济商业一片苦心？"②

调查中还有其他一些问题出现。如天源堂药店刘世华，便因信誉的问题与调查员发生了争执。1936 年 7 月，调查员提出他的第二次借贷信用欠佳，而不肯再借予。这让刘世华十分惊讶。后经查证，该店铺有 1935 年分 5 次还清、1936 年分 7 次还清的记录，实际是调查员调查有误。有时也有调查员与客户双方各执一词、真假难分的情况。如对澄兴厚商号的调查，调查员经查得知该铺营业不佳，负责人不常在天津市，经两次调查保人均言语含糊，故此调查员表示"爱莫能助"，要对借贷申请予以注销。而澄

---

① 《市银行及所属小本借贷处于借款户的往来函件》（1936～1942 年），天津市档案馆：J0178－1－000048。

② 《市银行及所属小本借贷处于借款户的往来函件》（1936～1942 年），天津市档案馆：J0178－1－000048。

兴厚商号的老板则对此否认，要求重新调查。[①]

三 借贷的偿还和信誉

借贷的偿还是借贷的最后程序，关系到借者的利益和贷者的信誉。

小本借贷的归还率在刚开始时还是比较高的，因为借贷者如果失去了信誉，就不会再有第二次贷款的机会。比如一个叫张林的人，因为初次借贷未能按期归还，经过借贷处多次追讨，并责令保人归还，方才归还完毕。有了这个记录，他要求续借的请求就没有得到满足。在借贷中表现较好的、信誉较高的人则再借不难。对一些信誉较好的借贷户，还可以追加借贷。如旭记号借贷不足，要求追加，借贷处因为他信誉较好而慨然应允："台端以往在本处借款，信用甚佳，准予加借四十元，两共二百元，望于本月三号携带前送之借据，亲自来行另换新据领款可也。"对一些有正当理由要求延期的，借贷处也往往准许。如裕记洗衣房刘元良，因为市面萧条，不能按期归还贷款，要求延期一个月，得到了借贷处的允许。[②]因为一开始借贷处是由政府直接创办的，如不还贷款，则社区警察介入，所以贷款归还的情况还是很好的，骗借的情况从没有发生。截止到1935年6月，贷出5万余元，陆续回收1万余元，其中只有两户无力归还，要求展期，没有别的损失。[③]因为"调查借户及借款后之保障，随时由公安局所协助办理，故贷出之款，尚无亏短损失情事"。[④] "惟自贷款以来，尚无拐骗情事，归还拖延间或有之，尚无影响云。"[⑤]

但是在小本借贷处归属到市民银行后，偿还开始出现了一些问题。在1936年10月3日的一次理监事联席会议上，张品题理事提出，放款手续

[①] 《市银行及所属小本借贷处于借款户的往来函件》（1936~1942年），天津市档案馆：J0178-1-000048。

[②] 《市银行及所属小本借贷处于借款户的往来函件》（1936~1942年），天津市档案馆：J0178-1-000048。

[③] 《小本借贷处贷出五万元，归还者达万元》，《益世报》1935年7月10日，第5版。

[④] 《市立小本借贷处关于接装水表电表优待等杂项事物函稿及市政府的各项训令》（1936年），天津市档案馆：J0178-1-00191。

[⑤] 《市款黯云笼罩下，废历中秋节形色，警察由今日起始戒备，小本借贷处顿成拥挤》，《益世报》1935年9月11日，第5版。

先由借贷人所在警区审核后，再找保人。这个提议在会议上得到通过。[①]
在1937年2月3日的联席会议上，对"旧欠疲户，多有容忍心狡展意图延
者"，采取了警察局从严代催的办法。[②] 随着时间的流逝和借贷人的增加和
庞杂，这些问题的出现都是正常的，但同时也与借贷处下放到市民银行有
关。借贷处地位隶属不明确，是借贷出现这些问题的一个重要因素，以至于
在借贷处归属市民银行后，出现了"令小本借贷处仍隶于市公署……恳乞即
行呈请市公署饬知警察局，拟办其详细办法及一切章则"的呼声。[③]

自然灾害和社会动荡，对借贷的偿还也有重要影响。如七七事变和
1939年的水灾，都对借贷的信用和偿还产生了一定的影响。有的借贷者，
因为七七事变而不能及时还贷。如一个借贷者因为事变的影响，生产无法
进行，而且生产的货物"并非普通之物，易于畅销，纯属奢品。又兼各路
不通，所作之货，即行消本出售，仅能糊口维持现状而已，祈宝行见信，
望求容纳再为展期"。[④] 此时，市民银行因为战乱迁到租界，偿还问题自然
也就更难以办理。[⑤] 1939年11月，小本借贷处函请警区协助，要求设法查
找的一共有13户，欠洋283元。一些曾遭受水灾的客户复业后，都请求延
缓还款。[⑥] 1941年市民银行致函董事会指出，少数借贷者因为受到水灾而
不能偿还，但是也有一些是找借口搪塞的。因此他们希望警方能够协助催
讨，为此他们为调查员佩戴服务证，以便证明自己的身份。[⑦] 1942年初，
据小本借贷处统计，因为七七事变和1939年水灾关系而未能如数收回贷款
者，计有568户，款额15949.4元，利息10753.765元。估计除了死亡和
逃散者以外，"如切实催收可回收者，仍有相当数目"。为此借贷处采取了

---

① 《市民银行小本借贷业务来函》（1936年），天津市档案馆：J0161 - 2 -001077。

② 《市民银行小本借贷业务来函》（1936年），天津市档案馆：J0161 - 2 -001077。

③ 《天津市银行所属小本借贷处及主任调动交接清册余额表与理事会陈报的函件》（1936
年），天津市档案馆：J0178 - 1 -00190。

④ 《市银行及所属小本借贷处于借款户的往来函件》（1936 ~ 1942年），天津市档案馆：
J0178 - 1 - 000048。

⑤ 陈啸戬：《天津市民银行》，《天津文史资料选辑》第1辑，天津人民出版社，1997，第
183页。

⑥ 《天津市银行所属小本借贷处及主任调动交接清册余额表与理事会陈报的函件》（1936
年），天津市档案馆：J0178 - 1 -00190。

⑦ 《天津市银行与董事会关于业务指导函聘经付理改聘监事改组为有限公司小本借贷处的付
息资金放款问题以及愿警待遇职员制服等项来往函件》（1941年），天津市档案馆：J017
8 - 1 - 000158。

一些措施。如指派专门人员对这些客户进行调查和催收，对无力还款者，用备抵呆账款进行补充。对于此前欠下的利息，视借户还款能力，分别豁免或豁免一部分，并且对于催收工作人员成绩优良的，年终的时候有特别筹送，以资奖励等。[1] 1945 年 2 月，据小本借贷处统计，小本借贷历年放款未收回的款额共 7456 元，第四次董监事联席会议决定，这笔欠款"由呆账准备金项下拨补，以资结束"。[2]

在动荡的社会环境下，许多的借贷者依然非常注重自己的信用，争取及时还贷。如一个借贷者在七七事变后，依然要把应还的 25 元本利备妥偿还，但因为市民银行暂时迁移到租界而不知道如何办理。他在信函中写道："有无分行可以代收，此备款以待望祈示知，延期之咎……勿究是幸。"在 1939 年水灾之时，一个叫石登岭的借贷者，在交通不便的情况下归还本洋 10 元，得到了银行的嘉许："在此交通阻隔之际，贵号仍按期归款，深为嘉尚。"借贷处对一些信誉较好的，还会登记在案，将来给予优惠。如 1939 年 7 月 13 日，小本借贷处致函借户冀鼎荣，对他在水灾交通隔绝的情况下，依然按期交款"殊堪嘉许"，并表示"敝行除在调查簿上注明，日后借款时，自应格外优待也"。[3]

四　小本借贷的绩效与不足

小本借贷开办后，取得了一些成绩，得到了借户的欢迎和肯定，也成为天津市政府的政绩之一。如一个铁厂对借贷处有这样的感谢之词，"当此百物腾贵，生活日高，所自鄙号营业日见发展者，皆赖贵行之款流通，借重之力实非浅"。[4] 有些因为借贷而生意上有了起色，如龙顺发张家煤铺

---

① 《天津市银行与董事会关于业务指导函聘经付理改聘监事改组为有限公司小本借贷处的付息资金放款问题以及愿警待遇职员制服等项来往函件》（1941 年），天津市档案馆：J0178 - 1 - 000158。

② 《天津市银行与董事会关于业务指导函聘经付理改聘监事改组为有限公司小本借贷处的付息资金放款问题以及愿警待遇职员制服等项来往函件》（1941 年），天津市档案馆：J0178 - 1 - 000158。按，此卷档案包含 1945 年的文件。

③ 《市银行及所属小本借贷处于借款户的往来函件》（1936 ~ 1942 年），天津市档案馆：J0178 - 1 - 000048。

④ 《市银行及所属小本借贷处于借款户的往来函件》（1936 ~ 1942 年），天津市档案馆：J0178 - 1 - 000048。

开办了十来年，因为受到 1939 年水灾的影响，向小本借贷处借贷，而使生意有了一些起色："因水灾及鄙号受此影响之际，忽蒙贵行接济，小本补充二年有余，生意略见起色。"① 这些借户虽有为求得借贷而说的溢美之词，但是基本情况应该还是属实的。

小本借贷顺时而生，1935 年 1 月，借贷处刚开始办公就出现了业务繁忙的景象："前往咨询借款手续之商贩，门限为穿，经派有警士，在门外维持秩序。"当时就有 200 余家填写借款申请书，贷款数目少者几元、十几元，多者百元左右。② 2 月份"贷出三百一十二户，计款额一万零二百二十一元"。成立一年后，放款达到 1879 户，大多数借款在 10 元以下。工业户有 556 户，借贷百元以上的 7 户，借贷最高额为 240 元。③

在天津档案馆所藏小本借贷档案中，有部分 1936 年到 1937 年的放款分类表，从表 2 和表 3 中可见当时的放款情况。

表 2　民国 25 年 8 月 29 日天津市市立小本借贷处放款分类

	农	工	商
定期抵押放款			2 户, 130 元
定期担保放款		放 1 户收 12 户, 实放 60 元	放 23 户收 1 户, 实放 1025 元
分期担保放款	放 7 户收 5 户, 实放 40 元	放 732 户收 472 户, 实放 6694.5 元	放 2468 户收 1630 户, 实放 21161 元

资料来源：《市民银行小本借贷业务来函》（1936 年），天津市档案馆：J0161 - 2 - 001077。

表 3　民国 26 年 5 月天津市市立小本借贷处放款分类

	农	工	商
定期抵押放款			2 户, 130 元
定期担保放款		放 13 户收 13 户, 放 487 元	放 24 户收 1 户, 放 1055 元
分期担保放款	放 7 户收 7 户, 放 264 元	放 859 户收 634 户, 放 4298.8 元	放 2914 户收 2119 户, 实放 13391.9 元

资料来源：《市民银行小本借贷业务来函》（1936 年），天津市档案馆：J0161 - 2 - 001077。

---

① 《市银行及所属小本借贷处于借款户的往来函件》（1936 ~ 1942 年），天津市档案馆：J0178 - 1 - 000048。
② 《小本借贷处户限为穿，借贷者踵相接》，《益世报》1935 年 1 月 30 日，第 5 版。
③ 《天津市银行所属小本借贷处及主任调动交接清册余额表与理事会陈报的函件》（1936 年），天津市档案馆：J0178 - 1 - 00190。

以表 2 和表 3 为例可以看出，当时的定期抵押放款形同虚设，定期担保也占很少的比例，基本在 1000～2000 元，绝大多数是分期担保放款。其中农户总量在 7 户左右，也是虚设的。绝大多数是从事小本商业的客户，大多时候为 2000 多户，这也符合当时天津市以商业为主，工业不是很发达的社会经济情况。小本工业户，一直为 700～800 户。工商业户数加在一起总数不足 4000 户。据统计，在 1933 年，天津各业工厂大约为 1213 户，30 年代初，商户大约为 20766 户，两者加在一起约为 21979 户。① 据 1935 年社会局的调查，商店的户数为 28427 户。② 到 1945 年抗战胜利时，天津市有 140 多个行业，共有工厂、商店 20000 来户，大多是 20～30 人的小企业，大中型企业在 770 户左右。③ 据此推算，小本借贷处的覆盖率不足 20%。④ 如果考虑到一些小贩没有被纳入统计范围，那么这个数字还应该更低一些。

前面已经提到了小本借贷的一些不足之处，如借贷范围有限，有条件地对一些小本工商业者借贷，不能达到完全救济贫民，消灭高利贷的目的；办理手续麻烦，调查工作的效率时常低下；调查人员有官僚习气等问题。

此外，小本借贷还有其他的问题值得注意。首先，小本借贷是用于经营性的借贷，但是借贷处对贷出资金的监管有问题。借贷处把监管的任务交给了保人。⑤ 没有材料表明，小本借贷处对贷出的资金用途进行过有效的监督。一些事例表明，他们对贷出后的资金用途是不太了解的。比如上面提到过的一个例子，德兴厚的借款到期后没有还款，德兴厚让借贷处向铺保金城药坊索取，因为是金城药坊使用了这笔资金，对此借贷处显然是不知道的。由此可见，借贷处对资金的使用缺少必要的监督。笔者认为造成这个现象的原因是：一方面在调查中，对借贷资金的用途已经涉及，因

---

① 天津市政府统计委员会编印《天津市统计年鉴》，"社会类"，1935，第 4、21 页。

② 《小统计》，（天津）《大公报》1935 年 2 月 23 日，第 6 版。

③ 李竞能主编《天津人口史》，南开大学出版社，1990，第 245 页。

④ 小本借贷处在 1935 年开始放贷，依据现有的资料，贷款的商业户数最多为 2914 户，工业户为 859 户，加在一起为 3773 户。1935 年至 1945 年，天津因为政局的变动，社会经济也发生很大变化，故采用了 1945 年的工商业户数统计，以 3773 户除 20000 户，覆盖率为 18.86%，故不足 20%。

⑤ 《小本借贷处昨日起开始办公，便利小本营业已筹妥四万元，理事会成立后补行开幕礼，贷款人可自行组织贷款合作社》，（天津）《大公报》1935 年 1 月 29 日，第 6 版。

此借贷处可能感到没有必要进行监督；另一方面，对资金的监督是需要成本的，需要调动人力、物力。而小本借贷处的办公费用和人员一直比较紧张，对此无力跟进。

另外借贷处的隶属关系不断变化，对借贷也有影响。小本借贷处成立后，当时的市长张廷谔表示：小本借贷处是隶属于市政府之下的永久机关，"内部工作人员，可不随宦海升沉"。① 可是一年多后，小本借贷处就被下放到了市民银行，虽然依然声称是隶属于市政府的机关，但是"一切权责未经明白规定，即系统亦未明定"。② 下放到市民银行后，小本借贷处的商业色彩逐渐浓厚，各区的警察对借贷处的配合也不积极了。这些都使得借贷处的调查和追偿工作受到了很大的影响。

为方便市民借贷，同时便于调查借贷者的信誉情况，小本借贷处一度要在各区设立代办处。"代办处定为每警区，最低附设一处，与该处同时成立，至于各警区派出所，则均为问讯处云。"③ 随着借贷处的成立，贷款业务非常火爆，这样问讯处和代办处便日益成为急需。问讯和调查工作，政府请求各警区和省会警察庭出面承担。而代办处则办理小额贷款，"各区所附设之代办处，亦将于最近期内成立"。④ 1935 年 2 月 8 日，政府宣布了代办处的功能和办理贷款的具体办法，由自治事物监理处受小本借贷处的委托办理。⑤ 但是代办处因为银行方面的问题而没有及时设立。⑥ 在银行钱款到位后，代办处依然不能成立。1935 年 7 月，政府表示，自从小本借贷处成立后，贫苦市民借贷的极多。但是因为救国基金的 12 万元至今没有拨付到位，"各区代办处，本拟分别成立，以余款过少不足开支，故均权

---

① 《小本借贷处确立业务基础由理事会负责维持，俾为市办永久机关》，《益世报》1935 年 2 月 11 日，第 5 版。

② 《天津市银行所属小本借贷处及主任调动交接清册余额表与理事会陈报的函件》（1936 年），天津市档案馆：J0178 - 1 - 00190。

③ 《小本借贷处废年后成立，每区设代办处各警所附问讯处》，《益世报》1935 年 1 月 13 日，第 5 版。

④ 《小本借贷处户限为穿，借贷者踵相接》，《益世报》1935 年 1 月 30 日，第 5 版。

⑤ 《小本借贷处增指导所十五处，设于自治事务分所内备有申请书便民众借款，小本借贷处增办业务，增办抵押放款》，《益世报》1935 年 2 月 8 日，第 8 版。

⑥ 《小本借贷处筹设代办处，俟银行拨付基金即着手推行组设》，《益世报》1935 年 2 月 24 日，第 5 版。

停止筹办"。① 过了几个月，问题似乎有了转机。政府方面鉴于贷款户繁多，而天津市内辽阔，非常不便，打算采取新的办法，拟委托公安局各区所或殷实商号，代办小额贷款事务，在天津普通区6处，特别区4处，每区设立一个代办所，"即由各公安局长兼理之，借户可于其该管区内，就近申请借款"。② 可最终还是因为钱的问题而无法落实。政府只好以其他借口推托："前传本处拟设分所十处，委托六警区及四特区办理一节，因本市交通尚称便利，市民借还款项并无不便，已决定暂缓设立云。"这个便民机构，就以该市交通便利为借口流产了。真正的原因其实在同一篇报道中已经道出："成立迄今，因基金不足，而贷出款项，复多零星低利，收入甚微，得息不足小本借贷处之开支，近两月来，更见亏蚀，无法弥补。"③

小本借贷处出现这些问题的原因都与借贷处的资金费用不足有一定关系。借贷处是政府所提议举办的，但是具有吊诡意味的是，政府是一个最大的借贷者。它因为资金不足不得不向银行借贷。市长为了联络与银行的感情，还要宴请银行界的头面人物。④ 而银行为维护自己的利益，要求银行界掌控借贷处的财务。⑤ 因为银行对小本借贷处的业务进行掌控，使政府希望借贷处成为一个慈善机构的愿望落空，也使其开办小本借贷业务的根本目标不容易达到。从中可见政府当时所面临的困境。小本借贷始终也没有如政府和一些专家所希望的那样，成为与典当业一样重要的民间金融形式。⑥ 抗战后，典当业依然是民间借贷的主要机构，而小本借贷的范围和作用是有限的。"当商关系贫民经济周转，现在小本借贷未能普遍实施，又无其他代替方法，当商业务实与一般平民有其密切关系。"⑦

---

① 《小本借贷处贷出五万元，归还者达万元》，《益世报》1935年7月10日，第5版。
② 《小本借贷所普遍设立拟共设十处，短期内实现》，《益世报》1935年10月28日，第5版。
③ 《市府拨实业基金，补充借贷处底款，天气渐冷，借款者骤增，上月份贷出八万余元》，《益世报》1935年11月14日，第5版。
④ 《小本借贷处津银行界允予接济签订协约即日实行》，（天津）《大公报》1935年3月16日，第6版。
⑤ 《市政府主办小本借贷文件》（1935年），天津市档案馆：J0217-1-000583。
⑥ 宓公干：《典当论》，第10~11页。
⑦ 《典当业》（1947年），天津市档案馆：J0002-3-002304。

小　结

小木借贷是一个具有现代色彩的民间金融形式。其目的在于扶植民间的小本工商业，发展生产和营业，打击高利贷，对贫民进行慈善救助等，这些无疑体现出了这个借贷方式的现代性。在借贷的信用方式和追偿等方面也体现出了一定的现代色彩，如借贷注重对客户和铺保的调查，利用警察依据社区建制保证信用和追偿工作等。小本借贷在天津的实施也取得了一定的成绩，对救济小本工商业者起到了一些积极作用。

小本借贷在天津地方社会的实施，并没有完全达到目的。因为借贷对象范围有限，借贷方式不能适应城市经济发展的需要，效率低下。在这个具有现代性的金融机构中，融入了许多地方性传统的东西：如放弃了抵押借贷的形式，以铺保形式作为借贷信用保障等。为方便借贷和调查而设的代办处，也始终没有建立。在下放到市民银行后，小本借贷的慈善色彩消退，自身的归属、地位不明确，导致警察配合追偿也不积极。

天津小本借贷处的运作历程表明，政府由于金融的知识、经验以及资金的不足，需要银行界管理知识和资金以及业务上的配合才能达到其目的。同时政府的威望以及强制力保证，又是借贷处所需要的。小本借贷处业务琐碎，需要较高的交易成本。政府和银行界只有充分恰当的配合，才能使小本借贷顺利进行。但政府与银行对小本借贷的目标和立场并不一致，双方只有调和立场，才能有效达到创办小本借贷处的目的。

作者：冯剑，河北民族师范学院社科部

1927 年天津协和贸易案及清理诉讼经过[*]

黑广菊

内容提要： 1927 年 7 月 9 日，在天津金融界发生了天津协和贸易公司欺诈案，此案的突然发生引发了天津金融市场的短期混乱和动荡。本文通过梳理天津协和贸易案的发生、清理、破产诉讼经过，旨在说明近代中国金融界建立信用制度、信用安全的必要性与重要性，依法仲裁的艰难以及其间政府、企业与市场的关系与角色界定等问题。

关键词： 债务与债权　信用安全　协和贸易案

1927 年 7 月 9 日，在天津金融界发生了一件震惊中外的大案，此案涉及中外商号之多，各银行钱号损失之惨重，矛盾之复杂，处理之棘手，清理诉讼时间之长，影响范围之大，在中国近代史上属罕见，这就是"协和贸易公司欺诈案"。① 此案的东窗事发，警醒了中国各银行、钱庄，使它们意识到建立信用信息的重要性，推动了中国金融业信用安全的建设。关于此要案，学术界对其来龙去脉的论述多语焉不详且多舛误。②

＊　本文为 2012 年教育部人文社会科学研究青年基金项目，由黑广菊主持的"近代天津北四行与北方企业关系（1915~1937）"（12YJC790055）的阶段性成果。

① 　法律中关于欺诈与诈骗的概念不同：《刑法》对诈骗罪目的规定得很明确，即以非法占有为目的，具体来说是行为人不打算付出任何代价或任何劳动，即取得对方信任而非法占有财物；民事欺诈行为一般来讲是用夸大事实或虚构部分事实的办法，借以创造履行能力而为欺诈行为，以诱使对方陷入认识错误并与其订立合同，通过履行约定的民事行为，以达到谋取一定利益的目的。按照法律定义，天津协和贸易案应属于民事欺诈行为，而非诈骗案，特此纠正学界的说法。

② 　关于此案的论文有曾衡三《1928 年天津中美商人串通的大骗案》，《文史精华》1997 年第 3 期；孙建国：《天津金融诈骗案始末》，《世纪》2007 年第 2 期；李铁强：《天津"瑞通洋行"诈骗案》，《民国春秋》1998 年第 2 期。它们记录简略且时间及事件细节的描述多错误。

本文根据天津市档案馆馆藏档案等一手史料对其做详细梳理，以还原历史本来面目。

一　东窗事发——协和贸易公司与瑞通洋行串通作弊

第一次世界大战期间，因西方各国忙于应付战争，在华外国银行的大量资金需要支援其国内需求，而无暇顾及附属地。由于经济政治环境较为宽松，中国民族资本主义得到较大的发展。天津作为港口城市，海运、河运以及铁路等交通便利，因此，进出口贸易十分发达。1919 年成立的协和贸易公司是天津曾经叱咤风云、"中国当时唯一对外直接进出口之贸易公司"。[①] 其注册资金仅有 7000 元，为无限责任公司，总经理是留学美国的福建人祁仍奚，股东有李组才、丁懋英等，地址在天津英租界西摩路，1924 年迁移到大沽路 42 号。[②] 由于经理祁仍奚经营有方，公司资金迅速扩大到 10 万元，乃至 30 万元。"不及十年而声震欧美，信用昭著，以少数之资本为数百万之营业。"[③] 扩大资本后申请为有限责任公司，但是由于某一股东的反对，并没有领到修改后的注册证。其主要经营范围：出口货物以花生、桐油、羊绒、皮张、蛋黄白、桃仁、地毯、猪羊肠为主，其他土特产品为辅；进口以面粉、大米、五金为主，呢绒为辅。总公司设在天津，在上海、汉口、青岛、济南、石家庄、张家口、包头等地设有分支机构和采购店。但是 1926～1927 年，由于南北连年战争，"津、青、沪、汉分行地点时入战争区或同受危险"，"交通梗阻，来货滞销，诸须现款出口转运，每多赔亏"，"市面吃紧，商业凋敝，远大计划不行，银根周转不灵"。[④] 这一时期，汉口之桐油、青岛之花生两项损失约达 400 万

---

① 《祁仍奚禀直隶省长褚玉璞函》（1927 年 11 月 26 日），天津市档案馆馆藏：中国银行全宗，J0161‑1935，第 44 页。

② 1927 年 7 月 27 日，第 107 期《北洋画报》报道协和案，根据《天津工商史料丛刊》第 3 辑朱继珊、王喆夫所撰《协和贸易公司倒闭前后》，1924 年后天津协和贸易公司地址在大沽路 42 号（旧英法租界交界，即和平区营口道）。

③ 《祁仍奚禀直隶省长褚玉璞函》（1927 年 11 月 26 日），天津市档案馆馆藏：中国银行全宗，J0161‑1935，第 45 页。

④ 《祁仍奚禀直隶省长褚玉璞函》（1927 年 11 月 26 日），天津市档案馆馆藏：中国银行全宗，J0161‑1935，第 46～47 页。

元。① 公司亏损越来越严重，于是总经理祁仍奚另寻出路以解决资金问题。

据曾经做过瑞通洋行会计曾衡三的文章回忆，由于祁仍奚出口贸易亏损巨大，无法还上借款，伺机做起以假栈单骗取借款的生意。1925 年秋天，祁仍奚利用美国前任驻华副领事康理祺的关系，在美国大使馆注册成立瑞通洋行，注册资金为 3 万元。华人经理为严修的孙子严仁曾，洋人经理是康理祺，股东只有祁仍奚一人，主要从事信托业务和进出口业务。公司职员和不动产（办公大楼等）均由协和贸易公司拨出，但没有单独账目，职员工资也由协和发放。实际上，协和和瑞通全在祁仍奚一人控制之下。这样，协和贸易公司需要栈单时就打电话给瑞通洋行，严仁曾不查仓库存货，协和要多少就开具多少栈单，康理祺照例签署，这个骗局直到1927 年 7 月 9 日才被揭穿。当时，中元实业银行拿栈单去其他银行贴现，但是周六银行不营业，中元银行偏偏急需现金，于是又到协和索要现金，但是协和拿不出，消息一经传开，众债权人②对协和贸易公司信用提出质疑，均拿栈单来协和索要货物和现金，但协和无法兑现。③ 经银行与协和公司对质查账，发现协和存货与栈单不符，④ 信用与抵押借款达到 500 万余两，"同业所受损失不堪偻指，市面恐慌情形难以言宣"。⑤ 至此，协和贸易公司与瑞通洋行串通欺诈的恶行得以揭穿。

---

① 《天津协和贸易公司破产管财人报告》（1930 年 3 月），天津市档案馆馆藏：浙江兴业银行天津分行全宗，J0204 - 1303，第 31～32 页。1929 年 8 月 23 日，祁仍奚致破产管财人的信函中提及青岛花生、汉口桐油损失严重，他说："然时局何时底定，莫可预测，故当时汉口存货，又不敢预期售出，然因履行国外各桐油合同付款至二百五十万元之巨，不得已将汉口及其他内地存货售出以周转金融。迨至有相当资金欲将桐油运往纽约时价格竟由二角六分暴跌至为一角四分。该时为经济所迫，虽欲保留以待价格之复涨，亦不可得矣。因此抵桐油一项，纯损失不下 250 万元。又青岛花生收成不佳，肉粒特小，公司所预售之货，若照先年各路货质之此率而论，则不能交货。后不得已而购西班牙与非洲各处花生，以履行契约。因山东花生收成不良，与时局不靖。于一季间其损失至少在 120 万及 150 万元。前述两项损失及四百万，加以高率之借款利息，来往汇费，保付支票之手续费及其他周转金融之费用，其损失可达五百万元。"

② 在 1930 年 3 月《天津协和贸易有限公司破产管财人报告》中提及共有 88 处债权。

③ 曾衡三：《1928 年天津中美商人串通的大骗案》，《文史精华》1997 年第 3 期。

④ 《盐银行致其他银行函中"查出一单数抵"》，天津市档案馆馆藏：盐业银行全宗，J0217 - 981，第 33～35 页；《由英商保罗洋行代为查栈之结果，确知存货较之外间所执栈单仅只十分之一》，天津市档案馆馆藏：中国银行全宗，J0161 - 1935，第 98～104 页。

⑤ 《民国十六年份（中南银行）天津分行营业报告书》，黑广菊等主编《中南银行档案史料选编》，天津人民出版社，2013，第 117 页。

作为天津中国银行总经理、天津银行公会会长，卞白眉在给总管理处的信函中比较详细地汇报了当时的情形。"天津协和贸易公司突于本月9日宣告搁浅，该公司与中国、交通、懋业、中南、金城、汇业、华义、中孚、浙江兴业、农商、中元实业、农工、花旗、汇丰、正金、中法等银行以及中法、德华、远东等银行华账房均有往来，据该公司开报数目，抵押借款及信用透支两项，共欠各银行约500万两左右，内中欠懋业约130万元又30万两，欠中南约130万元又40万两，欠中元约60余万两，欠远东账房30万两，以此数行数目为最巨，其余各家一二十万或数万两不等，中元已于近日宣告停业，中法实业、德华、远东三账房亦均搁浅，市面颇受震动。"① 此外，"当该公司宣告搁浅之际，即经各债权人前赴该公司要求检查押品，不料瑞通栈内现存之货与协和向各银行所押栈单数目相差甚巨，其为以空头栈单作抵无疑，似此设局骗财，殊甚痛恨"。②

协和案东窗事发后，卞白眉领导天津各银行迅速做出反应。"深恐该公司经理人等万一潜逃，不但我（中国）行索欠棘手，即全体债权人亦俱蒙不利，乃立函天津警察厅，将该公司总理祁暄、经理王恭宽先后拘送英工部暂行管押，并将该公司房产、家具及瑞通货栈分别派捕看守，以防移动。其余该公司以及祁暄个人资产据称天津、北京、上海、汉口、青岛、大连等处共有房地产以及货物约值200万元，由各债权人责令祁暄出立字据，扫数交出，将来究能收进若干，此时尚难预定。关于起诉一节，刻已商议进行，除控告该公司当事人外，瑞通洋行空出栈单实有串通舞弊之嫌，各债权人除将所执栈单向银行公会登记挂号外，定于明日一律持单向瑞通提货，如其货物短少，不能照缴，即责令该洋行经理美国人 CORNISH（康理祺——引者注）签具理由，书以控诉根据。"③

----

① 《天津中国银行关于协和贸易公司诈骗案致总管理处函》（1927年7月11日），天津市档案馆馆藏：中国银行全宗，J0161–1933，第33~34页。据盐业银行全宗，J0217–981，第33~35页中的记载，"中元实业银行王璧侯为该公司（协和）董事长，懋业银行张伯龙为该公司董事，故该两行放款额度甚巨，属信用放款"。其中，中法实业等华账房存欠各银行号有三四十家，除三家华账房实行停业外，"华义银行账房因受牵连，难于应付，岌岌可危，三泉货栈亦有倒闭之耗，闻欠百万余元，海外贸易公司亦有不稳消息"。

② 《天津中国银行关于协和贸易公司诈骗案致总管理处函》（1927年7月11日），天津市档案馆馆藏：中国银行全宗，J0161–1933，第35~36页。

③ 《天津中国银行关于协和贸易公司诈骗案致总管理处函》（1927年7月11日），天津市档案馆馆藏：中国银行全宗，J0161–1933，第37~38页。

为收回款项起见，债权团在征得协和贸易公司董事长王承桓（璧侯）的同意后，于7月11日选举五人组成"协和贸易公司债权委员会"，并与该公司签订委托书，明确对该公司在国内与世界各处的动产和不动产、有形和无形财产等具有处理权。①

二 协商方案——债权方与债务方

自1927年7月11日成立债权委员会到1928年10月23日协和贸易公司宣布破产，这段时间为清理协和债务问题的第一阶段。债权方在天津银行公会的支持下，关于协和贸易公司与瑞通洋行债务问题解决方案，开始了马拉松式的讨论。② 其间中外债权人为了维护自身的权益，不停地协商与斗争，同时债务方偶尔也配合协商方案与清理的进程。

协和案事发后的第二和第三天，即7月10日、11日分别由工部局逮捕协和经理王恭宽、由警厅逮捕总经理祁暄（仍羁）。面对接连倒闭的银行、钱庄（银号）以及银根紧张的金融市场，7月11日，银行债权团迅速组织债权委员会，委员由中法工商银行的外国人 Bar 和四个华人——谢霖（中华汇业银行）、张伯龙（中华懋业银行）、王孟钟（中南银行）及卞白眉（中国银行）组成，卞白眉被推举为委员长。③ 13日晚间银行公会开会"讨论上海禁现出口问题以及维持市面办法，拟由外国运大条银径达天津立公库存储。遇必要时，于大宗银元收付，可指此存银抵，由公库出据代替银元。议决选定委员七银行研究此事，维持市面方法随时相互办理"。④ 7月22日，在天津银行公会召开第一类债权人会议（持有瑞通栈单者），⑤ 于请律师一节，议

① 《协和贸易公司委托协和贸易债权委员会译文》（1927年7月15日），天津市档案馆馆藏：中国银行全宗，J0161-1933，第153～154页。
② 卞白眉自1927年7月9日起至8月的日记，几乎每天召开协和债权会议。《卞白眉日记》第1卷，天津古籍出版社，2001，第450～456页。
③ 《卞白眉日记》第1卷，第450页。
④ 《卞白眉日记》第1卷，第450页。7月18日沪行由日本运大条银37条，约300两；21日运35万盎司来津，汇丰用军舰运350万两来津，救济天津金融市场。
⑤ 第一债权人（持瑞通栈单者）：中元、懋业、中国、交通、中南、中法工商、汇业、浙江兴业、远东、农商、农工、花旗；第二债权人（信用借款）：中元、懋业、交通、中南、中孚、远东、农商；第三债权人（透支借款）：中元、懋业、中南、中孚、金城、中法工商银行账房、中法工商、华义、汇业、浙江兴业、远东、农商、花旗。天津市档案馆馆藏：中国银行全宗，J0161-1935，第1～2页。

决华人方面联合办理，表面作为各行分别自行延请。① 30 日卞白眉代表中国银行起诉协和贸易公司。② 8 月 20 日，债权委员会第一次清理报告指出，协和债务在中国方面为 558 万余元，外国方面 294 万元，共 852 万余元；清理协和资产所得不过 20 万余元。经过一个多月的讨论，债务处理问题几乎没有进展，并且问题日益复杂，债权委员会全体委员于 8 月 24 日债权会议上提出辞职。8 月 30 日，协和债权大会上决议：准五委员辞职；组织新的委员会，华人 5 人（来自中国、交通、中华汇业、中南、浙江兴业银行），洋人 3 人（来自中法工商、华义、瑞通洋行）；③ 聘华洋会计师各一为清算员。9 月 13 日，协和选举新委员，同时决议由美领事馆认可之瑞通洋行洋清理员马克顿负责招商拍卖，处分瑞通所存面粉，与此同时向美国驻华法院请予查办瑞通洋行。15 日，分羊肠子售款事争执。16 日，瑞通面粉售洋 300489.86 元，款项交给美领事馆收存。19 日，协和推举新委员，卞白眉不就，复推区绍安（交通），议决 Mr. Stedmen（史泰明）和关维庆为会计师负责查账，查出财产归拍卖行处分。但 29 日区绍安辞职，复推卞白眉。其间，30 日，中华汇业向中国银行押借 6 万元。10 月 14 日，志成银号倒闭，于是各银号之银根稍紧，皆岌岌可危。10 月 17 日，协和债权委员会决定将此案呈请法庭依法办理。

债权人在讨论方案时，债务人祁仍奚因不同意新选的债权委员，于 9 月 26 日给当时直隶督办军务善后事宜兼省长褚玉璞写了一封信，具禀天津协和贸易股份有限公司亏累的实情，"协和负债约计 380 万余元并非 7、8 百万之巨"，并且提出自己的解决方案。"倘债权人暂时忍耐放大眼光予奚以清理之机会而助其恢复，俾得将所计划次第实行，可保一月以内继续营业，五年之间本利拨还。谨拟其整理维持之方法为我省长陈之：（一）债权人于摊分实得之数额大约不过二成，合洋 100 万元。请于此二成中提出十分之二作为投资或借给协和，计此数可得 20 万元，由奚募集资本 30 万元，合 50 万元为重整协和之基金。（二）出资之债权人及新股东组织委员

---

① 《卞白眉日记》第 1 卷，451 页。

② 《河北高等法院民事庭关于协和事致中国银行函》（1930 年 6 月 24 日），天津市档案馆馆藏：中国银行全宗，J0161－1934，第 67～75 页。

③ 《协和债权委员会致直隶省长公署函》（1927 年 12 月），天津市档案馆馆藏：中国银行全宗，J0161－1935，第 98～104 页。祁仍奚坚决不同意此新选委员。

会监理财政，营业用人行政操之委员会，奚居清理地位，勉尽心力为债权人谋复本利，自信必可成功。"①

1927年12月，协和债权委员会就协和清理债务的进展以及结果以书面的形式具禀直隶省长公署、天津警察厅，报告中提议如果债权委员会代为清理有障碍，总额不确定（债权委员会查账有852万元，而祁仍奚认为只有380万元，相差悬殊），祁仍奚等债务人如有诚意忏悔，愿意亲自出面清理，再以公力严重监视可能较有结果。②

在1928年2月14日，协和贸易公司债权大会上，协和债权团讨论了祁仍奚所提出的办法，但没有通过祁的提议。卞白眉主席主张"由委员会为清理主体，协和当事人需辅助地位"，林行规律师提议由法院审理省去许多纠纷。最终，债权委员会大会决议，"清算当宜应以债权委员会为主体……并容纳协和方面当事人帮同办理。其中清算事物项须往外埠接洽者，除委员会在各该埠委人办理外，如协和当事人认为有分往各埠帮同接洽之必要时，亦可准其前往"。往返费用如能增加收入则可报销，不能增加则由协和担负。③

债务方与债权方协商不成，债权委员会最后提交河北地方法庭民事庭审理。河北地方法院于1928年9月27日宣告协和为有限公司（有限责任公司），"债务太巨，不能清理，事实显著"，应于1928年10月23日宣布破产。④

三　复杂棘手——破产管财人清理过程

1928年10月23日，协和贸易公司宣告破产，债权委员会的使命同时也到此结束。于是进入第二个阶段，由破产管财人⑤来负责清理协和账目。

---

① 《祁仍奚禀直隶省长褚玉璞函》（1927年11月26日），天津市档案馆馆藏：中国银行全宗，J0161-1935，第44~48页。

② 《协和债权委员会致直隶省长公署函》（1927年12月），天津市档案馆馆藏：中国银行全宗，J0161-1935，第98~104页。

③ 《民国十七年二月十四日协和贸易公司债权大会纪要》（1928年2月14日），天津市档案馆馆藏：中国银行全宗，J0161-1935，第95~96页。

④ 《河北高等法院民事庭关于协和事致中国银行函》（1930年6月24日），天津市档案馆馆藏：中国银行全宗，J0161-1934，第67~75页。

⑤ 1928年至1932年，破产管财人由四人组成：谈荔孙、杨文翰、颜惠庆、顾孟余。

其中，1928 年 10 月至 1932 年 1 月为清理的第一期。此时，由多个管财人负责清理，清理进展稍有成效，管财人两次向债权大会提交清理报告书。1932 年 1 月至 1935 年 10 月为第二期，只有一位管财人负责，[①] 进展甚微，此时提交了第三次清理报告书。

破产管财人就职后，接到债务人祁仍奘的来函，着重提醒"协和原系有限公司组织，仍请按《有限公司破产法》处理"。破产管财人，接此来函后即于 1929 年 7 月 6 日复函，就欠内各账簿事、协和有限公司会否注册事、祁暄个人欠 28 万余元从速归还等事质问债务人祁仍奘。7 月 15 日接祁复函，答复上项质问之三点：（1）欠内各账应照账簿为根据……欠外各账，债权人须证明所欠数目与协和账目相符方为有效；（2）协和贸易公司为有限公司，在前农商部注册，凭照可询问接收协和之银行团刘松生律师事务所，所有凭照相片可借阅；（3）个人欠款 28 万余元，已还 5 万元，下欠之数因中元实业银行陈祝三在军法处时威逼，取得鄙人全部财产相抵。旋经陈君交还，一部分由中法银行委托驻津法国领事署代为保管变卖，以备抵偿。鄙人实无还付现金能力。又于 1929 年 7 月 21 日来函云：鄙人在天津英租界有自置建筑地，私产价值 10 余万元，前在军法课时被农商银行强迫过户，此项财产纯为个人私有，并且声明协和贸易公司债务总额，约共 475 万元，多数外国债权系属虚报，图谋分享协和财产。同时继续建议，"改组协和贸易公司并发行一种付息债权，自第六年起还款于 15 或 20 年间，偿清一切本利。债务之所有人有管理及监督协和公司营业方针、财政管理及监督全权。至现在再管财人保管中之协和财产暂不移动，鄙人与各债权人一一核对，得有准备数目时，然后按户分偿，其余欠则给予上述债权者。倘欲鄙人实行前议第一步，须先取消破产……并于鄙人筹备改组之数月间，予以经济上之扶助"。[②]

破产管财人清理前对协和贸易公司企业性质（有限公司）、账簿的可靠性以及债务总额的质问进行确认，为之后的清理工作奠定基础。破产管财人自 1929 年 4 月就职，接收债权委员会的所有文件及协和残留账、本案卷财产等账目，面对"复杂""棘手"的债务债权问题，没有

---

① 1932 年至 1940 年，由关维庆会计师负责。

② 《天津协和贸易公司破产管财人报告》（1930 年 3 月），天津市档案馆馆藏：浙江兴业银行天津分行全宗，J0204 - 1303，第 1~23、30~31 页。

接受债务人祁仍奚的提议，而是希望"以法律上有地位之管财人名义催收委员会所不能收之资产及审查总债务之实额"。① 经过一年的继续清理，1930年3月《天津协和贸易公司破产管财人报告》就美国无线电公司案、王恭宽欠款案、祁暄和王恭宽抵还农商银行未到期借款案、允元实业公司欠款案、瑞通洋行货栈案、对于调制协和债权表案、汉口宝隆洋行存协和桐油案、协和贸易公司与霍祁、勃祁案等，做了清理。而协和的债务人采取了或配合，或抗拒，或不理睬的态度，其中，除了依法退还美国无线电款7850.6元外，其他如羊肠子销售款无法追索；祁洋行之"水脚回扣"抗不交款；允元实业公司欠款不见回复。而与法领事署交涉交出所存文件时被刁难："查本署保存文件，不但为法国债权人之账目，且为他国之债权人账目，应由该公司破产管财人向有关系之他国领事方面进行办理，俾得交还此项文件之同意，由其通知本领事署以凭核办。"② 交通银行不上交协和贸易青岛分公司之账目，失去收回债务佳机；法院命制债权实额表而债权总额至今未能确定；以上事项均没有结果。③

破产管财人又经过一年多（1930年4月1日至1932年1月31日）的艰难清理，其中一些债务清理取得成效。《天津协和贸易公司破产管财人第二次报告书》称："自十九年三月三十一日报告书发出后续办理清理事项，汉口宝隆洋行存协和桐油案，经律师力求和解后，经管财人允准，以5000两为清偿。当于十九年六月二十四日汇津上海规元5000两，作为了解斯案，计银4728.13两。""汉口华比银行允退还款项案，经将此领事证明文件寄往汉口后，业于十九年四月二十二日如数汇津，计美金353.57元，合洋1034.19元，银两1177两整。""残余呢绒布匹经魁昌斗卖行几度斗卖，业已售罄，计洋74.25两，洋87.5元整。""利息项下，祁暄人

---

① 《天津协和贸易公司破产管财人报告》（1930年3月），天津市档案馆馆藏：浙江兴业银行天津分行全宗，J0204-1303，第1~23页。

② 《天津协和贸易公司破产管财人报告》（1930年3月），天津市档案馆馆藏：浙江兴业银行天津分行全宗，J0204-1303，第6、16~30页。法国领事保存的文件系协和事发之后，有华资银行在祁仍奚家中或公司内搜到的文件，后被外资中法工商银行夺去。中方几次与其交涉拿出文件以便债务清理，但是法国领事一再刁难中方，提出需要其他国家领事都同意才可拿出文件。但是中方与其他国家领事交涉并征得同意是一个漫长的过程。法国领事署始终没有交出这批文件。

③ 《天津协和贸易公司破产管财人报告》（1930年3月），天津市档案馆馆藏：浙江兴业银行天津分行全宗，J0204-1303，第15~16页。

寿保险退款存中国银行特别户，计银 6925.82 两，业于报告书内报告各债权人矣。由十九年三月底至今该项存款利息过息 4 厘，计收银 577.12 两。""办事处家具及所存地毯，因无处放置已于二十七年七月二十二日经魁昌洋行当众斗卖，计收银 434.25 两，合洋 625.05 元。"由上，共计收回洋12136.75 元。①而李修欠款 2500 余两案，山东日升公司欠款 9933.52 元案，汉口中华懋业银行尚存款项及猪鬃五箱案等，则无进展。②

1932 年 1 月 26 日债权人等开会集议，管财人坚决要求辞职，债权人大会议决所有公司破产管财人文件及账册仍暂行由原会计师关维庆保管，以所余款项（19000 两）改为定期存款存于天津中国银行。③

1932 年 3 月 14 日复开债权人大会，中国银行代表请关维庆会计师作为管财人。关会计师说，"自委员会以迄管财人其所清理者，均经敝人之手，至于所未清理者类多棘手。今卞（白眉）经理拟委鄙人为继任管财人，想于事实无所补益"。"按目下情形而论，即使推出管财人，然亦无事可办，事实上亦不过暂行保管而已。"④关维庆自 1932 年接手管财人以来，就其 1935 年 10 月 3 日提交的《协和贸易公司破产管财人报告书》⑤ 来看，仅诉讼羊肠商李修胜诉："迨至万丰号财产拍卖时，本处所分得者只有 80余元。查此案所费律师费不计外，所须时日已有四年之久，以此了结殊属不值。幸有法院执行证在手，将来李修如有偿还能力时，再行呈请执行，续为追偿，以期如数收回也。"⑥除此之外，其他尚有中止而不能废弃之案数件，如协和贸易公司之债权究系若干，"则非主债务人祁仍奚再行帮同

---

① 此处数据文献原文如此，由银洋折换所得。

② 《天津协和贸易公司破产管财人第二次报告书》（1932 年 1 月 31 日），天津市档案馆馆藏：中国银行全宗，J0204 – 1304，第 18 ~ 19 页。

③ 《天津协和贸易公司破产管财人第二次报告书》（1932 年 1 月 31 日），天津市档案馆馆藏：中国银行全宗，J0204 – 1304，第 22 页。

④ 《民国二十一年三月十四日协和债权大会纪实录》，天津市档案馆馆藏：中国银行全宗，J0161 – 1934，第 50 ~ 51 页。

⑤ 《协和贸易公司破产管财人报告书》（1935 年 10 月 3 日），天津市档案馆馆藏：中国银行全宗，J0161 – 1934，第 22 页。

⑥ 《协和贸易公司破产管财人报告书》（1935 年 10 月 3 日），天津市档案馆馆藏：中国银行全宗，J0161 – 1934，第 18 ~ 26 页。该文件记录李修案："迨至万丰号财产拍卖时，本处所分得者只有 80 余元。查此案所费律师费不计外，所须时日已有四年之久，以此了结殊属不值。幸有法院执行证在手，将来李修如有偿还能力时，再行呈请执行，续为追偿，以期如数收回也。"

审查不能证实"；驻津法领事署所存文件依旧刁难不想移交；祁仍奚个人欠款 23 万余元尚需清算；允元实业公司欠款案未能着手；山东日升公司尚欠 9000 余元案至今仍未见回复。总之，以上各案，"有须主债务人祁仍奚帮同清理，始可收效者；有须起诉者；又有须由外交手段收回者；各不相同。但皆系棘手而数年未能了结，然又非绝无希望而能放弃之事。又查清理处现存款项只有 26000 余元，而债权总额约有 800 余万之多，无论毫无分配之价值。而债权总额之数目，因外国关系迄难决定，纵有分配之价值，非待调查确凿才能办理。而此项调查费用恐尽现存之数，尚有不足也"。①自此次报告之后，协和债权大会几乎没有开过，至 1940 年随着管财人移居上海而要求将账款转到上海中国银行，而最终不了了之。

小　结

从以上整个案件发生、清理和破产诉讼过程，引发笔者以下的思考。

第一，近代中国金融市场建立信用制度、信用安全的必要性与重要性。民国时期银行业多为私营经济，为追求利润最大化，银行之间几乎没有信息沟通，对贷款者缺少必要的信用调查。北洋政府虽然针对实业发展颁布了一些法律条例，但对整个金融市场运行没有统一的制度设计和规划，造成了社会经济环境的无序、混乱。与此同时，市场的运行又是自由的。而天津协和贸易欺诈案的发生，给金融界、银行家一个重要警醒，从此，天津、上海乃至全国银行界充分认识到银行间联合开展信用调查的重要性。当时上海金融界著名银行家资耀华在其回忆录中写道："上海金融界有鉴于此，深深感到金融界历来互相保密并非好事，应当有一个从事经济金融信息咨询机构，互通声气，互相补益。"② 1932 年成立的中国征信所正是响应了全国银行界联合征信的强烈要求。天津协和贸易案的发生与影响应该是近代中国金融界由传统到现代转型过程中的一次重大经历。中国征

---

① 《协和贸易公司破产管财人报告书》（1935 年 10 月 3 日），天津市档案馆馆藏：中国银行全宗，J0161 - 1934，第 26 页。

② 孙建国：《天津协和贸易诈骗案始末》，《世纪》2007 年第 2 期。孙建国：《信用的嬗变：上海中国征信所研究（1932 - 1950）》，上海师范大学博士学位论文，2005，第 82 页。

信机构的设立，为此后金融界的信用安全提供保障。

第二，近代中国金融界、实业界依法仲裁、依法执行的艰难。从法学角度来看，1927 年天津协和贸易公司欺诈案应属于民事诉讼案件，从发生到最后的不了了之，整个清理诉讼过程，其程序是按照《公司破产律》条例执行的。《公司破产律》规定：公司有徇私舞弊的行为或者破产，在政府部门备案以后，由政府委托商会选举出董事或者债权委员会或清算人，全权负责破产前后的一切事宜。从以上的清理经过，我们也可以看出，自始至终，案件都是在天津银行公会会长卞白眉的领导下进行的，除非处理出现危机无进展时，才交由政府或河北警察局处理。企业破产后，交给清算人，一般为知名的会计师担任，此案中的清算人关维庆就是当时天津知名的会计师。整个过程清理人的费用，均在协和公司余账中开支。

从协和清理诉讼结果来看，对债权人的补偿和债务人的处罚基本没有实现。主要债权人除了在案发后变卖协和储藏商品获得一部分赔偿外，追回的现金等一直由债权委员会或清算人储存于中国银行，并没有补偿给各债权人。债务人祁仍奚事发后被逮捕拘禁，后又逃脱，逍遥法外，也没受到任何法律惩罚。

但是，从 1927 年至 1940 年，天津协和贸易案清理诉讼过程持续了十几年的时间，其间债权人之间的利益争夺与妥协，债务人的无奈抵赖、不配合与敷衍了事，偶尔债权人与债务人之间的协商，其中清理的艰难、问题的棘手复杂，一言难尽。总之，此案作为一个烂头账，不能不清理，又不得不清理，但是进展确实缓慢乃至漫漫无期而让人感觉无望，最终随着战争的爆发、管财人移居上海没有结局。

第三，职能部门如政府、企业与在市场中的角色界定。整个案件中，政府一直以委托人角色出现，被委托人天津银行公会则是承担着领导者、组织者、协调者的角色，银行与企业（或者说债权人与债务人）在案件处理中具有较大的自主权。北洋时期，各军阀忙于"争地盘"、忙于"捞钱"，对于民间经济活动的管理应该是比较松散的，市场环境也比较自由。天津协和贸易欺诈案，作为民事案件，属于民间抵押贷款行为，银行或银号与贸易公司的借贷关系属于自愿行为，风险也应该由这些银号和贸易公司自行承担。

作者：黑广菊，天津财经大学经济学院经济学系

抗战时期天津的内河航运业

刘凤华

内容提要：七七事变后，日本首先接管天津航运业的管理机构，日本华北方面军陆续出台政策，对华北和天津地区的航运业进行政策上的"指导"。1939年4月华北交通株式会社成立后，华北交通实现一元化统制，采取"铁路为主、公路和航运为辅"的政策，统制民船，强化运输能力，天津航运各业为日本及其所设公司控制。太平洋战争爆发后，日本强化对天津地区航运业的统制，但在美国的封锁和游击队的打击下，损失惨重。抗战时期日本控制下的天津航运业遭受巨大损失。

关键词：抗战时期 天津 航运 日本

天津是华北地区的内河航运中心，在近代化陆路运输兴起之前，天津与腹地之间的商品流通主要靠河川，内河航运业也就发挥着重要作用。1934年，天津共有轮船51艘，在海关登记的帆船有1673艘。[①] 日方资料也记载，天津作为北方河运的中心，航线可达5000公里，在七七事变前，河运载货量与铁路相当，因此，河运妨碍铁路运输的发展，特别是津浦线和南运河呈平行状，二者竞争激烈，而津浦线的运费政策也会被内河航运左右。[②] 由此看来，天津的内河航运业不但具有一定的运输量，且对周边铁路的运营也具有重要影响。日本发动全面侵华战争后，天津地区的内河航运是其华北交通控制的重要组成部分，研究抗战时期日本控制下的天津地区航运业，对于研究日本对天津地区和华北区域的交通

---

① 〔日〕王洸：《中国航业论》，交通杂志社，1934，第32页。
② 亚洲历史资料中心：C13070304700。

统制、资源掠夺等均具参考意义。

一 七七事变前天津地区的内河航运业

在内河航运方面，即便铁路运输兴起后，天津港仍有近一半的货物是依靠水运，1935 年天津的内河年水运量达到 300 万吨。[①] 1903 年，河南商人贾润才创办南运河轮船公司，开辟了天津到德州的客货运输航线，后又将航线延伸到山东临清，直通河南周口。1907 年，保定商人刘济堂创办津保轮船公司，开辟了天津到保定的客货航线，但该公司在 1911 年破产。1913 年，直隶省行政公署与大沽造船所合办行轮局（1935 年改称河北省内河航运局），1914 年、1915 年相继开辟了津保线（天津到保定）、蓟运线（天津到上仓）、栏沽线（牛栏山到塘沽）、津磁线（天津到磁县）、津沽线（天津到塘沽）等几条航线，1935 年又开辟了津德客运线。1915 年，行轮局经营的航线达到 570 公里，设有码头 55 个，船只 11 艘，在南运河淤积影响航运的情况下，开辟了芦蓟客运线（芦台到宝坻新安镇），以及 3 条客运支线：在子牙河上游滹沱河上的沙吕支线（河间县沙河桥到饶阳县吕汉镇）、津咸支线（天津到咸水沽）、津胜支线（天津到霸县胜芳）。到七七事变前，共有津保、津磁、津沽、津泊 4 条干线和津咸、沙吕、津胜 3 条支线，营运里程735 公里，设营业站点 90 余处，形成了以天津为中心的内河客运网络。[②]

众所周知，1930 年代后日本已将侵略矛头指向华北。针对七七事变前华北区域和天津周边的交通状况，日方除了在 1930 年代进行了以华北驻屯军为倡导者、以满铁为主力的华北交通、港湾调查外，1936 年 3 月 20 日，日本参谋本部还出台了《基于华北处理要纲的交通政策指导要纲》。《要纲》指出，在当时的情况下，应在冀察交通委员会内设置日本人顾问，在军方的内面指导之下掌握交通行政中枢，渐将华北交通机构的管理权从南京政府分离；对于作战所必需的铁路（包括铁道和公路）和水运、航空和通信进行整编，并逐步引进日本的资本、技术和器材，逐渐驱除外国势力；此外，《要纲》还预先规划了随着形势变动，在铁路、公路、水运等

① 谷书堂主编《天津经济概况》，天津人民出版社，1984，第 201 页。
② 天津地方志编修委员会编《天津通志·港口志》，天津社会科学院出版社，1999，第374 ~ 375 页。

各方面的应对措施。① 由此可以看出，七七事变前日本对华北的交通政策，基本以侵略作战和防共为主要目标，具体措施是通过分离、控制伪政权的交通机构，逐步实现日本掌控下的华北交通体系。在《要纲》中，并未涉及铁路、水运等不同交通方式的主辅关系。

二 七七事变后的天津航运业

七七事变后，随着日军占领天津，天津的航运业也逐渐为日人掌控。日军对天津航运业的侵夺主要包括控制航运管理机构、垄断天津的航运业务两个方面。

（一）控制航运管理机构

天津的内河航运机构，最早是1914年设立的津保栏沽内河事务所，此后几经变更，至1928年天津特别市成立，天津特别市政府将其改称为天津特别市直辖内河航运局，1929年该局改组为津保磁沽内河航运局，1930年1月又改组为河北省内河航运局。②

1938年1月，日伪设立天津特别市内河航运局，对内河航运业务进行管理。同时，在占领初期，局势混乱，在日本特务的扶持下，天津青帮设立天津内河航运公会。该公会规定，民营航运业必须加入内河航运公会，否则不能获准运营。1938年6月1日，该公会改称中国内河航运公会，总会设在北京，在天津、济南、太原、开封、石家庄、徐州等地设有分会，在青岛和保定设立办事处，在华北的主要内河航线拥有70多个码头，③ 主要为日本押运物资，曾组织"河防队""武装义侠队"等汉奸队伍，协助日伪"维持治安"。

随着占领的长期化和局势稳定，以及出于继续扩大战争和运输资源的需要，1938年3月日本华北方面军司令部发布《华北水运对策案要纲》，其方针是将华北地区的水运通过交通会社进行统制运营，加强运输能力，

---

① 亚洲历史资料中心：C01004217600。
② 《河北省内河航运局改组经过及现在状况》，《中国建设》第7卷第6期，1933，第119页。
③ 亚洲历史资料中心：C11111718400。

满足日本军方的要求。具体而言：（1）海河艀船驱除外国势力，在交通会社领导下运营，并实现与铁路、船舶的联合作业；（2）内河航运由交通会社或其子会社运营，交通会社接收内河航运局的船只和设备；（3）针对民船，由"政府"出面，在华北地区主要河流沿岸组织成立强制性的民船协同组合，强化其运输能力，对其进行统制和"指导"；（4）各地民船协同组合联合后成立民船联合组合，其长官由"政府"指定，并对各地的民船协同组合具有"指导"权；（5）上述两类组合的任务是调解纠纷、协调运费，组合成员不支取酬劳，组合所需经费从成员中征收，"政府"给予补贴；（6）交通会社向上述两类组合派遣顾问，顾问对一般业务具有实际权限；（7）拟在内河及运河实行疏通改善作业，加强运输能力。① 《要纲》反映出日方对华北内河航运的发展目标是实现内河航运与铁路、海运的联合运输，并设立一个交通会社，对华北区域内的交通事业实行一元化统制。这为华北交通株式会社的成立奠定了基础。同时，还对民用船只进行统制和"指导"，民船被纳入统制范围。

1939 年 1 月 24 日，华北方面军司令部发布《华北内水运业管理暂行规定》（「華北内水運業ニ関する管理暫行規定」），进一步对内河航运做出规定：华北方面军司令部对辖区内的水运业进行监督指导，由辖区的特务机关进行管理，包括发放航行许可证，在各水路要点设立监察员，对许可证和搭载物品进行监察等事务；对中国内河航运公会、其下属的分会和支会进行"指导"，取消旧政权和机构对航运业的指导监督权，谋求指挥机构的一元化，辖区内的水运业运营团体和机构听从其"指导"；各兵团、补给工厂可征用辖区内船只，同时，为了保障运输、防止航运被破坏，各辖区还组织结成"爱护村"；等等。② 在上述政策的"指导"下，1939 年 4月华北交通株式会社（以下简称华北交通会社）成立后，开始对区域内的铁路、公路、水运等一切交通设施实行一元化统制。

为了输出华北的煤炭、铁矿石等资源，日本对华北地区的交通政策开始主张以铁路为主，公路和水路为辅。华北地区内河水运的经营政策是集结内河民船零散的输送力量，使之成为铁路运输的辅助手段，以便进行铁

---

① 亚洲历史资料中心：C04120358700。
② 亚洲历史资料中心：C11111698000。

路货物的集散和水路运输，进而实现铁路和水路运输的连贯畅通。华北交通会社统制下华北地区的内河航运组织编排如下：在华北交通会社内设立水运局，在天津、北京、济南和开封的铁路局设置水运处主管内河运输业务（1942 年 6 月 15 日后水运业务改为天津和济南两地的铁路局主管），并在上述地区管辖内的重要地点设置航运营业所负责内河运输。但是，华北地区内河水运的航运许可证发放仍由特务机关决定。

1939 年 10 月华北交通会社收购天津特别市管辖的内河航运局的设备和财产，成立由日本人控制的"天津航运营业所"，这样，日本就控制了天津航运的营业事务。天津航运营业所由天津铁路局管辖，主要负责北运河（通州—天津）、子牙河（衡水—天津）、南运河（泊头—天津，不含泊头）等水路的业务。1940 年 4 月，根据日本军方命令，华北交通会社下属的天津航运营业所接收中国内河航运公会的人员和业务，开始代理内河行政业务。由此，华北交通会社开始一手掌控天津内河航运的行政和营业两项事务。1941 年 5 月，华北交通会社将行政代行机构独立处理，设立管船办事处，与航运营业所并立。管船办事处的事务主要有：船舶的登记；代行对航行船舶检查；航行许可证的发放等手续；维持航运安全秩序；等等。

此外，华北交通会社还在华北各地的航运营业所所在地组织船主公会，并制定《船主公会规约准则》《民船航业统制机关设置要领》《船主公会指导要领》《船主公会会计事务处理规程准则》等文件，华北交通会社则对船主公会进行内部指导，以达到增强运输能力、强化对货物集散等的运营统制的目的。船主公会在华北各地水域设置了 11 处分会，每处每月从日方领取 6800 元的补助金。[①] 船主公会成员多为各地青帮分子，对日本"维持"当地治安、结成"爱护村"发挥了积极作用。

表 1　1941 年华北航运总公会船舶统计

种　别		数　量	总吨位（吨）
轮船	总公会所有船	4	68.36
	青岛加入轮船	66	2498.81
	连云港加入轮船	2	44.81
	天津加入轮船	1	54.63

---

① 亚洲历史资料中心：C111110951200。

续表

种　别		数　量	总吨位（吨）
轮船	烟台加入轮船	19	1803.46
	加入渔轮船	121	5665.00
总计		213	10135.07
	加入地	数量	担数（10 担约合 1 吨）
民船	青岛方面	8450	894161
	海州方面	1567	106249
	烟台方面	4652	461260
	天津方面	2566	415000
总计		17235	1876670

资料来源：申报年鉴社编印《民国三十三年度申报年鉴》，1944，第886页。

（二）垄断航运业务

天津沦陷后，河北省内河航运局（1935 年后很多资料仍用旧称"行轮局"）在海河上游各条客运航线全部停业，[①] 所有的船舶均被征作"军用"，天津通往河北内地的客运班轮全部中断。1939 年 7 月，日军委托华北交通会社在济南、天津附近用汽船运送旅客。[②] 同年 4 月，华北交通会社着手开发内河航运业务，先后恢复了蓟运河（芦台到宝坻丰台）、子牙河（天津到静海县王口）、南运河（天津到德州）的客运航线，至 1940 年代初，运营路线达到 800 公里。[③] 1941 年客运人数为 13.6 万人，1942 年达到 20.2 万人，其乘客主要是日本武装人员以及被强行劫掠来的"华工"，普通旅客较少。[④]

如前所述，在货运方面，日方一开始就将内河航运视为"经济开发的非常手段"，在进行陆路运输方式整编的同时，也对内河航运进行了统制。1938 年 6 月，以天津为中心，将华北地区所属的 1800 多艘、载重约 5 万吨的民船限定在冀东的蓟运河及其支流（1036 华里）、以通县为中心的冀东运河（240 华里）、永定河一部分（159 华里）、保定的大清河（265 华里）、

---

① 天津地方志编修委员会编《天津通志·港口志》，第 375 页。
② 申报年鉴社编印《民国三十三年度申报年鉴》，第 886 页。
③ 〔日〕华北交通株式会社：《天津航运营业所概况》，华北交通天津航运营业所，1941，页码不详。
④ 河北省地方志编纂委员会编《交通志》，《河北省志》第 39 卷，河北人民出版社，1992，第 246 页。

石家庄区域的子牙河（715 华里）以及老子牙河一部分（1088 华里）、南运河一部分（1947 华里）等范围内航行。[①] 这基本上统制了华北民船力量的 1/10。华北交通会社下属的水运部从 1940 年 5 月 30 日开始统制民船，开展民船货运业务。华北交通会社强行动员民船，以 30～50 艘民船编成 1 个船队，在日本水路警备部队、日伪河防队武装押运下进行"船团运输"，6000 余艘民船被强制运营，载重能力为 30 万吨，1938～1942 年，每年为日军运送粮食、棉花、煤炭等物资 50 万～152 万吨。[②] 船团运输在大清河、子牙河、南运河实行，其后将东北河、北运河、黄河、盐运河、小清河等各主要河流扩充为航路网。[③]

华北交通会社之所以对民船进行统制，一方面是日本侵略战争需要交通运输的配合，由华北交通会社统制民船，可随时应军方需求进行调遣；另一方面也可遏制物资进入抗日根据地，阻碍反日力量的发展，同时亦有利于占领地恢复秩序。1941 年 7 月 1 日，日本强化对民船的统制，在各河口设立 3 个监视所，以强化监督。至此，天津地区的内河水运之营运业已完全由华北交通会社负责及统制。

表 2　华北可通航的内河航线（1942 年上半年）

单位：华里

河　道	航线经过地点	里　程	通行能力
蓟运河	天津—河头	330	—
	芦台—东丰台—鸦鸿桥	230	通行 20 吨船只
大清河	天津—新镇—新安—保定	1016	新镇以下通行 80 吨船只
	天津—新镇—新城		
南运河	天津—沧县—德州—临清	1514	通行 160 吨船只
北运河	天津—通县	340	通行 40 吨船只
子牙河	天津—王家口—沙河—献县	751	通行 100 吨船只
永定河	天津—双营	159	—
滦　河	乐亭—喜峰口		通行 20 吨船只
捷城河	岐口—沧县		通行 30 吨船只
海　河	天津—大沽		通行 1000 吨船只
卫　河	临清—新乡		

资料来源：郑克伦：《沦陷区的交通》，《经济建设季刊》第 1 卷第 2 期，1942，第 282 页。

---

① 〔日〕北支那经济通信社编印《北支那经济年鉴》，昭和 14 年，第 745 页。
② 河北省地方志编纂委员会编《交通志》，《河北省志》第 39 卷，第 242 页。
③ 申报年鉴社编印《民国三十三年度申报年鉴》，第 886 页。

表3   河北省内河航运统计（1939 年 4 月至 1940 年 3 月）

航线	通航里程		运量（吨）		输津主要物资
	起讫地点	里程（公里）	上行	下行	
南运河	天津—德州	215	126653	71257	玉米、高粱等
子牙河	天津—臧桥	167	4914	4063	棉花、小麦、杂粮
大清河	天津—保定	200	93076	154139	芦苇、小麦、棉花
北运河	天津—通州	125	30220	50241	面粉、菜、席、盐
蓟运河	天津—林亭口	114	65681	27097	小麦、米、高粱、棉花
滦河	滦县—承德	120	16332	20194	米、面粉、麦粉、畜产品
合计			336876	326991	

资料来源：河北省地方志编纂委员会编《交通志》，《河北省志》第 39 卷，第 242 页。

三   太平洋战争爆发后的天津内河航运业

太平洋战争爆发后，日本为了解决资源问题，加强了对天津地区航运业的统制。1942 年 7 月 20 日，伪华北政务委员会发布的《华北航运统制暂行办法》规定，华北航业者船籍变更、船只买卖和改造、航线设立及变更等必须获得"华北政务委员会"的许可，船舶新开业者亦须获得许可。"华北政务委员会对于华北具有船籍港、船舶之所有者或航运业者，在航运统制上认有必要时，得指定航路、就航区域及应当运送之人或物，命其航海；并指定船舶租金、航运手续费、水上运送费等额数。而于船舶之买卖贷借出资、航运委托、合同经营或共同经营及其他航运统制上必要事项，均得以命令行之。"①

在伪华北航业联营社的统制下，天津各航运公司被迫为日本运送各种物资，在物资运送过程中，从事海运和内河航运的各大公司均遭受了重大损失。例如，北方航业公司的北安、北华、北庸等几艘轮船在被迫为日本运送物资途中，先后被美国飞机炸沉，其他船只亦因使用损坏而陆续拆卸。② 同样，天津的内河航运业，抗战前行驶各河的船只共有 5000 余艘，

---

① 中国抗日战争史学会、中国人民抗日战争纪念馆编《日本对华北经济的掠夺和统制》，北京出版社，1995，第 99 页。

② 陈世如：《天津北方航业公司的兴衰》，《天津文史资料选辑》第 24 辑，1983，第 167、169 页。

至日本投降前仅存 2000 余艘。①

太平洋战争爆发后，由于抗日游击队的打击，天津的内河航运几乎陷于瘫痪。日本为了将华北资源运送到华中，华北交通会社与上海内河轮船公司签订联运协定，1943 年春天开始试运行，但是一直到 1944 年才签订正式联运协定，进入了正常运输阶段。在这种条件下，虽然日方在航道设置了定期船团，但是很难按照需求送货，因此，日方将其统制下的船团分为临时船团和军船，军船在较为安全的航道运行。在天津周边的水域航道，南运河被日方称为"治安最为良好"的航道，各种船只航行时可以没有警卫护卫，往来船只也较多；子牙河则是"治安"最差的航道，"单独航行几乎不能，上游需要最为严格的警卫护航，除会社船团（华北交通株式会社——引者注）外没有其他航船"；大清河作为联络天津和保定、保定与冀中地区的重要航路，也如子牙河一般，"单独航行是不可能的，白洋淀附近治安最差"。②

四　结语

在七七事变前，天津地区的运输系统是以水路航运为主，铁路为辅。日本对华北航运和港湾进行调查，并出台政策，表明日本对华北交通掌控的目标是以侵华战争为主要指向，就具体实施方法而言，基本上是基于当时形势，采取渐进手段，通过伪政权来逐步实现控制华北交通体系。

七七事变后，基于日本军事占领天津地区的事实，日方首先解散或者接收国民政府的航运管理机构，建立从属和服务于日本的管理机构；随着占领区局势稳定，为了便于掠夺华北资源，加强对华北和天津地区航运业的统制，着手建立一元化的统制机构——华北交通株式会社。华北交通会社运营下的华北交通体系，采取"铁路为主、公路和航运为辅"的政策，内河航运机构从属于铁路机构，并对民船进行统制。在此政策下，日本控制了天津地区的海运、内河航运和驳船等运输，并为"强化"运输兵员和物资能力而扩建塘沽港。太平洋战争爆发后，为了掠夺资源，日本在海

---

① 天津市档案馆编《近代以来天津城市化进程实录》，第 404 页。
② 「内河水運統制の概況」，『支研经济旬报』第 163 号，1942，第 23 页。

运、内河航运和驳船等领域强化了统制，但受到美国海运的封锁和抗日游击队的打击，日本统制下的航运业损失惨重。然则，实际受损更为严重的是日本统制下的中国航运公司和民船。

抗战时期日本对天津地区内河航运业的政策，基本是在日本军方主导下进行的，由军方指导监督、军方直属的特务机关负责执行、由国家性质的国策会社负责一元化运营，以保证最大限度地掠夺资源和为日本侵华战争服务。天津地区航运业的运输能力，抗战前占运输总能力的 50% ~ 55%，到日本投降时航运公司、驳船、民船数量及其运输能力锐减，都表明日本的占领和统制对天津航运业造成了重大损失。

作者：刘凤华，天津社会科学院历史研究所

600 年来永定河流域"京津张大"
腹地环境变迁*

张慧芝　　王志刚

内容提要：永定河是海河五大支流之一，位于北纬 40°附近，流域内城市存在西、北、东三个子系统，中心地分别是大同、张家口、北京（京津），明清以来北京作为国家政治中心，享有资源优先聚集权，张家口、大同则以"京师屏障"、服务京师为主要职能，从军事屏障、经济屏障到近年的生态屏障，很少顾及上游地区环境特征及可能引致的流域性变化。600 多年来随着上游桑干河、洋河流域灾害类型增多、频次增加，下游京津水环境问题与之同步，20 世纪中期以来流域性水问题由洪灾逐步转向了日趋严重的水资源短缺。

关键词：永定河流域　城市环境问题　流域一体化发展

永定河是北京的母亲河，[①] 北京城是在北京湾内永定河的古代冲积扇上产生和发展的；[②] 上游桑干河、洋河分别是大同、张家口的母亲河，在天津汇入海河水系入海。明清以来 600 多年间，该流域一直以"京师屏障"为主要职责，迄今"京津张大"四大中心不仅未形成流域一体化态势，且陷入了流域性的生态—经济双重困境。

＊　本文得到教育部人文社科规划基金项目（14YJA770019）资助。

① 尹钧科：《永定河是北京的母亲河》，吴文涛主编《永定河历史文化研究》，北京燕山出版社，2007，第 11 页。

② 侯仁之：《北京海淀附近的地形水道与聚落》，《地理学报》1951 年第 1～2 期。

一 研究对象特征：北纬 40°附近

永定河流域位于东经 112°~117°45'、北纬 39°~41°20'，与传统农牧分界线波动范围一致，由北京沿永定河谷西向、西北向深入黄土高原、内蒙古草原的通道古已有之。

（一） 北京上水、上风及沙源区

永定河流域属北寒带大陆性半干旱气候，全长 747 公里，流域包括内蒙古草原、山西高原、河北坝上草原、京津平原，及太行山、燕山山地（见图 1），在综合自然区划中属华北平原亚区ⅡB，上游属冀北山地小区、下游属黄淮海平原小区,[①] 官厅水库修在两地之间。冀北山地横亘于内蒙古高原和华北平原之间，明长城东段就利用了这一地形，东端山海关是东北和华北的分界线，滦河、永定河水系横切山脊，形成了喜峰口、张家口等隘口。

上游洋河源于内蒙古自治区兴和县，桑干河源于晋省宁武、左云二县，分别流经张家口和大同地区，因皆是荒漠化易发区，故也被称为北京上水区、沙源区；北京冬季盛行西北风，位于西北向的张家口是北京的上风区。

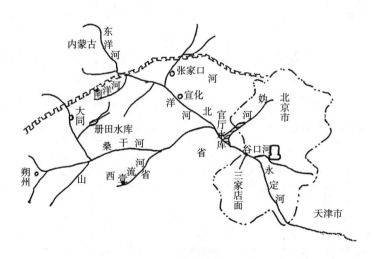

图 1　永定河流域简图

---

① 任美锷主编《中国自然地理纲要》图 22，《中国综合自然区划图》，商务印书馆，1992，第 120~121 页。

（二）北京西向、西北向水陆交通通道

沿永定河道有一条贯通山西高原、内蒙古草原、河北坝上草原、北京小平原，直到渤海湾的通道，勾连东西、纵深南北，是北京控制西部、西北部的要道。

陆路沿永定河谷有北京—内蒙古草原、北京—山西高原北部两条干线，前一条为减轻水患，北京至居庸关一段避开了永定河，也被称为居庸关道，① 该道形成很早，唐代北京至山西高原路线的前段已与居庸关道基本一致。② 此外，山西高原北部从大同东北向沿南洋河、洋河谷地的陆路交通线，在怀来并入桑干河谷地后东南下至幽州，也与居庸关道交接；1914 年京张铁路延至大同，穿行桑干河、洋河、南洋河流域的路线基本与传统驿路平行，即沿着河谷展筑。大同—北京之间贯通永定河的水运在历史上应只是谋划，并未实施。运河开凿之前，永定河下游应是京津之间的天然水道。北魏孝文帝曾言"恒代无运漕之路"，③ 严耕望认为唐代"桑干河水运且相当发达"，④ 但无详述。隋代永济渠最北端一段应利用了永定河道，⑤ 元初通惠河未引永定河水，因"此水浑浊不可用也"，⑥ 曾想开通永定河水运，郭守敬考察后认为"不通"；⑦ 明代因北疆军需转输又想开"宣大运道"，大同巡抚还进行了水陆联运的初步设计，⑧ 最终被工部否决。清代以降永定河航运已无实际意义，再无人问津。

二 上游城市"屏障京师"职能强化与腹地生态

15 世纪前后全球气候进入小冰期，牧族南下加深了中国北疆危机，国家战略随之调整，都城北移，下游北京城成为多民族国家的政治中心，上

---

① 侯仁之：《北京城市历史地理》，北京燕山出版社，2000，第 353 页。
② 严耕望：《唐代交通图考》卷 5，台北中研院《历史语言研究所专刊之八十三》，1986，第 1680 页。
③ 《魏书》卷 79《成淹传》，中华书局，1974，第 1754 页。
④ 严耕望：《唐代交通图考》卷 5，第 1336 页。
⑤ 谭其骧主编《中国历史地图集》第 5 册，"隋·河北诸郡"图，地图出版社，1996，第 15～16 页。
⑥ 《元史》卷 66《河渠三》，中华书局，1978，第 1660 页。
⑦ 《元史》卷 164《郭守敬传》，第 3851 页。
⑧ 《明史》卷 87《河渠志五》，吉林人民出版社，1995，第 1365 页。

游张家口、大同成为民族冲突、交融的前沿。在政治作用下，该流域及其城市的职能遂以"屏障京师"为核心。

（一）明代"军事屏障"与上游边城腹地开发的生态效应

元时北疆远在阴山之外，北京及永定河流域相对安全，为便利京师与蒙古地区联系，曾议开通永定河水运。1368 年元政权主动北退，瓦剌、鞑靼等部依然保有较强军事实力，遂以河套地区为据点，"出套则寇宣大三关，以震畿辅"，[①]"终明之世，边防甚重"，[②] 宣、大两镇尤重，直到 1571 年隆庆和议民族关系方由战争转以互市为主。

1. 军镇供给与腹地大规模屯田

明京师北迁时大宁都司、东胜卫已内徙，北方防线南退数百里，元政权余部盘踞河套，阴山和黄河天险不再，与京师位于同一河谷走廊的宣、大二镇军事门户地位陡然加重。《三云筹俎考》记载大同镇驻军编制为 90966 人，马 31785 匹，到嘉靖四十五年驻军达 135778 人，战马 51654 匹，[③]"独大同巡抚兼赞理军务之柄，视他边尤为切要"，[④] 九镇中大同驻军最多；宣府驻军也达 151452 人。[⑤] 庞大的军队供给在半耕半牧的北境是非常困难的，这也是明代屡议永定河运的根源。因长途转输不便，当时主要以军屯来解决粮食问题，"其合用刍饷各镇原自有屯田，一军之田足以赡一军之用，征屯粮不足，加以民运，民运不足，加以盐粮，盐粮不足，加以京运"，[⑥] 军队"七分屯种，三分城操"，[⑦]"每田一顷，招军一名"，[⑧] 每名士卒应垦田数多为百亩。《春明梦馀录》记明初大同府屯军 16700 名，

---

① 《明会要》卷 63，中华书局，1956，第 1222 页。
② 《明史》卷 91《兵三》，第 1428 页。
③ 茅瑞征、王士琦：《万历三大征考·三云筹俎考》（合订本），台北，华文书局，1968，第 445～446 页。
④ 正德《大同府志》卷 7《宦绩·巡抚》，嘉靖年间刻本。
⑤ 孙承泽：《春明梦馀录》卷 42《九边》，清文渊阁四库全书本。
⑥ 《明穆宗实录》卷 39，隆庆三年十一月乙亥条，台北中研院历史语言研究所，1962。
⑦ 潘潢：《议处全陕屯田以足兵食事情》，《明经世文编》卷 199，第 3 册，中华书局，1962，第 2084 页。
⑧ 王崇古：《陕西镇军务适宜疏》，《明经世文编》卷 319，第 4 册，中华书局，1962，第 3393 页。

屯地 15830 顷，宣府屯军 8607 名，屯地 4303 顷，①由此可证屯垦数量与军事布防一致，开中法实施后商人多募民就地开垦。终明一代黄河中游无地不垦，沟壑坡地、丘陵山区，都在广种薄收，② 至清时屯田还在继续推行。③

2. 桑干河、洋河流域生态变迁

大规模山地屯垦必使林草覆盖率大幅下降，此外，庞大驻军的燃料需求，堡寨、营房的木材需求对长城沿线森林的破坏也是惊人的。林草是流域生态系统的重要因子，大规模减少势必会扰动生态系统的能量循环，生态系统受到扰动、失衡后，流域内居民最直接的感受就是灾害的增加，甚至是新的灾害类型出现。依据乾隆《大同府志》④ 和《宣化府志》⑤ 的记载，截至 1644 年永定河上游主要灾害可分为 13 类，其类别和发生频次如图 2、图 3 所示。

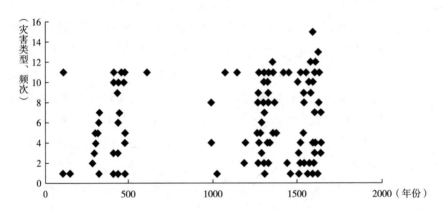

图 2　17 世纪中期以前桑干河流域灾害类型及时间分布

注：1 地震；2 雹；3 风；4 旱；5 蝗；6 雨；7 雪；8 霜；9 水；10 风霾；11 饥；12 疫；13 虎；14 狼；15 河竭；16 山崩。

---

① 孙承泽：《春明梦馀录》卷 30《五军都督府》。
② 庞尚鹏：《清理大同屯田疏》，《明经世文编》卷 359，第 5 册，第 3870～3871 页。
③ 刘余谟：《垦荒兴屯疏》，贺长龄：《皇朝经世文编》卷 34，道光刻本，记顺治年间："国家财富大半耗尽于兵力，即使天时无警，正供不亏，而军食已急，民力已竭……舍屯田而外，别无奇策。"
④ 乾隆《大同府志》卷 25《祥异》，乾隆四十七年刻本。
⑤ 乾隆《宣化府志》卷 3《灾祥》，乾隆二十二年刻本。

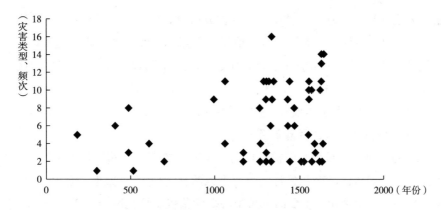

图3　17世纪中期以前洋河流域灾害类型及时间分布

注：1 地震；2 雹；3 风；4 旱；5 蝗；6 雨；7 雪；8 霜；9 水；10 风霾；11 饥；12 疫；13 虎；14 狼；15 河竭；16 山崩。

从图2、图3可归纳出17世纪中期以前永定河上游灾害发生的主要特征。

（1）从时间分布分析，截至17世纪中期有两个灾害高发期：一是北魏时期（386～557），二是元明时期（1278～1644）。它们直观地反映出流域灾害和大规模开发的因果关系。

（2）从灾害类型分析，出现频次最高的是地震、雹、饥，前两个属自然灾害，后者则是自然与人为交互作用的灾害，17世纪中期之前桑干河流域无赈济的记录，洋河流域在1286年便有"遣使阅实饥民周济之"，[①] 反映出人口承载力前者要高于后者，这也是后世张家口城市发展无法回避的腹地制约问题。

（3）14世纪中期桑干流域出现疫疬，1580年、1607年又两次出现；洋河流域在17世纪中期之前则无记载。疫疬多造成人口迅速减少，如1353年"大同路疫，死者大半"，反映出桑干河流域的开发已对环境造成较大压力。

（4）17世纪前期上游出现虎狼灾害，佐证了明代山地耕垦对野生动物生存空间的挤压。

（二）明后期至20世纪80年代"经济屏障"与边城内地化的生态效应

隆庆和议结束了北疆两个多世纪的战争状态，民族关系转以互市为主，

---

① 乾隆《宣化府志》卷3《灾祥》，乾隆二十二年刻本。

张、大边城开始内地化。清政权与蒙古族融合，张、大边城职能愈发趋弱，民国初年已与内地城市无异，但受地缘位置影响，经济屏障职能趋重：（1）国际地缘政治变化，俄国东向扩展，张、大成为与俄人商战前沿；（2）近代天津开埠、京津人口规模扩大，张、大经济腹地功能显现，但在政治力量作用下，两市产业结构更多体现着服务、满足京津的特点，这一态势至今依然。

1. 中俄商战、旅蒙贸易前沿

17世纪下半叶俄国东向扩展加速，1689年签订《尼布楚议界条约》，始大规模对华贸易；1728年签订《恰克图条约》，恰克图城归俄，至19世纪后期该地一直是中俄两国重要的贸易中心。库伦位于恰克图南约760公里，康熙年间设市于此，因商道起点是张家口，遂称张库商道（后称张库大道），该道"作为贸易之途，大约在汉唐时代已经开始。出现茶的贸易，大约不晚于宋元时代"，[①] 商道辐射范围辽阔，覆盖了蒙地大部及俄南境。茶叶多由晋商从武夷山茶区贩运至张家口，大同作为中转站，"商旅辐辏，货物涌贵"，"民物繁凑，号西北都会"。[②] 张、大经贸功能的扩展，对腹地经济引领作用加强，如张家口皮毛、土碱、茶叶等加工业及酿酒业等，"每年大约要输出白酒即达100余万斤以上。……运往漠北各旗"，[③] 所需粮食多取自口北新垦农区；再如大同的药材、铜铁器皿，大同城内钟楼街也被称为铜匠街，铜制品多运往外蒙古地区。

2. 近代以来政治力量干预下的京津经济腹地

20世纪初外蒙独立、张库商道衰落，张大商贸功能弱化，同时随着近代产业结构的变动，京津经济腹地功能渐增，但在政治力量作用下，经济调整更多以服务京津为目的。京津在城市功能定位上均为工业中心，但辖区内能源有限，只能依赖张大等地的供给。张家口矿业开发较晚，1901年始以土法开采煤矿，1911年发现铁矿，[④] 直到1949年才大量开采煤炭，1978年之后

---

① 李桂仁：《明清时代我国北方的国际运输线——张库商道》，《张家口文史资料》第13辑，1988，第110页。

② 正德《大同府志》卷1《风俗》，明正德十年刻本。

③ 卢明辉、刘衍坤：《旅蒙商——17世纪至20世纪中原与蒙古地区的贸易关系》，中国商业出版社，1995，第73页。

④ 张家口市地方志编纂委员会编《张家口市志》，中国对外翻译出版公司，1998，第426、428页。

煤炭发展迅速，但多为年产量万吨以下的小煤矿，[①] 对当地生态破坏很大。坝上牧地一直是京津地区牛羊肉重要供给地，50 年代片面以粮为纲，牧地大量转化为耕地，以怀安县为例，民国年间耕地占全县总面积的 15%，[②] 2010 年增至 23%，[③] 对于一个山区县，这一增幅是惊人的。大同地区有着优质易采的煤炭、铜、铁等矿产资源，明代方志将石炭、[④] 煨炭[⑤]归入土产，开采应不很普遍；乾隆五年（1740）"广开煤炭"，[⑥] 到道光《大同县志》"货属条"中炭已列首位；[⑦] 1914 年平绥铁路延至大同，煤炭远销张家口、绥远、京津等地；1949 年被定位为国家能源基地，煤电输出量不断增加，成为京津唐电网供电主力。[⑧]

3. 桑干河、洋河流域生态变化加剧

17 世纪中期以降永定河上游地区生态变化呈加速态势，主要特征如下。

（1）流域生态承载力下降。1644 年前大同府无赈济、蠲免记载，宣化府仅寥寥几次，自清初便频繁起来，这可能与执政者"爱养民生"[⑨]理念有关，但通过流域内对比分析，更直接的原因应是生态承载力下降。1644 ～ 1775 年，大同府共有六次恩诏"蠲缓"和"蠲免"，其中两年还"赈恤有差"，[⑩] 保安州（今涿鹿县）在顺治四年、五年接连发生蝗灾，"民蒸蝗为食，饿死者无数"，[⑪] 六年还引发饥民作乱，却无赈济记载；保安州东南境与北京门头沟接壤，更近京师，流民更易危及北京，蠡测大同府的灾害程度应较之更重，光绪十八年（1892）旱灾，大同城人口锐减 1/3，可佐证。桑干河流域开发早、开发规模大，对环境扰动更持续、剧烈，到 18 ～ 19 世

---

① 张家口市地方志编纂委员会编《张家口市志》，第 442 页。

② 《怀安县志》，民国 23 年刻本，第 27 页。

③ 河北省统计局编《河北经济年鉴 2011 年》，中国统计出版社，2011，第 270 页。

④ 正德《大同府志》卷 4《土产》，正德十年刻本。

⑤ 顺治《云中郡志》卷 4《土产》，顺治十年刻本。

⑥ 中国古代煤炭开发史编写组编著《中国古代煤炭开发史》，煤炭工业出版社，1986，第 112 页。

⑦ 道光《大同县志》卷 8《物产》，道光十年刻本。

⑧ 国家统计局城市社会经济调查总队、中国统计学会城市统计委员会：《2003 中国城市发展报告》，中国统计出版社，2004，第 181 页。

⑨ 《清圣祖实录》卷 85，康熙二十四年九月壬午。

⑩ 正德《大同府志》卷 25《祥异》，乾隆四十七年刻本。

⑪ 道光《保安州志》卷 1《祥异》，道光十五年刻本，光绪三年刻板重印。

纪人口与生态承载力之间便开始出现问题。

（2）动物灾害频次增加。以毗邻北京的保安州为例，崇祯十五年春红狼伤人甚众，顺治九年夏狼直入西关伤人，康熙四十五年城北有虎伤人，道光元年正月狼入城伤人，虎狼伤民多是人类与之争夺栖息地的结果。隆庆和议后长城沿线人口不断增加，耕垦范围不断扩大。以天镇县为例，长城穿境而过，从名称可见其军事地位，雍正三年设县，1652 年至 1692 年的 41 年间，在册官地增加约 985 顷，1728 年至 1737 年的 10 年间增加旱下地 117 顷。清时丈土地多分水旱两则，再各有上中下三等，"旱下地"是耕地类型中等级最低的，从丁银定额看，它较"见额地"低 60%，较新开"牛具地"低 50%，[①] 产量应该很低，由此可见，到清代所增加的耕地便已多为非宜耕之地。

（3）河流灾害加剧，21 世纪中期以降始出现断流。《元史》记元代 98 年间永定河泛滥 22 个年份。方志记明代 277 年间永定河发生水灾并危及北京城 19 次；[②] 清代 278 年间永定河决口、浸溢平均不到 4 年 1 次；[③] 民国 38 年间北京发生的 6 次重大、特大水灾，皆为永定河水患；[④] 1950、1954、1956 年永定河连续发生水灾，直到官厅水库等中小型水库陆续建成。此外，灾害程度、危害渐次加重，"永定河历年来之洪水，似以一千八百九十年为最大，其在门头沟之流速，似每秒五千立方米，至于流速每秒三千至四千方米之大水，则屡见不足异，在民国元年至民国九年间，已有一十二次之多"。[⑤] 20 世纪中期以来大量水库建成，有效截留了洪水、泥沙，同时又出现了新的灾害：下游径流量减少，直至断流。

（4）土地荒漠化与京津沙尘天气。土地荒漠化主要发生在张家口坝上，自然条件使当地具备了土壤沙化的气候、土质基础，占全年风向频率 70% 以上的西北季风携带了大量的沙尘，通过天然隘口，直逼洋河、桑干河河畔，形成河岸百里风沙线，仅淮安金沙滩、宣化黄羊滩、阳原开阳滩、怀来甘家滩和南马场滩等五大沙滩，沙化土地及犯风区域面积约 199.5 万亩，[⑥] 并不

① 光绪《天镇县志》卷 2《土地志》，光绪十六年刻本。
② 吴文涛：《清代永定河筑堤对北京水环境的影响》，《北京社会科学》2008 年第 1 期。
③ 河北省水利厅水利志编辑办公室编《河北省水利志》，河北人民出版社，1996，第 323 页。
④ 吴文涛：《清代永定河筑堤对北京水环境的影响》，《北京社会科学》2008 年第 1 期。
⑤ 张恩祐：《永定河疏治研究》，出版单位不详，1924，第 85 页。
⑥ 康成福：《张家口土地沙化成因分析及治理对策》，《河北林业》1997 年第 4 期。

断向京津地区延伸。

（三）20 世纪 90 年代以来"生态屏障"与上游城市经济、生态双重困境

被称为北京头顶"两盆水"之一的官厅水库，始建于 1954 年，是新中国第一座大型水库，1997 年水库因污染退出城市生活饮用水体系，此前对水质污染问题并无足够重视，如上游大同被定位为能源基地、坝上则大规模农垦。20 世纪末始关注北京的生态问题，因缺乏系统认识，到 21 世纪初又形成了一个环首都贫困带。

1. 确定北京的上水、上风区缺乏生态系统性

目前北京最迫切的生态问题是水和空气质量，出于地形、风向考虑，北向的张承地区被列为上水、上风区，鉴于生态系统的独立性、整体性，局部关注很难从根本上解决问题。

首先，北京水源主要来自周边流域，永定河流域官厅水库是其中之一，水库控制流域包括洋河、桑干河，重在治理洋河显然是片面的。20世纪中期大同被定位为国家能源基地，原煤产量、火力发电量不断增加，对水资源、空气的污染也不断加重，2010 年大同市水资源量较多年均值（1956~2000）偏枯 7.2%，盆地平原区水位下降 0.6m，下降区面积占平原区总面积的 65.4%，城郊超采区地下水降落漏斗总面积达 148.16km²，[1] 桑干河流域占官厅水库控制区面积 61% 强，且降雨量多于洋河流域，是官厅水库的重要供水区，它的断流、污染势必影响水库水质。

其次，北京沙尘问题聚焦于上风区的结论也缺乏科学性。坝上高原区，年降水量不足 400 mm，年 8 级以上大风天数有 40~70 天，土地沙化严重，确实是北京春、秋两季沙尘灾害的主要源头。但北京西北方向还有本地沙源，即永定河、温榆河、潮白河等河道淤沙，春、秋风季之外的沙尘多因此而起。桑干河流经黄土高原夹带大量泥沙，至明代下游已是"一石惟容五斗泥"，[2] 乾隆四十九年（1784）验勘卢沟桥石道工程时，桥下

---

① 王惠玉：《大同市海河流域水污染防治规划研究》，浙江大学硕士学位论文，2013，第 11 页。

② 蒋一葵：《长安客话》，北京古籍出版社，1982，第 158 页。

"刨验至七八尺之深，始见装板石"，各桥洞有一半被积沙所淤，① 清嘉庆六年（1801）永定河洪水过后，大兴等县农田淤沙达四五寸到一二尺不等。② 桑干河泥沙含量淤积下游河道，成为北京的本地沙源。

2. 行政干预下的生态—经济的双重困境

有学者提出"环首都贫困"的根源是"制度贫困"，③ 北京借首都之名得北京之利，被确定为北京生态屏障的地区承受巨大损失而无法按照市场运作得到合理补偿，区域贫困和生态恶化的趋势也就无法得到根本缓解。如官厅水库建设时淹没土地 113km²，动迁 81 个村庄、4.16 万人，经济损失累计 6.6 亿元；建成后为保证北京水源，国家和地方不断加大对当地社会生产的限制，不仅耗水污染产业不能发展，还需投入巨资维护库区生态环境。再如宣化地区"京津风沙源治理工程""退耕还林工程"，都是政府调控式的资源分配和生态环境保护措施，相应的补偿难以弥补农民的损失，④ 区域贫困和生态恶化的趋势也就无法得到根本缓解，到 2000 年森林覆盖率仅为 20.4%。

三　下游保障"京津"主旨下河道治理的流域性作用

流域地形、地貌只能使永定河在门头沟三家店之下平原区有迁徙可能，但并非一定成灾：若上游水源涵养好、水土流失率低，下游发洪水的概率就小；若下游人口稀少、河道宽广可任洪峰游荡，也不会危害岸边居民；永定河流域问题在北京成为都城后愈演愈烈。

（一）以堵排洪水、淤蓄泥沙为主的下游治理

元明以降，下游人口大增，上游林草覆被锐减，泥沙含量不断增加，遂被称为浑河、小黄河及无定河，其主要灾害一是洪水、二是泥沙，为保

---

① 《清高宗实录》卷 1200，乾隆四十九年三月丙戌朔。
② 中国水利水电科学研究院编《清代海河滦河洪涝档案史料》，中华书局，1981，第 263 页。
③ 王晓海、王晓霞：《"环首都贫困"及其根源解析》，《调研世界》2005 年第 7 期。
④ 毕树广、边玉华、陶小平：《冀西北贫困成因及完善补偿机制的研究——甚于京张生态等合作中问题的调查分析》，《改革与战略》2010 年第 8 期。

京师安全，治理重点一直在下游京畿地区。

1. 以坝堤堵、排洪水

国家层面的永定河治理，始于北京成为五京之一的辽代，元明时期治理工作愈被重视，到清代更升级为国家工程；其间治理措施皆在下游，以筑堤、开引河等为主，重在防止洪水冲击京师。披览元明清三代正史，永定河下游筑堤屡见记载，堤坝范围不断扩大，康熙三十七年（1698）皇帝亲自巡视永定河，接原卢沟桥段河堤又往下续修，"筑南北堤百八十余里，赐名'永定'。自是浑流改注东北，无迁徙者垂四十年"。[①] 终清一代，永定河大堤的长度、规格，工程的复杂性、系统性及其管理制度的专业化和完善程度等都远超前代。由于没有尊重水灾害产生的流域性根源，没有展开流域性系统治理，永定河也非永定，水灾害始终没有得到根治，直到20世纪50年代初永定河水库将洪峰、泥沙截留在库区。

2. 减河沼泽淤、蓄泥沙

河道清淤除"束水攻沙"之外，从明代始修筑减河，利用永定河冲积扇和滦河冲积扇之间的"塌河淀"沉淤泥沙，《直隶河渠志》记："塌河淀，一名大河淀，即北运河筐儿港藉以蓄泄者也……在城东北四十里，周百里。"[②]明清时期导洪入塌河淀的减河有陈家沟引河、贾家口引河、新开河等多条，最大的一条是筐儿港减河。民国年间海河委员会进一步扩大了放淤区，如 1929 年将永定河浑水导入北运河以东的低洼地带，1932 年建成今日北郊塌河淀以北的淀北放淤区，1935 年又续辟淀南放淤区。1956 年官厅水库筑成，将泥沙蓄在中下游之间，塌河淀逐步被淤填利用。

（二）保障下游的治理理念与流域性灾害

永定河危及北京的洪水、泥沙源头皆在上游，而上游生态恶化又多是满足下游中心地资源需求的结果，这是流域问题解决的一大悖论。

1. 危及北京的洪水、泥沙皆源自上游

永定河下游水患突出，根源在上游。桑干河流经黄土高原，洋河流经土壤沙化严重的长城地区，北京成为京师之后，这些地区的开发不断深

---

① 《清史稿》卷 128《河渠三》，中华书局 ，1976，第 3809 页。

② 吴邦庆编著、许道龄校《畿辅河道水利丛书》，农业出版社，1964，第 48 页。

入，宜耕宜牧区域大规模变为耕地和牧场，加之矿产开发，林草覆被不断减少，涵养水分能力趋弱、水土流失加剧，这必然导致下游洪峰集中、泥沙含量剧增。曹魏时期永定河下游被称为清泉河，① 金元以后北京城大兴土木，上游森林不断被砍伐，土地被连片开垦，到元明便成了浑河、小黄河和无定河。元代卢沟河连年为害，为祈平安，封卢沟水神为安平侯。到清代，水源短缺、植被稀少已成为流域性特征，河水继续向含沙量大、季节性流量不均的方向恶化，下游越来越固定的堤岸使永定河出山后无法摆动分流，于是河床淤积越来越高，竟像黄河一样成为"地上河"，反过来又加大了决堤的危险和下游的泥沙淤积量。

2. 重在下游的治理会加剧流域问题

永定河是北京城生成、发展的地理基础，所以被称为北京的母亲河，金元以降就成了害河，京畿地区开始想方设法围堵、控制它，一直以筑堤、放淤为主，但问题一直加剧。反思永定河治理的历史经验，局部治理、忽视流域生态系统性是环境恶化的根源。谭其骧先生针对黄河曾提出下游问题根源在上中游，② 20 世纪 80 年代以后黄河中游开始退耕还林，永定河流域也如此：下游问题根源应在上游的生态。卢沟桥以下河道在 20 世纪五六十年代便渐渐干涸了，下游问题由水多成灾变成了严重缺水，官厅水库来水量 50 年代多在 20 亿 m³ 左右，进入 21 世纪后均在 2 亿 m³ 以下，2009 年创下历史最小值，仅为 0.22 亿 m³，而 21 世纪初降水量比 1980 年代还略多。究其原因，只能反思人类的干扰行为了，1980 年代后上游发展提速，用水量激增，为截留水源，各类水库达 240 座，再加上工矿业发展对上游水环境的破坏，源头附近的大同市已开始引黄济桑，上游无来水，下游必然缺水。

四 史鉴：流域内城市布局、结构应遵循自然规律

20 世纪 60 年代，国际学界提出中心地与河流水系之间具有相似的结构，③

---

① 王国维校，袁英光、刘寅生整理《水经注笺》，上海人民出版社，1984，第449页。
② 谭其骧：《何以黄河在东汉以后会出现一个长期安流的局面》，《学术月刊》1962 年第 2 期。
③ Woldenberg MJ, Berry BJL, "Rivers and central places: analogous systems?", *Journal of Regional Science* 7 (1967): 129 –139.

21 世纪初国内学者对此展开理论及实证研究，[1] 认同水系构成与城市体系的等级结构具有完全相同的数学模型，"地理系统的自然—人文对称性可能反映了人地关系的某种内在规律"。[2] 尽管现代理论不能套用到传统社会，但是它有这样的启示：在人为过度干预下，流域生态与其中心城市之间可能会产生互害。

（一）北京城市规模过大，超越了生态承载力

生态承载力包括支持力和压力，前者指生态系统的自我维持、调节能力及其资源、环境的承载能力；后者指生态系统可维持的社会经济规模和人口数量，二者应基本相当，压力过大时就会出现流域生态问题。永定河是北京最直接的生态腹地，河道既是交通干线，也是一条产业轴线，城市大致沿河流两岸布局，因首都在此，城市首位度极高；城市等级与城市分布也体现出一定的圈层特征，明显地存在西、北、东三个子系统，中心城市分别是大同、张家口、北京（京津）。中国古代城市主要依靠政治特权获得资源，京师作为全国政治中心也必然是规模最大的城市，1949 年之后在行政力量作用下，北京职能进一步膨胀，由此带来人口规模的高速增长（见图 4），远远超过了腹地生态的承载力。张、大服务北京、优先供给北京的职能定位，加大了北京的"吸虹效应"，不仅使两个中心地地位低下、对腹地经济起不到应有的引领作用，导致流域上游的贫困，且在全流域服务首都的政治任务下，甚至要饮鸩止渴似地满足北京，违反流域生态系统规律的后果只能是流域性地衰落，近年来整个流域的发展滞缓和北京灾害天气加剧皆是明证。

（二）次级城市过度服务首都导致流域性经济—生态双重贫困

600 多年来永定河流域职能单一，以屏障京师为要，从农牧纷争的军事屏障、南北贸易的经济屏障，到服务北京各种基地的定位，20 世纪末北京环境问题严重，又提出了生态屏障，在北京上水、上风区划定了一个

---

① 陈彦光、刘继生：《中心地体系与水系分形结构的相似性分析——关于人地对称关系的一个理论探讨》，《地理科学进展》2001 年第 1 期。

② 刘继生、陈彦光：《河南省城镇体系空间结构的多分形特征及其与水系分布的关系探讨》，《地理科学》2003 年第 6 期。

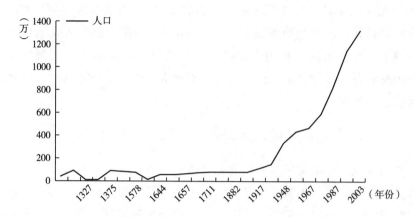

图4 13世纪70年代以来北京城市人口规模变化简图

资料来源：1948年之前数据来自韩光辉《北京历史人口地理》（北京大学出版社，1996，第137页，表4-1，"辽至民国北京地区和北京城市人口规模之变迁"）。1949年以后数据为常住人口中非农业人口，数据来源为北京统计局编写《北京统计年鉴》（中国统计出版社，2004）；《北京改革开放二十年》（中国统计出版社，1998）；《北京五十年》（中国统计出版社，1999）；等等。

生态保护范围。如果说在交通沿着河流延伸的冷兵器时代，永定河流域作为京师军事屏障、农牧产品南北贸易的口岸尚有地理位置、自然条件因素在内，那么近代以来，特别是20世纪中期以来流域内城市功能的定位就明显是人为武断所致。按照城市体系布局的一般规律，地理位置毗邻京津皆定位为特大型城市是不妥的，元代以后北京城仰赖江南供给已反映出整个海河流域腹地供给的不足，要实现供给两个特大型城市显然是不可能的，其结局一方面是天津发展受到阻碍；另一方面必然是引起环境问题。如1983年引滦入津，1997年官厅水库退出北京市饮用水供水系统，2012年引长江水入京，2003年开始官厅水库连续从山西、河北两省调水。[1] 张、大也是严重缺水的城市，但须优先保证北京，张、大与其腹地不仅关系疏散、无法起到带动腹地发展的作用，并且在服务京师上各有侧重，这势必引致上游地区发展无序，陷入生态—经济的双重困境。

（三）城市环境问题应从流域生态系统入手进行根治

城市是人类文明发展到一定阶段的产物，大量非农业人口聚集，不仅

---

[1] 程卫华：《山西、河北省向官厅水库调水启示》，《北京水务》2011年第5期。

需要充裕的腹地经济作为物质基础，还要消耗大量的自然资源，水资源更是须臾难离，所以城市往往临河而建，如北京城与永定河。城市作为流域复合系统的一分子，既是流域的文明中心，也是流域内资源消耗中心、生态问题中心，因此城市生态问题的解决需要打破行政区划、从流域生态系统做整体性介入。从第六个五年计划开始（1981～1985），北京饮用水源保护开始关注小流域单元，20 世纪 90 年代依据水利部发布的《水土保持治理规范》，在饮用水源保护区的县（区）开始实施以小流域为单元的防治，先后在怀柔庄户沟、老沟、三渡河，密云黄峪田、石匣、小漕村、陈永山等进行小流域治理，[①] 取得了一定的成果。在此基础上，今后的工作应逐步在小支流基础上推及大支流，再遍及整个流域。基于生态系统的流域综合管理也体现了国际趋势，如《欧洲水框架指令》指出未来的河流管理将从调整河流满足人类需求，转向调整人类利用来实现河流生态系统的健康，[②] 这些理论对永定河流域生态治理具有重大引导意义。

作者：张慧芝，河北工业大学马克思主义学院

王志刚，北京师范大学历史文化学院

---

① 刘汉桂：《北京饮用水源保护的实践与思考》，《生态经济》1997 年第 5 期。

② European Union Commission. 2000. The EU Water Framework Directive – integrated River Basin Management for Europe［OL］. 2008 – 12 – 14.

日侨街区与青岛的空间去殖民化
（1914 ～1937）[*]

马树华

内容提要：1914 年后，青岛形成了日本人活动密集的街区"新町"，"新町"以及其他新开拓的相关市街与景观，既是观察青岛日侨社会生活的场所，又是青岛城市功能由商贸运输口岸转向工商兼之、轻纺为主的工业城市的空间载体，同时也是理解 1922 年后青岛去殖民化努力的关键。自 1922 年中国政府收回到 1938 年再度被日军占领，其间，青岛市政当局对日侨街区进行了去殖民化的空间改造，使青岛呈现出殖民文化与民族文化、异质文化与本土文化互相交融的街区格局与文化风貌。

关键词：青岛　日侨街区　空间　去殖民化

1914 年 11 月，日本取代德国强占青岛，大批日本人涌至，迅速改变了青岛的城市空间格局，一是对既有街道重新命名；二是形成了日本人活动密集的街区"新町"；三是塑造了各种类别的殖民文化景观。自 1922 年中国政府收回到 1938 年再度被日军占领，青岛市政当局对日侨街区进行了街区更名、培植民族工商业势力、建造大型码头与金融中心、塑造增强民族文化认同感的景观等一系列去殖民化活动。这种空间去殖民化的努力，一方面体现了中日工商资本的消长；一方面再塑了青岛市街区的风貌与格局。关于青岛的日侨问题，以往的研究大多集中在日本工商势力的扩张方

---

* 本文为中国海洋发展研究中心项目"基于文化空间的山东半岛滨海城市发展研究"（AOCQN201230）阶段成果。

面。[①] 本文拟通过日侨街区的形成、街区与日侨社会、中国政府收回后对街区的改造等，讨论青岛的城市空间殖民与去殖民化、殖民文化遗产与城市风格养成之间的关系。

一　日侨街区的形成

据《胶澳志》载，日本人最早到青岛从事经营活动，在 1901 年前后，人数达五六十人，到 1907 年增至 196 名，1911 年增至 312 名。最初，这些日本人大多以娼妓、照相、理发、旅馆、酒楼、洗浴为生，以及经营与此类行业相关的杂货铺等，从事实业者甚少。1907 年之后，从事贸易、手工业、渔业等经营者日渐增多，在青岛的经营地位以及影响力也逐渐增强。[②] 1914 年日占青岛后，随着一系列殖民政策的推行，青岛乃至整个山东省成为日本人优先移居之地，"日本各色之人民，率皆络绎而至"，[③] 人数迅速增长，到 1922 年末，已增至 23566 人，职业类别达近百种。[④]

日本移民的迅速增加，很快便造成市区内住房紧张。起初，新移民大部分暂住于原 2000 多德国人和 1 万多因战争逃离青岛的中国人的住房，后来随着日德战事平息，中国人陆续返回原住所，住房不足的状况变得更加突出，相当一部分新来移民租住中国人的房屋，每月交付的房租总额在 4 万元以上。为维护日侨利益，日本军政署曾制定限制房租的规定，但是这一规定并未能缓解城市住房紧缺的状况。到 1917 年底，日本移民已达 2 万余人，骤增的人口导致市区出现"无宅可住"。[⑤] 同时，不断增加的日本工商企业也亟须拓展城市空间。

---

① 参见黄尊严《1914～1922 年日本在山东的非法贸易和走私活动》，《齐鲁学刊》1994 年第 6 期；《1914～1922 年日本帝国主义对青岛盐业的经营与掠夺研究》，《北方论丛》1995 年第 4 期。胡静：《1923～1937 年间日本对山东的经济侵略述论》，曲阜师范大学硕士学位论文，2003。庄维民、刘大可：《日本工商资本与近代山东》，社会科学文献出版社，2005。姚新平：《青岛的日本侨民及其政治活动初探（1914～1937）》，曲阜师范大学硕士学位论文，2006。关于日侨教育、文化活动的探讨主要有中国海洋大学近几年出现的一批硕士学位论文。
② 民国《胶澳志》卷 1，"沿革志三·日本占据始末"，第 29 页。
③ 青岛市档案馆编《帝国主义与胶海关》，档案出版社，1986，第 259 页。
④ 民国《胶澳志》卷 1，"沿革志三·日本占据始末"，第 30 页。
⑤ 〔日〕青岛民政署编《新刊青岛要览》，严松堂书店，1918，第 27～28 页。

为解决移民安置、工商资本扩张带来的土地问题，日本占领当局主要采取了以下两种做法：一是开放土地买卖，采取压低土地价格的办法，强行收买土地，然后廉价转售或出租给日本人；二是承袭、沿用原德国租借时期的城市规划，积极进行城市扩张，为日资工业的土地需求提供资源保障。

（一）土地政策

德国租借胶澳时期，禁止当地人私自买卖土地，规定只有德国殖民政府有优先购买权。日军占领青岛后，为使当地土地拥有者出让土地，首先采取了降低土地出卖税的政策。日占青岛之初，在土地制度上沿袭德国旧制，稍后不久即对不动产证明及登录手续另行制定规则，以方便日本人购置房地产。1920年又将德国人制定的土地增价税废除，规定买卖土地只征卖价2‰的契税。日本当局"一方取消增价税，以便有土地者乐于出卖，俾日人得以平价购买；一方则为该国商民预留居住用地，极力收买民间土地，以为扩张地盘之用"。1918年后，在四方及沧口一带收买土地300余万坪，所购土地除官厅应用外，其余仍租给原业主耕种，每亩租银3~5元不等。当时日人收买土地，往往"藉军队之威力，大加强迫收买，其有不愿卖者，则用利诱势迫，不达目的不止"。至1921年9月底，在青岛市区内外，日本私人收买的土地达98.3万余坪。此后，"亦复有加无已"，私人购置的土地总数合计在100万坪以上。①

此外，日军还在大港附近海岸一带及低洼之地填海造地，转租于日人居住或经营，先后共填埋低洼滩涂地17.9万余坪。一些经营精制盐加工业的日商也相继选择在水运便利的海岸填海造厂，如青岛盐业株式会社在市内小港一路、日本制盐公司在沧口等，先后大规模填埋海面，兴建精盐加工场。据统计，日本共在大港填造土地16.9671万坪，如果加上以前接收的德占土地，日本以"官有"形式在青岛占有的土地资源达1818.7994万坪。②

对通过各种方式获得和占有的青岛市内外的土地，日本当局以极低的

---

① 民国《胶澳志》卷9，"财赋志一·税制"，第16~17页。
② 督办鲁案善后事宜公署秘书处编印《鲁案善后月报特刊·公产》，1925，第104~105页。

价格一部分优先售让给日本工商企业；一部分出租给日本移民和日本工商业者。通过"土地贷下（出租）规则"，日本工商业者租得大片土地，租用期限最初定为10年，租用期满后可优先续租，在租借地上兴建的建筑设施经官方认可，可以与土地租借权一并转计（如图1）。当时租金定得很低，与德占时期基本相同，其目的是最大限度地照顾日本工商业者。由于日方在承租资格和手续上的种种限制，当时中国人很难租到土地，而日本人则采用此办法租占了大量土地。1918年后，日本人在青岛承租的官有开放地已有310万坪，约合2万亩。截至1922年3月末，官有地出租总数已达841万余坪，而3月以后租出的土地"为数亦复不少"。①

图1　官有地出租申请书

资料来源：青岛地所建物株式会社：《早雾町通东西官有地贷下申请书》（1916年8月15日），青岛市档案馆，档案号：B0031-001-01050。

日本当局收买的土地，从维护日本工商资本及日本移民的利益出发，大部分廉价或贴租租给了日本人。日占时期，日本人共提出2644件租地申请，得到许可的有978件；而同期中国人只提出970件租地申请，获准383件。二者获准率分别是37%和39%。②

（二）空间规划

日军占领青岛后，即刻开始整顿市街，允许日本人进入，几个月内便达

① 民国《胶澳志》卷9，"财赋志一·税制"，第17页。
② 岸元吉：《青岛及山东见物》，山东经济时报社，1922，第23页。

到 1 万多人，故不可能马上有足够的房屋容纳如此之多的日本人，因而不断开工建造房屋，占领军当局意识到需统一管理青岛的房屋建造事宜，1915 年8 月，制定了青岛房屋建筑规则。但是，日本人数量增加迅速，到 1916 年末已达到 1.4 万人，次年末达到 1.8 万人，急需进一步扩展街区。① 为有效利用上述通过各种手段占有的土地资源，给日本移民生活和工商业扩张提供便利条件，日本守备军司令部制定了城市扩展计划，在强购的土地上开拓了新市区。1918 年前日本人对青岛的城市扩建是基于德国人的城建规划，1918 年后实施的扩建则完全出自日本规划者之手，扩展计划的实施共分三期（见图2）。

第一期，接续德国街区尚未完成的市街，可称为有别于当前青岛市街区域的新市街，即"新町"（见图3），位于大鲍岛区与码头区之间，原为德国砖瓦窑厂用地。工程于 1916 年 2 月开工，1918 年 4 月竣工，总面积包括火葬场在内约 26 万坪。"新町"内房屋的构造与德式房屋不同，一眼便可识别。② 同时，扩建小港堤岸工程，沿小港的北、东、南海岸筑堤，以期成为中国帆船集中地，与大港相辅相成。③

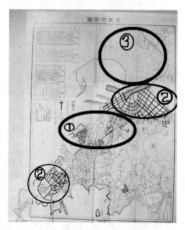

图 2　绘制于 1915 年的青岛市街图

注：图中①部分是第一期，②部分是第二期，③部分是第三期。

资料来源：《青岛市区三期扩张计划图》，1915，青岛交运集团总经理刘增平先生个人收藏资料。

---

① 〔日〕高桥源太郎：《青岛案内（附山东铁道沿线小记）》，东京，印刷兴业株式会社，1921，第 26 页。

② 〔日〕高桥源太郎：《青岛案内（附山东铁道沿线小记）》，第 25 页。

③ 寿扬宾编著《青岛海港史（近代部分）》，人民交通出版社，1986，第 105～106 页。

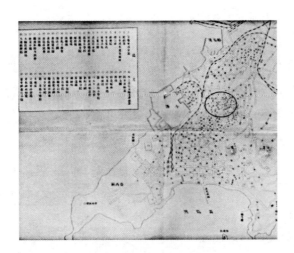

图3　1918 年青岛市街图

注：图中椭圆形标出的区域即为"新町"——日本街。

资料来源：青岛写真案内发行所编印《青岛写真案内》，1918，第 1 页。

第二期，扩张、兴建了台东镇和台西镇一带，在台东镇一带约 43 万坪土地上建设工商业市街，在台西镇约 26 万坪的土地上建设住宅市街。台东镇工厂区域内有青岛丝厂、三井油坊、东洋油坊、山东油坊、青岛火柴厂、东鲁火柴厂等。① 如果说第一期的扩张是为日本人开辟专用的商业地，将青岛的商业中心逐渐转移到日本人商业集中的区域，那么，第二期工程则是为日本工业资本开辟一新的工业专用地。二期工程到 1922 年中国政府接收青岛时已基本完成。

第三期，在大港防波堤内填造 60 万坪土地，在台东镇以西高地平整土地 26 万坪，预备将来作为工厂指定地，另在四方区的东北计划拓展土地 200 万坪。在中国政府接收青岛时，该项目已部分开工，已造出部分货场，用于盐、煤、木材的堆放，其余工程也开始测量。德占时期，青岛市街总面积约 60 万坪，在日本第一期扩张工程完工后，市街面积扩大到 86 万坪，随着后来第二期工程的完工和第三期工程的开工，青岛市街总面积扩大至 230 万坪，② 相当于德占时期的 3.8 倍。

---

① 〔日〕高桥源太郎：《青岛案内（附山东铁道沿线小记）》，第 26 页。

② 〔日〕青岛守备军民政部编印《山东铁道沿线重要都市经济事情》（上），1919，第 14 页。

87

（三）街区命名

1915 年 2 月 1 日，日本守备军司令部宣布废止德占时期的市街名称，仿照日本国内市町村制，将市内区划各街、新建道路及重要地点用日式名称命名，并将原德国命名的街名也改为町（如表 1 所示），海湾、山、街道等德式名称也都改为日式。

表 1　青岛街市新旧名称对照（部分）

德租时期	第一次日占时期
威廉街（KaiserWilhelm Ufer）	舞鹤町
亨利亲王街（Prina Heine Str.）	佐贺町
地利街（Diederichs Weg）	赤羽町
柏林街（Berliner Str.）	麻布町
汉堡街（Hamburger Str.）	深山町（河南町）
斐迭里街（Friedrich Str.）	静冈町
大马路（Schantung Str.）	山东町
维礼街（Lazarett Weg）	中野町
吴淞街（Wusung Str.）	吴松町
雷先街（Rechtern Str.）	旱雾町
广岛街（Kilowatt Str.）	广岛町
上海街（Schanghai Str.）	三日月町（上海町）
皇帝街（Kaiser Str.）	叶樱町
维廉斯街（Prinz Wilhelm Str.）	若叶町
	所泽町
	新町一丁目
	新町东通
	市场町一丁目
	市场町三丁目
	台西镇一丁目
	台西镇二丁目

资料来源：青岛市档案馆编《青岛通鉴》，中国文史出版社，2010，第 1317－1326 页。

日本青岛守备军政署共将91条新建街道和旧街更改为日式名称，使青岛给人强烈的日本都会的感觉。

> 由市街观之，则某町某番之编制，殆与日本人之内地都会无异也，其市场陈列之商标广告之类，亦与日本之开港场无异。福建人游台湾者，谓其与治台湾无异，东三省人自南满大连来者，亦谓与治大连无异也。①

二 日侨街区与日本人社会

经过几年扩张，青岛市街迅速日本化，表现最典型的是日侨活动最密集的街区——"新町"，即青岛人俗称的"日本街"，大致范围为以聊城路（中野町）为中心，包括辽宁路（若鹤町）、馆陶路（叶樱町）、冠县路（早雾町）、临清路（新町西通）、堂邑路（所泽町）、市场三路（市场町三丁目）等。其间日侨商铺、公司鳞次栉比，是日本工商势力集聚之地。"新町"以及其他新开拓的相关市街与景观，既是观察青岛日侨社会的场所，又是青岛城市功能由商贸运输口岸转向工商兼之、轻纺为主的工业城市的空间载体，同时也是理解1922年后青岛去殖民化努力的关键。

（一）人口、街区功能分割与青岛城市功能的转换

关于1914~1922年青岛日本移民的数量、职业构成等，庄维民等的《日本工商资本与近代山东》有非常详尽的分析，兹不赘述。② 据资料记载，这些日侨所从事的大多是商业、工业、公职人员、交通业等，年龄大多集中在20~40岁。③ 这样的人口状况结合日本军政当局对青岛的空间规划，带来了两个明显的变化：一是配合职业分工的日侨街区的功能分割；二是伴随着日侨工商街区的兴起，青岛城市功能的转换。

---

① 林传甲：《青岛游记》，《地学杂志》第9卷第2~3期合刊，1918，第34页。
② 庄维民、刘大可：《日本工商资本与近代山东》，第74~92页。
③ 《青岛守备军第三统计年报（1917年度）》，青岛市档案馆，档案号：A010426；《青岛守备军第五统计年报（1919年度）》，青岛市档案馆，档案号：A010427。

按照德租胶澳时期的整体城市布局，青岛被划分为 4 个区，即青岛区、大鲍岛区、码头区和别墅区。青岛区是德占时期欧洲人的居住地和商业区，也是各机关和银行公司的所在地，高楼大厦鳞次栉比。日占青岛后，这些建筑被日本的官厅和衙门占用，还有一些由其他外国人居住。这些街区是按照德国人的理想设计的，属于德式街区，建筑物之外，空地非常充分，其间栽种树木花草，或建网球场，环境优美。日本守备军司令部、民政署、铁道部、通信部、青岛医院、市民会、官吏宿舍等多在此区。街道的名字由"俾斯麦大街"等德式名称改为滨松町、静冈町等日式名字。大鲍岛区原是德占时期的华人居住区，在青岛区的北部，日占青岛后成为日本人的商业区域，青岛第一繁华街道山东町（今中山路）就在此区，贯穿南北。这里的房屋大多为德式、中式各半的二层建筑，平房很少。中国人的银行、大商店几乎都坐落于此。街名使用了含有中国地名的济南町等名称。码头区在青岛市区的北边，大港在南部，是青岛港的商业贸易区，也可称为青岛（作为港口）的中心地，胶海关、大港站、港口事务所均在此。别墅区在青岛区的东部，背靠万年山（今青岛山）和旭山（今太平山），沿着海岸线展开，是山光水色兼备的游览胜地，海水浴场、跑马场、旭公园（今中山公园）等休闲运动空间均在此区。①

青岛区和大鲍岛区本是人口密集之地，被日本占领后，这里大多被日本人租用殆尽，新涌入的日本移民很难再找到新住宅地。根据日军制定的新区扩张计划，"新町"被扩建出来。② 这处新市街从八幡山（今观海山）的北麓开始，夹在大鲍岛区和码头区之间（当中有新街游廓）。"新町"内的所泽町（堂邑路）成为日资大银行、会社所在地，沿街有原田汽船、邮局、朝鲜银行、正金银行新馆、三井物产、江商株式会社、伊藤忠株式会社等著名金融商业机构，由此可看出日本人在青岛的发展情况。此外，沿西海岸的早雾町（冠县路）附近则有青岛制粉会社、青岛盐业会社、大连制冰会社、大仓商事株式会社、山田铁工所等日资工商企业。新市街的房屋构造与德式房屋不同，一眼便可识别。③ 根据日本当局公布的"家屋建

---

① 〔日〕高桥源太郎：《青岛案内（附山东铁道沿线小记）》，第 24～25 页。
② 关于"新町"内每条街道上的商铺，可参见赵珊《青岛的日侨街区研究（1914～1922）》，中国海洋大学硕士学位论文，2014。
③ 〔日〕高桥源太郎：《青岛案内（附山东铁道沿线小记）》，第 25 页。

筑规则"，该区还是"三业地"，即料理业、艺妓业、娼妓业的集中地。不久，这一地区的日本"妓寮酒馆，好像雨后春笋一般簇生出来"，到1918年，区内已有妓寮100余家，娼妓3000多人。①

图4　新町的街道，左上为陵县路（若叶町），右下为聊城路（中野町）
资料来源：青岛写真案内发行所编印《青岛写真案内》，第1页。

台东镇被定为工厂区后，日本工业资本利用日本殖民当局提供的各种优惠条件，相继在台东兴建了缫丝、纺织、蛋粉、榨油、肥皂、酿酒、火柴等企业，其中火柴厂就有5家，单是在该区的辽宁路（若鹤町）两侧，就集中了青岛丝厂、东和油房、三井油房、山东油房、青岛火柴等十余家日资新设工厂。这里演变成新发展起来的青岛工业重镇。

青岛开埠之初，德国殖民当局把发展港口航运、铁路、矿山放到优先位置，并以此来促进和扩展城市建设。德国最主要的目的是把青岛建成军、商混合港，基于此种考虑，城市建设相较于港口、铁路建设居于次要地位。与德占时期不同，日占当局"所特别注意者，为市面之扩充与工厂之提倡"。② 这一方面是因为德占时期青岛港的建设已具有一定规模；另一方面，日本占领当局认为，欲巩固在青地位，获取工业经济方面的发展最

---

① 张一志：《山东问题汇刊》，出版单位不详，1921，第261页。
② 《青岛过去经营政策之比较》，《交通杂志》第2卷第6期，1934，第87页。

为稳妥可靠。因此，发展工商业被置于城市扩展建设的首位，短短几年，日本殖民当局扩建出以大港为起点及在其周围建立的仓储、金融、商贸服务和居住的新商业区，还有以加工工业和纺织工业为主的台东、四方、沧口新工业区，使青岛的城市功能由近代商贸运输口岸转向工商兼之、轻纺为主的近代工业城市。①

（二）殖民文化空间的塑造

塑造殖民文化空间是日本占领当局扩建新街区的一部分，其目的，一方面是向青岛当地民众宣扬殖民文化；另一方面是统一日本侨民思想，宣扬皇权思想与军国主义，同时也可满足日本侨民的文化需求。这主要体现在遍布各街区的中小学和文化场所（景观）的塑造两个方面。

关于青岛的日侨教育，有专文从不同时期的学校发展状况、教育体制、学生活动、课程设置、影响等方面进行了论述，兹不赘述。② 这里要强调的是，贯穿整个日侨学校教育理念的，是日军对青岛乃至山东省的"经略抱负"与"皇威宣扬"。日侨学校校歌的创作与吟唱便是这种理念的直观表达，如由日本军司令官作词的青岛第一高等学校的宿舍浪漫曲"青岛之歌"。歌词如下：

> 一
>
> 为重于泰山之大义，
> 大正三年仲夏，
> 皇军威武之师，
> 扫除了东洋之祸；
> 在深秋的胶州湾，
> 天空飘起日之旗。
>
> 二
> 万国之中，
> 仰望皇威弥高；

---

① 任银睦：《青岛早期城市现代化研究》，三联书店，2007，第152~153页。
② 具体论述可参见戴淑妮《青岛日侨的学校教育（1914~1945年）》，中国海洋大学硕士学位论文，2011。

霞光照耀下的日本，

绽放着大和心之色彩；

风儿吹过樱大路，

早晨的花园散发着春天的烂漫。

三

啊 悠久的建国基业，

光照青史的神州，

充满忠孝仁义之道；

维护东洋之和平，

我们共同奋起，携手中华之人民。①

当类似的歌曲随着学生的各类活动不时飘荡在大街小巷时，它所营造的皇权思想与军国主义等殖民氛围便形成了一股不容小觑的文化力量。

除了学校教育，日本人也很重视景观或文化场所的塑造。这主要体现在两个方面：一是凸显日本军功的景观改造与新景点的增加；二是彰显祭祀力量的神社与忠魂碑的建设。

青岛建市时间短，景观并不丰富，到日占时期，既有景观主要包括：传统名胜，如天后宫和崂山诸景点等；德占青岛时期形成的名胜，如旧衙门、观海山、信号山、跑马场、海水浴场等。日军对这些名胜首先进行了名称改造，如下文"旅行指南"所提及：

八幡山（观海山）、神尾山（信号山）、司令官官邸（总督官邸/迎宾馆）、万年山（青岛山）、旭山（太平山）、旭公园（中山公园）、忠魂碑、跑马场、海水浴场、炮台、旧衙门、天后宫、青岛栈桥、加藤岛（小青岛）、若鹤山（贮水山）、青岛神社、台东镇、台东镇工厂区、台西镇、团岛灯塔、海泊河、浮山、沙子口、李村、李村大集、梨林、九水、柳树台、北九水、河东村、崂山等等。②

---

① 〔日〕青岛民政署编《新刊青岛要览》，扉页。

② 青岛守备军民政部铁道部编纂《山东铁道旅行案内·目次》，东京，博文馆，出版时间不详。括号中是笔者自加的景点现在的名称，与为街区更名一样，日本人把很多景观也改成了日式名字。

　　不仅改名，日军还对这些既有景观进行了修整，如在旭公园（中山公园）建成樱花大道等。此外，日军还新开辟了一些景观和文化活动场所，如炮台、青岛神社、忠魂碑等。炮台是日军为了宣扬军威而将日德战争之后的军事要塞开辟成游览景观，同时还发行了《青岛战迹游览图》，以供民众"瞻仰"日军获取的"胜利果实"。

图5　《青岛战迹游览图》及部分炮台图片

　　注：这些炮台直到今天仍是青岛的重要名胜，昭示着青岛屡被殖民的历史，成为今天青岛中小学生爱国主义教育基地。

　　资料来源：《青岛战迹游览图》，1915，青岛交运集团总经理刘增平先生个人收藏资料。

　　当然，最能凸显日军皇权思想与军国主义的则是位于若鹤町（辽宁路）的青岛神社与旭公园（中山公园）内的忠魂碑。

　　青岛神社位于若鹤山上（今贮水山公园），作为重要的公共设施，包含在第一期扩建工程里。这里因德占时期广植树木而植被繁茂（树木是日本神社不可或缺的元素），又临近新建街区，比较适合建造神社。《神社协会杂志》中的"各地通信栏"中，青岛神社社务所通信中记载了青岛神社"创立"的过程。

　　大正三年十一月七日，皇军占领青岛后，青岛守备军司令官神尾大将、净法寺参谋长、吉村军政委员长等人商讨创立当地邦人国家中心信仰——神社，并加紧筹备，以期将来作为可以仰拜的官营大社，建筑设计由工程师加藤古裕太郎领衔承担，大正六年1月末完成建筑设计。①

1918年的日军《新刊青岛要览》也记载了神社的选址、建设与基本功能。

　　神社是国家的宗祀，是国民精神的源泉中心。大正四年一月，当时青岛守备军及军政当局决议创立之。在清静的若鹤山的西侧山腰确定了社址。大正五年末，平整土地6900余坪，次年五月二十九日，得到守备军司令官创立认可，大正七年五月五日举行地镇祭祀，随即开始了神社大殿及其他房屋的建设，并着手神山的景观打造。整一年间，肃穆庄重的设施完成了，在住邦人得以遥拜、祭奠，奉上诚敬，安定满足。②

　　据此可知，日本政府曾经有过关于作为日本"国家的中心"象征的设施——"青岛神社"创立的讨论，而且调查准备工作在占领青岛伊始便实施了。确定计划5年后的1919年11月，青岛神社竣工，并举行了落成祭奠仪式。神社创立的费用由临时军政费支出，耗资白银12万两，后转为民营。

　　关于神社的方位，神社入口处面对若鹤町二丁目的西侧，参道自西向东延展，拜殿、本殿的正面也是朝西的。这与在日本的多数神社都是朝南这一点差别很大。对比韩国首尔的朝鲜神宫、台北的台湾神社的配置图，江本砚认为，殖民当局设计殖民地神社的入口时，应该是有一定规则的。首尔在日本的西北部，台湾在日本的西南部，青岛的纬度与东京相似，位于东京的西部。于是，神社的入口便设在西侧了。若将上述三个大的神社的方向合在一起考量的话，可以推测，这大概是日本人有向"本国同心"的地理意识，并为了使各殖民地朝日本方向参拜，而把各个神社的入口分别按不同方向设置。③

① 《神社协会杂志》第20号，1919，第33页。该杂志创刊于1902年，1938年停刊。其中的"各地通信栏"登载海外建设神社的资料。参见江本砚、藤川昌树「中国青岛における貯水山公園の形成と変容」，『ランドスケープ研究』第76卷第5期，2013，第422页。

② 〔日〕青岛民政署编《新刊青岛要览》，第137页。

③ 江本砚、藤川昌树：「中国青岛における貯水山公園の形成と変容」，『ランドスケープ研究』第76卷，2013年第5期，第423页。

图6 青岛神社入口

资料来源：百度图片，http：//image. baidu. com/i? ct = 503316480&z = 0&tn = baiduimagedetail&ipn。

图7 日军在若鹤町（辽宁路）的神社

资料来源：《日军在青岛辽宁路日本神社》（1922 年 12 月），青岛市档案馆，档案号：C021
2 - 001 - 00131。

图8 青岛神社大殿

资料来源：青岛档案信息网，http：//www. qdda. gov. cn/frontlogin. do? method = allsearch&content =
青岛神社 &page = 1。

根据江本砚等的研究，青岛神社内祭奉"天照大神"、明治天皇和"国魂大神"。创建时期，神社的宫司是远山正雄，神社里举行过春、秋例行祭祀、岁旦祭、元始祭、成婚奉告祭、纪元节祭、明治天皇祭等。"春秋例行祭祀时，全市的小学生（高学年）、中学生、女学生在教师的率领下，共集合了约200人左右，肩上背着30年式的枪，枪上上着刺刀，系着绑腿，集体参加。神社与其说是宗教的，倒更像军队"，战争时期居住在青岛的中国人S先生如是说。①

对于旅居青岛的日本人来说，神社是举行婚礼、祈福生子、祈求病愈等的信仰之地，盛放的樱花也受到了日侨的喜爱。青岛神社周围有很多与日本侨民相关的设施。如参道的南侧是日本女子高中，女校的作品有时会在神社的绘马殿展出。

除了神社，忠魂碑是另一处宣扬日本皇权思想与军国主义的重要场所。忠魂碑是日本人为纪念在日德战争中战死的1004名日本人而建，耸立在市区东部的旭山（太平山）中腹，以丘陵为靠背，正面相隔旭跑马场（汇泉跑马场），在此可眺望忠之海（汇泉湾），其中一面是苍劲的松树，其间有一条樱花大道。碑体由花岗岩建造，高78尺5寸，落成于1916年3月1日。②

图9　忠魂碑

资料来源：〔日〕青岛民政署编《新刊青岛要览》，第138页。

---

① 江本砚、藤川昌树：「中国青岛における貯水山公園の形成と変容」，『ランドスケープ研究』第76卷，2013年第5期，第423页。
② 〔日〕青岛民政署编《新刊青岛要览》，第138页。

忠魂碑巍然高耸，远处即能看见，它和樱花大道连为一体，位于青岛最大的公园旭公园（中山公园）的核心位置，从空间上构成了醒目的日本符号。① 忠魂碑与樱花大道的设置对于中山公园乃至整个青岛，都具有深远的影响。樱花路是中山公园的主干道，承载着每年春季的"樱花会"及其相关的诸多活动。"樱花会"不仅可以缓解日本侨民的思乡情结，还被日本军方用作"东亚新秩序"的象征而大肆渲染，后来演变为青岛普通市民的春季游园会，影响至今。② 忠魂碑和樱花路均体现了空间政治化所产生的后果，就空间本身而言，其所传输的象征意义与文化、政治内涵对民众具有重要的社会涵化作用，而纪念性空间更具有教育功能。对于日本人来说，忠魂碑和樱花路"这样的空间布局与植物种植显然是要将其母国的公园移植过来，并复制其母国文化以达到空间的殖民主义化"。③

三　日侨街区的改造与空间去殖民化

1921 年华盛顿会议后，随着山东问题的解决，中国于 1922 年末收回青岛，改为胶澳商埠，日本在青岛的殖民统治宣告结束。青岛的日侨和日本工商资本由此丧失了大部分直接形式的特权，失去了原先一直依恃的政治奥援和政策扶持。大批日侨跟随日本军队一同撤离回国，原先就职于殖民政府机构、铁路、港口及其他公共部门的日籍职员、技术管理人员的工作也随之结束，一批原先以殖民机构、军队以及日侨日常生活需要为对象的普通商业、服务业及建筑业，骤然凋敝，只好停业关张。此后，日本在

---

① 为了炫耀战功，日本人热衷于在公园内修建纪念碑，如在天津大和公园内竖立"北清事变忠魂碑"，在大连东公园内建"表忠碑"，在丹东镇江山公园内建有"忠魂碑"，在长春西公园竖立"皇军南进"武人铜像，等等，见陈蕴茜《日常生活中殖民主义与民族主义的冲突——以中国近代公园为中心的考察》，《南京大学学报（哲学·人文科学·社会科学版）》2005 年第 5 期。

② 中山公园的第一批樱花就是德国人从日本引进试种的。由于青岛的自然条件与日本相似，樱花在此长势很好，并形成了小规模的春季赏花活动，但当时仅限于日本侨民，一般市民并无赏樱习惯。1914 年日本人取代德国人占领青岛后，在中山公园种植了更多的樱花，形成了一条"樱花路"，每年樱花盛开时节，青岛的日本侨民便成群结伴到汇泉赏樱，相沿成风，形成了"樱花会"。参见拙文《从中山公园樱花会看近代青岛公共文化空间与市民生活样式的衍变》，《东方论坛》2012 年第 6 期。

③ 陈蕴茜：《日常生活中殖民主义与民族主义的冲突——以中国近代公园为中心的考察》，《南京大学学报（哲学·人文科学·社会科学版）》2005 年第 5 期。

青岛虽仍有较强的资本势力，但当地政府在市政管理、工商企业、学校教育、社会生活等各个方面均做了去殖民化的努力，其中街区空间的变化尤为明显。

（一）主权收回后的街区更名

街区改造的第一步，是对一些街道进行重新命名。

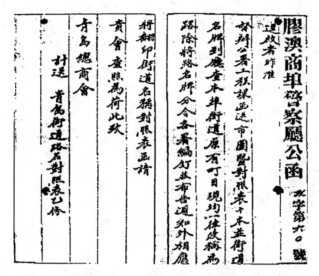

图10 《关于本埠街道原有町目改称为路并按印制街道名称对照表办理的公函》

资料来源：胶澳商埠警察厅：《关于本埠街道原有町目改称为路并按印制街道名称对照表办理的公函》（1923年4月17日），青岛市档案馆，档案号：B0038—001—00323。

根据《关于本埠街道原有町目改称为路并按印制街道名称对照表办理的公函》，胶澳商埠警察厅将"本埠街道原有町目现均一律改称为路"，如表2所示。

表2 青岛街市新旧名称对照（部分）

第一次日占时期	1922年后的路名
舞鹤町	太平路
佐贺町	广西路
赤羽町	沂水路
麻布町	曲阜路

续表

第一次日占时期	1922 年后的路名
深山町（河南町）	河南路
静冈町	山东路南端（中山路）
山东町	山东路北段（中山路）
中野町	聊城路
吴松町	吴淞路
早雾町	冠县路
广岛町	广州路
三日月町（上海町）	上海路
叶樱町	馆陶路
若叶町	陵县路
所泽町	堂邑路
新町一丁目	武城路
新町东通	清平路
市场町一丁目	市场一路
市场町三丁目	市场三路
台西镇一丁目	台西一路
台西镇二丁目	台西二路

资料来源：班鹏志：《接收青岛纪念写真》，商务印书馆，1924，第 241～246 页；青岛市档案馆编《青岛通鉴》，第 1317～1326 页。

同时，对市区主要景观也重新命名，如表 3 所示。

表 3　青岛街市新旧名称对照（部分）

旧　名	新　名	英译名
万年山	青岛山	Tsingtao Shan
八幡山	观海山	Kuan Hai Shan
若鹤山	贮水山	Reservoir Hill
神尾山	信号山	Signals Hill
测候所山	观象山	Observatory Hill
旭山	太平山	Tai Ping Shan

旧　名	新　名	英译名
樱公园	青岛第一公园	First Park（of Tsingtao）
若鹤公园	青岛第二公园	Second Park（of Tsingtao）
新町公园	青岛第三公园	Third Park（of Tsingtao）
深山公园	青岛第四公园	Forth Park（of Tsingtao）
千叶公园	青岛第五公园	Fifth Park（of Tsingtao）
加藤岛	小青岛	Tsingtao

注：樱公园即旭公园，日本第一次占领青岛时常常混用这两个名称。

资料来源：班鹏志：《接收青岛纪念写真》，第241～246页。

这些地名在1938年日本第二次占领青岛后曾被再次更改，1945年抗战胜利后又改回，大多沿用至今。

（二）工商业空间的去殖民化

工商业空间的去殖民化与中日资本势力的消长密切相关。这一时期，由于日本国内经济衰退，对中国的投资呈收缩姿态，资本输出的规模与能力减弱，而同期中国抵制日货运动高涨，迫使一些企业采取暂时观望态度，结果除纺织业和少数几个行业外，其他行业的投资暂时收缩。某些曾经吸引大量资金、兴盛一时的行业，如盐业、榨油业、蛋粉业等，或因中国政府收回自办，或因市场不景气而纷纷停业；一些综合性的大公司、商社解体，就职于银行、商社的日籍职员也比原先明显减少；日资金融机构也受到了信用过度膨胀而出现大量呆坏账的影响，有的撤离，有的停业，其业务对象也有所改变。同期，华商资本的发展与民族工业的成长，使原先由日商独占、控制或占据优势的行业出现了变化，华商在面粉、火柴、化学、机械等行业均有较快发展。[①]

快速发展的民族工业，改变了青岛的经济格局，即便1929年后随着殖民政策的调整，日本在青岛的经济扩张势头有所恢复，华资企业仍以不错的态势稳步增长。

---

① 庄维民、刘大可：《日本工商资本与近代山东》，第255页。

青岛工业，昔日并不发达。最近数年间，赖各业之共同努力与夫政府之保护设计，始突飞猛进，以极短时间而获此成绩，进展之速，实所罕见，目前国人经营之重要工厂，已有一百五十家之多，最足称道者：有中国石公司，冀鲁针厂，茂昌蛋厂，义利油厂等。中国石公司系利用山东内地产石，以机器磨光，不但石质坚固，即色泽亦非常美观，诚能与外国大理石相媲美。冀鲁针厂之针，坚固耐用，行销本国南北各地。茂昌蛋厂之冻蛋，推销远及欧美。义利油厂系利用山东花生米榨成油质，规模甚大，目前尚在试验时期，将来预备大批推销外洋。此外如棉纱，棉织品，花边，木材，地毯，卷烟，面粉，火柴，皮革，铁工，精盐，肥皂，啤酒，汽水等工业，亦均发达，资本自数千元以至数百万元不等。①

这些民族工业是青岛市政当局宣扬民族力量的骄傲与标识，如遇考察团体来青，它们常常是必访之地，如1935年美国经济考察团来华游历，到青考察时，市长沈鸿烈殷勤招待，热忱地为之制定周密的参观日程，以图通过考察团对外宣传民族工商业取得的成绩。

承市长导观各处工厂，如华新纱厂，中国石公司，义利油厂，茂昌蛋厂，冀鲁针厂等，此种工业，多数或为新近组织成立，或属内部设备新加扩充，所产出品，不仅为国人自给，且已有出口贸易，在此世界经济凋敝之时，而青岛工商界领袖，能有贤明长官领导，努力竞进，尤为难得。②

这些华资工业大都集中在四方、沧口和台东镇西北部一带的工业区，与日资工厂交错分布，形成与其抗衡的格局，从空间上消解了日资势力独霸的局面。

第三码头的兴建是空间去殖民化的重要举措。新建的三号码头位于第二、第四号码头之间，德占时期曾被列入1915年预算计划中，拟在该处新建码头，后因日德战争成泡影。自1931年起，青岛市政府开始提高码头费

---

① 唐渭滨：《青岛之经济状况》，《青岛画报》第15期，1935，第6页。
② 《来青考察者之批评》，《青岛画报》第14期，1935，第6～7页。

率，以收入的 1/3 充作码头建筑基金，用于筹建三号码头。码头建筑工程
采取招商投标承包的方法，由日商大连福昌公司得标，于 1932 年 7 月 1 日
开建，1936 年 2 月竣工投入使用。新建的第三码头由德国工程师设计，为
重力式突堤码头。市政府对此项建设非常重视，专门指定 18 名中外工程技
术人员组成监工委员会，监督码头筑造等工作，市长率众参加了开工和奠
基仪式。建成后的第三码头规模可观，可同时靠泊 6000 吨级的轮船 8 艘。
第三码头彼时为煤炭专用码头，亦用于装卸木材；计有 1.6 万吨存煤场 8
个，2.7 万吨存煤场 1 个，2.5 万吨存煤场 1 个，贮煤能力达 18 万吨。①

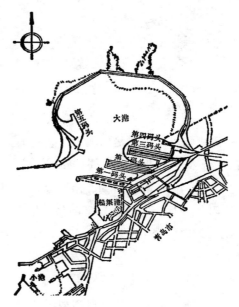

图 11　1937 年青岛港示意图

注：椭圆形部分为第三码头。

资料来源：青岛市史志办公室编《青岛市志·海港志》，新华出版社，1994，第 35 页。

第三码头的建成，是青岛港口与城市发展史上的大事，它是"我国接
收青岛后第一大建筑物"，② 在提升港航能力、凸显城市地位的同时，也彰
显了 1922 年回归以来青岛发展民族事业和去殖民化努力的决心。为突显三
号码头的重要性，其落成典礼格外隆重，不仅该市各界要人纷纷出席，且

---

① 寿扬宾编著《青岛海港史（近代部分）》，第 167～168 页。

② 《青岛市第三码头落成》，《航业月刊》第 3 卷第 11 期，1936，第 7 页。

中央政府代表、山东省政府代表、英日领事、陆海军代表等均受邀参加了观礼。各类报刊也多有报道，本地报刊如《青岛时报》《青岛画报》《平民报》，不吝赞誉，称其为"青岛维（唯）一大建筑"；[①] 外埠报纸如上海的《申报》《工商新报》等也刊发了消息和照片；日本报纸以《华北值得自豪的不冻港》为题报道，声称青岛港在日本华北战略中起着重要作用，复因第三码头而名副其实地成为华北唯一良港。第三码头可谓是"我国接收以来最大之工程，亦全国有数之事业"。[②]

图12 青岛市第三码头落成典礼盛况（1936）

资料来源：《青岛市政府市政公报》第79期，1936，第19页。

商业空间的去殖民化则以中山路最为典型。德租胶澳时期，中山路的南段称为弗里德希大街或斐迭里街（Friedrich Str.），北段称山东大街（Schantung Str.），俗称大马路；日占时期，南段改称静冈町，北段称山东町，又称新（所泽）町。1922年中国收回青岛后，把中山路南北段统称为山东路，1929年为纪念孙中山先生更名为中山路，1937年日本第二次侵占青岛后，又改称山东路，1945年后，复更名为中山路至今。中山路与胶济铁路沿海并行，北接堂邑路、馆陶路等"新町"街市，可直通大港小港码头，以及四方和沧口工业区，向南一直延伸到前海栈桥。中山路是青岛市商业最繁盛的地方，两旁商店林立，如大药房、绸缎庄、百货公司、食品店、游艺场等，都以中山路为中心。

中山路是最能体现青岛殖民痕迹的街道，根据商铺的不同特色，全线又可分为南北中三段：南段是欧化的商店区，靠近海滨，多设咖啡馆、酒吧及各种俱乐部，是到青岛避暑的外国水兵消遣的聚集地；中段是中国商店区，银行、钱庄、百货公司等，都开设在此，市面最为繁盛；北段则是

① 竹：《青岛维（唯）一大建筑：第三码头落成观礼记》，《青岛画报》第21期，1936，第2～5页。

② 寿扬宾编著《青岛海港史（近代部分）》，第169页。

日本人开设的商店，以玩具店及百货铺为多。[①] 如果说这种空间布局是城市规划以及各种商业力量合作与竞争的结果，尚不足以佐证去殖民化，那么华资银行在中山路一带的集聚则可以清晰直观地反映青岛商业空间的去殖民化努力。

青岛的外资银行主要集中在与中山路北端相接的堂邑路和馆陶路。这里因靠近港口、铁路与工业区，便于各类经营活动，经过数年发展，分布了日本、英国、美国、德国、法国、丹麦、葡萄牙、比利时等国企业、机构 60 余家，集聚了正金银行、朝鲜银行、麦加利银行、青岛取引所等外资金融机构，以及与其相互扶持的众多工商企业。此处是青岛外国工商资本与金融业的聚集地，一度左右青岛的金融市场。

青岛华资银行在成立之初曾备受外国资本压迫，规模较小，实力较弱，办公场所也大多为暂时租赁的房屋，房间窄小陈旧不利于办公，而随着青岛民族金融业的发展，银行规模、业务范围不断扩大，对银行办公场所提出了新的要求。尤其是 1929 年废除胶平银和抵制正金银钞事件以后，青岛金融利权不再被外国银行势力控制，除原有的中国银行、交通银行、明华银行、山左银行等外，中国实业银行、中鲁银行、金城银行等也相继设立，并于 1931 年春成立青岛银行公会。作为青岛新兴的民族金融业同业机构，随着会员的增多，其实力也日益强大，青岛银行公会为了壮大逐步发展的金融业，使其能形成规模，协同发展，经过讨论后决定把各个银行集中在一起，形成一个银行中心地，方便各行业务的往来与发展。恰逢 1932 年市政府决定把面积约 60 公顷的中山路第四公园用地作为前海一带商业扩张的区域，同时为了保持这一用地的完整性，防止出现建筑用地零碎杂乱的现象，市政府要求此区域需由职业团体领租。后经银行同业公会商讨，各行决定承领第四公园用地，在中山路建立银行集聚中心，作为中山路商业贸易的补充。

经过商讨，最终决定把中山路、曲阜路转角的 600 方步土地划分给中国银行，中山路、肥城路转角约 300 方步划分给大陆银行，中山路中间路段，各划分约 300 方步予山左银行、上海银行。河南路、曲阜路转角约 300 方步划分给中国实业银行，河南路、肥城路转角划分给金城银行，河

---

① 倪锡英：《青岛》，中华书局，1936，第 122~124 页。

南路中间余地划归银行公会。由于中山路属于商业发达的特殊区域，为了保持这一区域的完整性和美观，在领用第四公园用地进行筹建时，各行皆要遵循以下建筑规则：同时建造；一律盖造三层，连地窖四层，门面均用大块蘑菇石，钢窗外加铁板；装设公用气炉一座，一律装制暖气管；各行建筑图样汇齐后投标。[1]

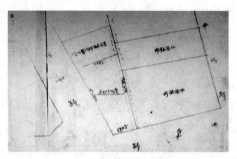

图13 中山路第四公园银行用地设计图

资料来源：《中山路第四公园银行用地设计图》，青岛市档案馆，档案号：A0017—003—00574—53。

图14 中山路、堂邑路、馆陶路位置示意图

注：椭圆形位置即1932年由第四公园改成的中资银行集聚中心。

资料来源：笔者自绘。

---

[1] 《关于中国、大陆、山左、实业等六行为领租青岛第四公园公地的函》（1932年），青岛市档案馆，档案号：B0040—006—00700。

各银行大楼按照上述约定建成后，中资银行在中山路形成一个集聚中心，中国银行、交通银行、中国实业银行、大陆银行、上海银行分行、明华银行等皆在中山路设行，而与中山路毗邻的河南路、湖南路、保定路、天津路等，也设有一些银行机构，比如湖南路的东莱银行，河南路的山东民生银行、浙江兴业银行，天津路的中鲁银行总行等。中资银行同业之间在中山路上的集聚，更容易带来业务上的合作，并与堂邑路、馆陶路上的外国金融机构形成新的竞争格局。

青岛银行公会携领各行承领第四公园用地，建设银行的集聚中心，代表了中资银行力量的崛起，折射出青岛银行业发展背后的政府助力。青岛市政府将原本用作市政建设的公园土地改为发展金融业的建筑用地，以政府行为助推、支持民族金融业的发展，不仅说明当时青岛民族金融业地位的提升，还印证了青岛市政府在民族金融业方面的去殖民化努力。

（三）景观的去殖民化

风景提供了一个切入文化问题的途径：文化价值、文化延续、文化的价值范畴和无价值范畴，以及文化身份形成神话的建构。风景还可以引起诸多思考：在个体被文化包容的同时，个体行动如何帮助形成文化；个人如何将自我视为某种特定文化的一部分，尤其在由农业革命或工业革命、帝国扩张、战争或战争后果这类社会或民族创伤引起的动荡时期。[①] 对于屡被殖民的青岛来说，便存在着如何利用风景实现去殖民化、建构文化身份认同的问题，这方面的举措主要有二：一是改造日本殖民文化景观，将其纳入城市整体环境规划中；二是塑造彰显民族文化身份认同的新景观。

根据鲁案善后条款，日本居留民仍然在青岛生活，因此，日本人日常生活所必需的设施，也作为日本人的财产而保留了下来，如此，前述带有强烈皇权思想与军国主义象征的神社、忠魂碑等日本符号，也被保留了下来。若鹤山上的青岛神社是作为日本居留民的公益用地被保留下来的。不过，1922 年后，胶澳商埠农林事务所在日占时期的基础上，进行了重新整备和修葺，并改名为贮水山。根据 1935 年 1 月青岛市工务局编撰的《青岛

---

① 〔美〕温迪·J. 达比：《风景与认同：英国民族与阶级地理》，张箭飞、赵红英译，译林出版社，2011，第 9 页。

市实施城市计划方案初稿》第八章《全市园林空地计划》规定，贮水山被作为城市绿地保留了下来。抗战胜利后，神社内的物品被中国百姓哄抢一空，国民政府曾将"青岛神社"改为"忠烈祠"，以便每年7月7日在此公祭七七事变和抗日战争期间为国阵亡的中国将士。但此举因不被青岛人民接受而终止。后将之改为烟台国华中学的流亡校舍。1949年前，山上树木多遭破坏，绿地荒芜。1949年之后，神社内的建筑物陆续被拆除，20世纪50年代曾为市北中学校舍。神社路两侧的樱花树在1970年代末被伐除，改种青岛市树——雪松。目前这里是青岛儿童乐园和老年大学的所在地，面积是当年神社驻地的1/4。

炫耀日本人"战功"的"忠魂碑"，一度激起中国人的民族情感，并促发了中山公园内"中山纪念塔碑"的建造设计。1929年7月，在中山公园西侧建筑了纪念孙中山先生的塔碑。此纪念塔碑并非简单的建筑物，而是一处结合公园休闲、游乐活动于一身的多功能纪念空间，既设置了供奉孙中山遗像及其生平著作、遗墨的陈列室，还设有供游人休憩、游戏的茶室、游艺室、喷水池和动物园。① 不过，至1945年抗战胜利、日本势力被彻底逐出青岛后，直到1947年7月，青岛市政府才做出了"拆除中山公园北端日寇建立之忠魂碑，改建抗战死难军民纪念碑，以表英烈"的决定，"忠魂碑"始被拆除。②

中山公园的樱花大道及其所承载的樱花会也是去殖民化改造的对象，1930年，为消解殖民主义、张扬民族正气，青岛市政府布告商民，不得举行樱花会："青岛前在日本管理时代，因樱花为该国国花，故每年于开放之际即举行樱花大会，现青岛已经收回，即在我国统治之下，此种花会自应禁止举行。"③ 尤其是九一八事变后，中日民族矛盾升级，赏樱活动不断遭到爱国者的抨击："像这两年以来东北沦亡，热河失守，日本人在那花开如绣的树下，是何等的赏心乐事！但是那樱花路上的游人，十分之九都

---

① 《中山公园建筑纪念塔碑设计书》（1929年7月），青岛市档案馆，档案号：B0032—001—00560。
② 《关于准拆除中山公园北端日寇建立的忠魂碑改建抗战死难军民纪念碑的呈、公函、批文》（1947年7月16~22日），青岛市档案馆，档案号：B0031—001—00688。
③ 青岛特别市社会局：《关于禁止举行樱花节大会的训令》（1930年2月20日），青岛市档案馆，档案号：B0032—001—388。

是中国的国民。这显然是在我们的国土未被日本占完以前，我国国民也向大日本帝国主义之甘屈服了。"① 民族情感不仅促使人们痛斥赏樱活动，且对樱花之美也表示质疑。

> 在革命为统一南北，军阀专政时候，一般官署太太、长官、女士们，在暮春三月，他们惟一的消遣是至第一（汇泉）公园里去欣赏樱花，及至革命告成，统一南北，官署长官，才将欣赏樱花的习惯下令革除，可是一般太太、女士们，仍旧如是，改不了他们旧习惯。到了花开时，仍旧是鬓影衣香、肩摩毂击的去赏它，试问：樱花是什么东西！？值得我们去欣赏它吗？
>
> 若说樱花的颜色美丽，但是，据我看，不及我国的桃、杏和海棠，姿容鲜艳。若说樱花有香气，据我看，它是不及我国的丁香和玉兰，芬芳扑鼻。若说樱花是异域的佳卉，物稀见奇，其如卉并不佳，它那主人，就是我们的仇人。若说樱花是一望成林，洋洋大观，那么数年以来，我们地方政府，为什么不多多栽培些国产名花，等候那些嬉春士女呢？照我看来，这樱花又是什么好看的东西，而值得我们去欣赏呢？②

以百花姿色的比较来批判樱花，契合了民众传统的审美习惯，人们常常用夭桃之艳、海棠之媚、梨花之洁、梅花之清、玉兰之香、杏花之婀娜，来对比樱花之花期短暂、孱弱，以说明其不足为美。为消解樱花会的殖民色彩，农林事务所积极营造中山公园"东园花海"的景象。每当春天来临，市民"一春情绪为花忙"，③ 而夏季纳凉赏荷、秋季赏菊、冬季溜冰等，也都是中山公园的盛事。此外，这里还举行群众集会，市政部门也常常利用它的公共性，寓教于乐，积极宣扬民族主义，倡导文明生活。由此，中山公园就衍变为一处培育都市生活风尚、释放民族情绪的多功能公共空间。

美国学者梅尔清在分析清初扬州名胜古迹的文化功能时指出，一些企

---

① 《青岛给予我的印象》，《青岛时报》1933 年 7 月 9 日。
② 五陵公：《樱花值得我们欣赏么》，《青岛时报》1933 年 5 月 12 日。
③ 芮少麟：《青岛游记》，芮少麟编著《神州游记》，上海古籍出版社，2005，第 417 页。

图增加当地或个人声望的文人学士和官员，常常有意识地操纵风景名胜等文化遗产，在策略上利用这些景点增加自己的声誉或提高城市的地位。这种操纵能够形成有创造力的文化支持，对于这些景点起源及其文化意义的一致认同，不仅有助于形成地方的声誉，扩大个人影响，而且的确有助于这些景点成为支撑当地和全国多样性景观代表的标志。① 对于年轻的青岛来说，如何通过名胜古迹谋求城市声望是一个迫切的问题。尤其是1930年代，随着城市地位的提高以及民族文化复兴呼声的高涨，青岛地方政府对文化景观在城市生活中的作用有了更深刻的认识，"古迹名胜对于缓和人心之功效，比之高深之学理与亲切之劝诱所收之功尤大"，遂力谋通过名胜古迹的保护涵化都市精神生活，并将这种精神纳入都市发展规划中。②

然而，青岛建市时间短，市区内能够彰显民族文化传统的名胜古迹屈指可数，因此，青岛市政当局一面挖掘崂山之类的文化古迹；一面努力打造市区景点名胜。为了能在欣赏美景的同时获得民族文化意象，市政府做了两项重要的、影响深远的工作。

一是用充满诗情画意的美名赋予名胜以传统文化意象，凝练了"青岛十景"，即飞阁回澜、穿台窥象、汇滨垂钓、琴屿飘灯、丹邱春赏、湛山清梵、东园花海、燕岛秋潮、会碕松月、登窑梨雪；"崂山十二景"，即明霞散绮，蔚竹鸣泉，云洞蟠松，华楼叠石，巨峰旭照，九水明漪，岩瀑潮音，太清水月，那罗佛窟，海峤仙墩，狮岭横云，龙潭喷雨；"阴岛八景"，即青云晨钟、虎首古洞、东山朝曦、千佛观雪、万丈远眺、西岭归帆、草场银海、鹰嘴听潮。人们希望通过这些古雅的名称，将民族文化精神融合于景物中，增加城市的历史文化厚重感。最典型的是"青岛十景"。这十景中除"丹邱春赏（城阳丹山）"、"燕岛秋潮（燕儿岛）"和"登窑梨雪（崂山登瀛）"外，其余均为德日占领青岛时期形成、中国政府收回后改造的新景观，分别对应着栈桥回澜阁、观象山（台）、鲁迅公园、小青岛、湛山寺、中山公园、汇泉角。它们是青岛市政府彰显接收后成就的标识，也是今天青岛的文化地标。

---

① 〔美〕梅尔清：《清初扬州文化》，朱修春译，复旦大学出版社，2005，第84页。
② 青岛市工务局：《青岛市施行都市计划方案初稿》（1935年1月），第11页。

　　二是通过仿古建筑，为景点赋予民族文化内涵。青岛自建城伊始，先后被德日殖民，市区内一派欧式和日式建筑，几无传统建筑可言。因此，塑造具有中国古典风格的建筑，无疑可以增强这座殖民城市的民族自信心。1930年代青岛出现了几座具有传统风格的仿古建筑，最典型的便是栈桥回澜阁、海滨公园门楼、水族馆以及湛山佛塔等，以期通过景物的传统风格，消解殖民主义，寻求民族文化身份的认同。

图15　海滨公园门楼（左，今鲁迅公园）与湛山佛塔
资料来源：中国市政协会青岛分会编印《青岛指南》，1947，"扉页照片"。

　　以栈桥为例，这座伸向大海的"卧波长虹"，因回澜阁的修建，其功能被重新定位，意义被重新塑造。1931年9月，市政府委托德商信立洋行承建重修栈桥工程，在桥的最南端，添建了一条三角形的防波堤岸，使桥首成为一个"个"字形状，以减小风浪的冲击力。在三角形的堤端又筑了一座具有传统风格的双层飞檐八角亭阁，取名"迥澜阁"（"回澜阁"），以供游人登临憩息之用。1933年6月，重修工程竣工。重修栈桥，和兴建第三码头一样，是当时的一件市政大事，它既体现了中国政府收回青岛后中国人的市政建设能力，也为青岛文化空间的扩展奠定了基础。人们立碑纪念这一重大工程，市长沈鸿烈饱含深情地撰写了碑文，并赋予它"砥柱中流，屹立不朽"的民族精神之象征意义。[①] 经加筑回澜阁的栈桥，成为

---

　　① 《沈市长为前海栈桥撰碑文》，《青岛时报》1933年6月8日。

凝结民族文化精神的载体，并逐步演化为青岛最突出的景观与文化地标。①

图 16　中国收回青岛时的栈桥

资料来源：班鹏志：《接收青岛纪念写真》，第 1 页。

图 17　加筑了回澜阁的栈桥

注：栈桥左前方，是筑有白色航海灯塔的小青岛，也是青岛十大胜景之一——"琴屿飘灯"。直到今天，栈桥与回澜阁、小青岛与白色灯塔仍然是青岛最有魅力的地方。"碧海洗心清，风拂略带腥。桨旋浪涌重，波动鸥浮轻。琴屿飘灯远，虹桥架海平。暑消何用扇，鱼跃水涵澄。"（玉青：《蝉噪集之三：从地狱到天堂漫游记》，《青岛时报》1934 年 8 月 5 日。）上述诗句描绘的便是栈桥与小青岛彼此呼应的景观。

资料来源：骆金铭编《青岛风光》，兴华印刷局，1935，第 80 页。

---

① 参见拙文《近代城市纪念性建筑．以青岛栈桥为例》，《华中师范大学学报（人文社会科学版）》2014 年第 4 期。

尽管 1922 年以后的青岛从各方面都进行了去殖民化的努力，"市内各种建设，如五号（三号——引者注）码头，船坞，平民住所，平民学校，及其他小学，此外尚有栈桥，海滨公园，水族馆，体育场，高尔夫球场，种种设备，可谓集近代都市之精华，应有尽有……对于一般平民，则有住所，有学校，有公园，对普通民众，则有完备之学校，有体育场，对于工商业，有码头，有船坞，及其他种种设备。……在乡区参观，益见道路平整，很多的小学，散布各村，其中并有很大规模的小学，如沧口小学等，崂山风景，尤布置井然有条……益见沈市长施政，自都市以至乡村，处处都能努力建设，面面俱到，由此种种，实足以表现新中国之新气象"。①

然而，由于日本侨民的工商势力仍然强势存在，这种去殖民化的努力又是有限的。根据《解决山东悬案条约》及附属细目协议，中国政府应将青岛全部开放为商埠，准外国人在该区域内自由居住并经营工商业及从事其他合法职业，所有公产全部移交中国政府，其中为日本官厅所购置、建造或前属德国所有经日本增修者，中国应按实际费用给予补偿，公产中日本领事馆及日本居留民团所设学校、寺院、墓地等，仍归日本保留。按照这些条款，日本居留民仍有足够的活动空间，即便在民族资本已有长足发展的 1930 年代，其工商势力仍不容小觑。

就全国各市商务之发达而论，青岛确属后起之秀。然详考其内容，则本国商店除少数外，皆为小本经营，其投资在 10 万元以上者，寥若星辰。外侨商店共约千余，资本皆不肯实告，然估计其必远大于本国商店也。日商在此千余外商中，竟占九百余家，巨细兼收，无微不至，尤以垄断土产业为最力，饮食服用两业次之……青岛中外各工厂合计为 174 家，除有十余家不愿宣告资本外，其余各家共计资本 94225210 元，工人 33630 人。就国籍言，本国工厂约占 72%，日本约占 23%，欧美约占 4%，中日合资者约占 1%。然反观资本分配，则本国工厂仅约占总数之 19%，日资约占 80%。以雄厚之资力，精进之技术，以利用低廉之人口，把握重要生产事业：此种情形，实至堪隐忧。②

---

① 《来青考察者之批评》，《青岛画报》第 14 期，1935，第 6～7 页。
② 易天爵：《青岛工商业之概况》，《都市与农村》第 5～6 期合期，1935，第 5～7 页。

因此，"日本街"的各町、各丁、各目，虽已更改为中国式名称，但这里的建筑仍是日式的，居民、游客、行人也多是日本人，商店广告也是日文的，店铺林立，霓虹灯闪烁，也仍是当时青岛市区仅次于中山路的繁华街道。正如一本青岛游记所载，"途经中山路，商肆栉比，为全市最繁盛之所在。但商肆中，十分之八九，系日商，虽皆规模不大，要亦应有尽有"。由市区向乡村进发，"所经皆宽阔之马路，清洁整齐，到处一律。所见店铺，几尽属日商；而以辽宁路一带，为尤甚"。① 这也就不难理解，无论爱国者的民族情感多么深厚热忱，对樱花怎样不屑，每逢樱花会，市民们都仍然趋之若鹜。"近三年来樱花会这个名词，虽然是官方明令取消，但是有些人却时时探听樱花会在什么时节，无疑的樱花会这个名字，仍然还在人们的脑海里。"②

结　语

空间不仅是一个表现经济、政治和社会文化变迁过程的载体，并且它对于城市的发展模式以及城市生活形态的塑造也十分重要，与社会生活具有紧密地互相依赖的关系。列斐伏尔指出，"如果未曾生产一个合适的空间，那么'改变生活方式'、'改变社会'等都是空话"。③ 对于一座城市而言，具有什么样的空间格局，就会产生什么样的生活方式。不同的城市空间在形塑城市风格和社会生活方式中的作用差别是很大的，有些历史悠久的城市，空间的作用更多表现为一种历史的力；一些资源型城市，空间的作用更多体现为某种单一的经济结构。每一种城市的空间与社会生活之间，都存在着互为因果的关系。

对于年轻的、屡被殖民的青岛来说，空间的殖民化与去殖民化，在塑造城市风格与生活方式上具有特别突出的意义，从城市的形成到经济形式的选择，从城市声望的构建到市民社会生活样式的选择，其沿着海岸渐次

---

① 彭望芬:《青岛漫游》，上海生活书店，1936，第11页。

② 《樱花盛开，汇泉道上游人如织》，《青岛时报》1935年4月8日。

③ Henri Lefebvre, "Space: Social Product and Use Value", in Freiberg. J. W. (ed). *Critical Sociology: European Perspective*, New York: Irvington, 1979, pp.285 - 295. 转引自包亚明主编《现代性与空间的生产》，上海教育出版社，2003，第47页。

展开的绚丽多彩的城市生活画卷，无不与这一问题关系甚密。青岛先后被德日殖民，两国殖民当局均对青岛的城市空间布局产生过深远的影响，但市民对待德日两国及其遗产的态度却迥然有异：提起德国与青岛早期的市政建设，情绪是常带崇拜与钦佩的，欧陆风情一直是青岛旅游的主要卖点；提起日本及其当年的日侨街区，情绪是常带轻蔑与愤恨的，至今，日侨街区主要街道的走向布局虽无太大改变，但大部分建筑已被拆毁。1999年颁布的《青岛市城市规划》中提出要加强对"1 城、10 区、88 个点和文化遗产、历史文物古迹的保护"。其中，"10 区"指能够体现时代特色的传统街区，虽然也包括了当时"新町"内的馆陶路街区和黄台路街区，但所存留的相关古迹多为金融机构的建筑及医院、学校等。① 其他街道如即墨路、李村路、聊城路等，现今以即墨路小商品批发市场为核心，仍以商业为主，但昔日的日本商业风格已完全不见。

作者：马树华，中国海洋大学文学与新闻传播学院

---

① 如馆陶路 1 号的横滨正金银行青岛支店旧址（始建于 1913 年）、3 号的三菱洋行旧址（始建于 1918 年）、12 号的朝鲜银行青岛支行旧址（始建于 1917 年）、22 号的青岛取引所旧址（始建于 1920 年）等。

民国时期湖北城市疾疫灾害
时空分布规律[*]

王肇磊　　王思琪

内容提要：疾疫灾害是疫菌大规模流行对人类健康和生命造成直接危害的顶级灾害。作为中国重疫区的湖北省在民国时期因社会动乱和自然环境异动，城市疾疫灾害无论是数量上和频度上，还是在分布区域上均比以前和增长迅速。江汉平原城市是当时湖北最主要的流行区并且疾疫灾害在时间分布上呈现出由季节性向经常性发展的趋势。湖北城市疾疫在时空分布上发生历史性的变迁，极大地增加了城市疾疫灾害防治的难度，从而阻碍了湖北城市的发展。

关键词：民国时期　湖北城市　疾疫　时空分布

疾疫灾害是由疫菌大规模流行所引起的灾害，它直接威胁着人类的健康与生命安全，自古以来便是人类社会的顶级灾害，即使在科技高度发达、医学空前进步的今天。据世界卫生组织（WHO）报告称："全世界每小时有1500人死于传染性疾病，其中大多数是儿童和具有劳动能力的青壮年。"① 而城市因人口聚集成为疾疫灾害流行的主要载体，城市发展因之也受严重的制约。探讨历史上城市疾疫问题，对于今日"突发性公共卫生事件"问题的防范和保障市民身体健康，具有重要的历史与现实意义。目前，相关研究由过去的非主流地位逐渐转变为"引起了广泛的关注"（梁

＊　本文为湖北省教育厅人文项目"近代湖北城市发展灾害问题研究"（项目编号15G067）
　　成果之一。

① 《世界卫生组织报告称：六大传染病威胁全人类》，《参考消息》1999年6月19日。

其姿语）之议题，① 且成果丰硕。但关于湖北城市疾疫问题的研究还很薄弱，笔者查阅相关著述，仅见龚胜生所撰《湖北瘟疫灾害的时空分布规律：770BC～AD1911》② 一文涉及此问题，因此，有进一步加强本议题研究的必要。故本文试对民国时期湖北疾疫灾害时空分布变迁规律做初步探讨。

一　湖北城市疾疫灾害状况概略

湖北地处南方卑湿之区，虽有云梦之饶，但自秦汉以来常受疾疫的侵袭。后元二年（公元前 87 年）十月大旱，"衡山、河东、云中郡民疫"。③ 衡山郡治邾县（今黄州），鄂东北为其属地。地皇三年（公元 22 年）夏，绿林军遇"大疾疫，死者且半"。④ 之后，随着湖北城市发展，疫灾更是不断。⑤ 晚清，疾疫流行亦非常严重。同治九年（1870）秋，江陵大疫，民多暴死。⑥ 光绪七年（1881）夏秋，兴国（今阳新）大疫，死人无数，次年疫稍轻，损人亦多。⑦ 光绪十四年（1888）秋，湖北"汉阳府之沔阳州大疫，民多死"。⑧ 宣统元年（1909），汉口死于霍乱者"弥目皆是"，幼童染上天花者90%不治。⑨ 民国时期，湖北城市疾疫灾害流行更为严重，查阅相关记录，无不备载之。如1912 年，江夏金口流行天花，患病 30 人，死亡 27 人。⑩ 1918 年应山发生瘟疫，死亡 3 万余人。⑪ 1924 年房县"痘疹大行，长幼多染，死者甚众"。⑫ 1927

① 余新忠：《清代江南的瘟疫与社会：一项医疗社会史的研究》，中国人民大学出版社，2003，序二。
② 龚胜生：《湖北瘟疫灾害的时空分布规律：770BC～AD1911》，《华中师范大学学报（自然科学版）》2003 年第 3 期。
③ （汉）司马迁：《史记》卷 11《孝景纪》，中华书局点校本，1982，第 448 页。
④ （晋）范晔：《后汉书》卷 11《刘玄传》，中华书局点校本，1962，第 468 页。
⑤ 龚胜生：《湖北瘟疫灾害的时空分布规律：770BC～AD1911》，《华中师范大学学报（自然科学版）》2003 年第 3 期。
⑥ 吕调元、刘承恩修，张仲炘、杨承禧纂《湖北通志》卷 76《祥异志二》，民国 10 年刻本，第 28 页。
⑦ 王晓萍：《历年疫病流行情况》，见李今庸等《湖北医学史稿》，湖北科学技术出版社，1993，第 318 页。
⑧ 吕调元、刘承恩修，张仲炘、杨承禧纂《湖北通志》卷 76《祥异志二》，第 30 页。
⑨ 武汉地方志编纂委员会编《武汉市志·卫生志》，武汉大学出版社，1993，第 98 页。
⑩ 武昌县志编辑委员会编《武昌县志》，武汉大学出版社，1989，第 651 页。
⑪ 湖北省地方志编纂委员会编《湖北省志·卫生》（上），湖北人民出版社，2000，第 5 页。
⑫ 湖北省房县志编纂委员会编《房县志》，中国文史出版社，1991，第 605 页。

年，大冶县城关仅黄思湾街因天花流行死亡 48 人。① 1928 年春，竹溪县瘟疫大流行，死亡 56 人。② 1931 年，监利县脑膜炎大流行，仅县城死亡 300余人。经过 20 世纪 30 年代初几次大规模疾疫暴发后，人口骤减。1934年，监利全县编审人口由 1865 年的 882609 人减至 468777 人。仅 69 年间，全县人口竟减少近一半。③ 1938 年，南漳城关、武镇霍乱流行，病死 600多人。④ 1940 年秋至次年夏，保康县因霍乱、疟疾、痢疾、伤寒流行，死亡 15772 人，占总人口 119200 人的 13.23%。⑤ 1940 年，江陵荆州城、郝穴、麻布拐、岑洞等地死于霍乱者达 820 多人，同时伴有天花、麻疹等疾疫发生。⑥ 1941 年，兴山县回归热、伤寒、疟疾流行，全县患者达 70% 以上，死亡极多。⑦ 据《新湖北日报》报道，中国红十字会派往兴山防治回归热的卫生顾问波兰人福拉多博士透露，"兴山正流行着回归热和斑疹、伤寒，死了很多人，有一个保约 30 户人家，在一个月内死亡 90 多人，有一户大小 9 口，全部死于回归热"。全县死于回归热者就达 5 万余人。⑧ 枣阳县 1941 年天花流行，患病者多，死亡率高。1942 年 8 月 12 日，县城周围霍乱流行，1 万余人染病，死 400 多人，人心惶惶，各家于门前撒石灰避瘟。⑨ 1944 年，松滋县城"夏秋以来，疾病甚多，尤以痢疾、疟疾流行为盛"。⑩ 1945 年 7 月，公安朱家湾溃口，虎东地区霍乱大流行，死亡达 3万人之多。涂郭巷中几乎家家都有传染病人，平均每天死亡 32 人。⑪ 1947年 5 月，礼山（今大悟县）先后流行天花、斑疹、伤寒等急性传染病，人口死亡甚多。⑫ 湖北其他城市均有类似"大疫"的记载，其肆虐情形亦相类似，史料记述甚多，限于篇幅，兹不逐一枚举。

---

① 黄石市地方志编纂委员会编《黄石市志》（下），中华书局，2001，第 1418 页。
② 竹溪县志编纂委员会编《竹溪县志》，中国城市出版社，1994，第 691 页。
③ 监利县志编纂委员会编《监利县志》，湖北人民出版社，1994，第 688 页。
④ 南漳县地方志编纂委员会编《南漳县志》，城市出版社，1990，第 545 页。
⑤ 保康县地方志编纂委员会编《保康县志》，中国世界语出版社，1991，第 674~676 页。
⑥ 江陵县志编纂委员会编《江陵县志》，湖北人民出版社，1990，第 607 页。
⑦ 兴山县地方志编纂委员会编《兴山县志》，中国三峡出版社，1997，第 510 页。
⑧ 《湖北省卫生防疫大事记》，湖北卫生志编辑室编印《湖北卫生志资料选编》第 13 辑，1989，第 225~226 页。
⑨ 枣阳市地方志编纂委员会编《枣阳志》，中国城市经济出版社，1990，第 522 页。
⑩ 湖北省松滋县志编纂委员会编印《松滋县志》，1986，第 655 页。
⑪ 公安县志地方志编纂委员会编《公安县志》，中国环境科学出版社，2010，第 559 页。
⑫ 大悟县地方志编纂委员会编《大悟县志》，湖北科学技术出版社，1996，第 17 页。

二 湖北城市疾疫灾害时空分布与变迁

据湖北各县市地方志的不完全统计，民国时期，湖北城市共发生较大规模疾疫 247 次。这些疾疫带来的灾害因民国时期特殊的时代背景与各城市地理条件不同而表现出明显的时空分布差异性。

（一） 时间分布

民国时期，湖北城市疾疫灾害流行在时间分布上因疾疫流行所需气候条件不同，而呈现出季节上和时段上的差别。

1. 季节分布

任何疾疫的流行都受疫菌生存、流行环境与自然灾害破坏程度的影响，因而在四季分明的湖北，表现出明显的季节性特征。诚如祝锡元所言："春夏秋冬四季，因气温之变化……所引起之疾患亦因季节不同而有差异"，"某种气候常为某病之原因，其事自古已知之矣"。① 据民国时期湖北城市发生的 247 次疾疫流行记载，其季节分布特点见表 1。

表 1　湖北城市疾疫流行季节变化情形

季节	春 （3～5 月）	夏 （6～8 月）	秋 （9～11 月）	冬 （12～次年 2 月）	跨季节	不详	总数
次数（次）	32	31	9	5	10	160	247
比例（%）	13.0	12.6	3.6	2.0	4.0	64.8	100

鉴于上述材料中关于湖北城市疾疫季节性流行的不明数据较多，还有必要做进一步探讨，即从流行性疾疫类别分析。据统计，民国时期湖北城市流行性疾疫主要有伤寒、类伤寒、斑疹、赤痢、天花、鼠疫、霍乱、白喉、流行性脑脊髓膜炎、猩红热、麻疹、疟疾、肺痨（肺结核）、回归热等十余种，其中以天花、肺痨、霍乱、伤寒、赤痢、疟疾影响最大。② 这些疾疫因气候、地理环境不同而流行季节也不相同。白喉、猩红热"多于

---

① 祝锡元：《环境与疾病》，《医学月刊》第 9 期，1936，第 29～31 页。
② 武汉地方志编纂委员会编《武汉市志·卫生志》，第 98～101 页。

春季发生，肺炎菌在春季，每以辗转传染而毒性更强，故每到春季，因之死亡者，亦不可胜数"；在夏季，"最可怕之病就是急性传染病中之霍乱、伤寒、赤痢三种"；秋季，"病症以疟疾为最"。① 特别是在夏秋之交，如霍乱"为最猛烈最易传染之病症，每届夏秋之交，尤易发生"。② 湖北省政府也在公报上明确指出："查霍乱一症，夏令最易流行，传染既速，死亡尤多"，故每在霍乱易发时节便出台相关措施以防控、救治。③ 疟疾，"在我国分布最广，南京、苏州、杭州、武康及长江沿岸各地，每届夏秋，疟疾必应时发生，水灾以来，流行更甚"。④ 民国18年《汉口各月份死因分类死亡人数统计表》则进一步证实湖北城市各疾疫流行的季节——各传染病死亡人口主要发生在7月至12月，详见表2。

表2　民国18年汉口各月份死因分类及死亡人数统计

死因	1月	2月	3月	4月	5月	6月	7月	8月	9月	10月	11月	12月
肺痨							22	23	39	15	32	47
其他痨症							178	144	105	164	137	138
白喉								2	1	1	2	3
猩红热								10	7	2	2	
天花							7	9	4	1	8	32
麻疹								1	16	14	7	2
鼠疫											1	
疡毒							2	3			1	2
热症							62	37	3	3		3
腹泻肠炎							32	39	24	28	10	24
伤寒							12	31	26	13	23	21
霍乱							23	23	32	20		

资料来源：《卫生公报》第2卷第10期，1930，第105页。

当然，不能仅以流行性疾疫的人口死亡情况来判定民国时期湖北城市疾疫流行的季节，因为染疫人口死亡时间离其接受治疗期一般都有一个延

① 祝锡元：《环境与疾病》，《医学月刊》第9期，1936，第33～34页。
② 《霍乱预防注射》，《新汉口》第4期，1929，第46页。
③ 《汉口市府布告》，《湖北省政府公报》第207期，1936，第18页。
④ 卫生署疟疾室：《南京、苏州、杭州、武康及长江沿岸各地疟疾流行之初期调查》，《中华医学杂志》第3期，1932，第444页。

后的过程。以此为考察点可以推断出，民国 18 年汉口各类疾疫的流行时间，应比染疫人口死亡时间早 1 个月左右。汉口特别市市立总分医院在同年关于门诊病人统计报告亦有相同的结论："传染病院统计可注意的是，六月份最多的是天花，七月份是疟疾，八月份却是伤寒。"①

通过上述的考察，我们可以初步得出民国时期湖北城市疾疫流行的季节分布特征，即四季均有疾疫流行，但主要集中于晚春、夏、秋季。

2. 时段分布

民国 38 年的历史，可以大致分为抗战前、抗战与抗战后三个时期。疾疫也因此呈现出时段分布差异大的特点，表现出高度的时代性（见表 3）。同时，随着战争的爆发，城市疾疫流行次数迅速增加，流行频度也随之急剧提高（见表 4）。

表 3　1912～1949 年湖北城市疾疫灾害分布时期

时期	抗战前（1912～1936）	抗战时期（1937～1945）	抗战后（1946～1949）
次数（次）	21	161	65

资料来源：上述数据来自湖北省各地方志所载相关资料。

表 4　1912～1949 年湖北城市疾疫流行频度

（频度：次/年）

时　　期	抗战前（1912～1936）	抗战时期（1937～1945）	抗战后（1946～1949）
历史年数(年)	25	9	4
疫灾次数(次)	21	161	65
疾疫频度	0.84	17.9	13

资料来源：上述数据来自湖北省各地方志所载相关资料。

民国时期湖北城市疾疫流行频度迅速提高的主要原因是湖北城市重要的战略地位，即湖北是参战各方反复争夺的重点。长期的战争环境，不仅破坏了城市医疗卫生事业，而且极大地破坏了湖北城乡经济，致使湖北城市居民身体素质下降。此外，战事推动城乡人群不断迁徙流动，为城市疾疫流行提供了传播途径和易感人群两个基本条件。在湖北特有的自然环境

---

① 《病人概况》，《新汉口》第 4 期，1929，第 47 页。

作用下，各类疫菌极易滋生、流行，从而为疾疫流行提供了传播源，就此满足了现代传染病学界定的疾疫流行的三个基本条件。这三个基本条件因民国时期特定的历史环境而成为这一时期湖北城市疾疫流行次数迅速增加和流行频度急剧提高的根本诱因。这样，疾疫流行便是民国时期湖北城市社会生活的真实写照。

（二）空间分布

民国时期，湖北城市疾疫流行在空间上分布很广，全省70余座城市基本上都遭受过疾疫流行的肆虐（见表5）。

表5　民国时期湖北城市疾疫流行情形

城市	次数	城市	次数	城市	次数	城市	次数	城市	次数	合计
武汉	12	通城	1	谷城	5	宜昌	6	五峰	2	26
黄冈	5	大冶	3	保康	1	宜都	4	建始	7	20
罗田	3	阳新	2	光化	9	当阳	3	巴东	13	30
黄安	3	蒲圻	8	枣阳	6	远安	5	宣恩	3	25
英山	1	咸宁	1	宜城	1	秭归	3	咸丰	1	7
蕲水	2	黄陂	3	京山	4	兴山	3	来风	1	14
蕲春	3	汉川	6	钟祥	1	长阳	2	鹤峰	2	14
黄梅	2	礼山	1	荆门	3	郧县	7	沔阳	1	14
麻城	4	云梦	—	江陵	2	郧西	5	潜江	2	13
广济	1	应城	2	公安	2	竹溪	4	天门	3	10
鄂城	3	应山	2	监利	6	竹山	4			15
江夏	4	孝感	1	石首	3	房县	4			12
崇阳	4	安陆	4	新堤镇	1	均县	5			14
嘉鱼	5	随州	5	松滋	6	恩施	2			18
通山	2	南漳	4	枝江	8	利川	1			15
								总计		247

注：武汉在民国时期，曾分为汉阳县、武昌市和汉口市，为统计方便，将三者合称今名武汉，下文、图亦同；黄安、蕲水、广济、鄂城、蒲圻、应山、礼山、随县、光化、均县、沔阳等，分别为今红安、浠水、武穴、鄂州、赤壁、广水、大悟、随州、老河口、丹江口、仙桃等县市；新堤镇为今洪湖市城关镇。

民国时期，湖北城市疾疫流行因时代不同，在地理区域分布亦有很大差异。1912～1936年，湖北城市疾疫流行于武汉、江夏、大冶、监利、郧县、竹溪、竹山、房县、郧西、礼山和鄂城等城市。25年间，仅仅这11座城市就发生了21次较大规模的疾疫流行（见图1）。

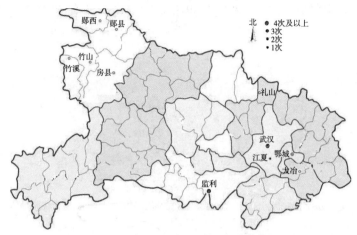

图1　1912～1936年湖北城市疾疫灾害流行图

1937年抗战爆发，在战争的影响下，湖北城市疾疫灾害流行次数迅速增加，发生频率急剧提高。直至抗战胜利的1945年，这9年间，湖北共有68座城市遭受到161次疾疫灾害，年平均发生17.9次较大规模的疾疫，受灾范围也由抗战前的江汉平原偏东地区和鄂西北山区迅速扩大到全省（见图2），城市遭受的损失越来越严重，受灾城市也越来越多，从而极大地阻碍了湖北城市的发展。

图2　抗日战争时期湖北城市疾疫灾害流行图

　　抗战结束后，因解放战争中国民党政权在湖北省迅速溃亡，战乱持续时间相对较短，城市疾疫灾害发生次数、频率与抗战时期相比，有所减少、降低，但仍属多发。1946～1949年，湖北全省共有39座城市发生疾疫流行，共计65次（见图3），年平均发生16次较大规模的疾疫灾害。

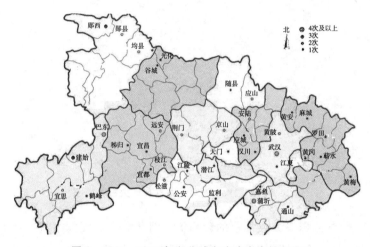

图3　1946～1949年湖北城市疾疫灾害流行图

　　通过以上三个阶段湖北城市疾疫流行空间分布变迁，可以看出，民国时期疾疫流行主要集中在江汉平原的城市。1912～1936年，疾疫主要流行于武汉三镇、江夏、大冶、监利、礼山和鄂城等江汉平原城市，[①] 25年间发生了17次疾疫灾害，约占这一时期湖北城市疾疫灾害流行次数的81%。抗战时期，江汉平原城市共发生45次流行疾疫灾害，约占同期湖北城市疾疫灾害的28%。1946～1949年，江汉平原城市疾疫灾害流行次数为26次，占此期湖北城市疾疫灾害的40%。民国时期，江汉平原城市共发生疾疫灾害88次，约占全省疾疫流行数的35.6%。这些数据还不包括江汉平原城市常见的血吸虫流行病。中国血吸虫病主要流行区为长江流域上游的宜昌至沿岸区域，湖北江汉平原的城市均为血吸虫重灾区，即"以武汉为中心之全部湖沼地区，均有该病（血吸虫病）之踪迹。流行之烈，恐亦不亚于

---

　　① 按地理标准划分，民国时期，江汉平原城市共有汉口、武昌、汉阳、汉川、黄陂、鄂城、黄冈、蕲水、蕲春、广济、黄梅、应城、云梦、宜城、江陵、监利、石首、松滋、宜都、公安、枝江、荆门、钟祥、潜江、天门等25座城市。参见唐文雅《湖北自然地理》，湖北人民出版社，1980，第24～31页。

苏浙太湖流域之湖沼区"。据 Faust & Wassel 二氏 1921 年的调查，谓武昌医院之大便检查，其中 3.6% 有血吸虫卵；据 Andeows 1933 年的调查，于汉口则有 5%。[1] 另据许邦宪、吴光实地调查，江汉平原城镇血吸虫病亦很流行，且均属血吸虫重疫区（见表 6）。

表 6 民国时期湖北城镇血吸虫病流行状况

区 域	流 行 状 况
江汉平原城市	武昌（甲 31，32）；汉口（甲 16，23，33，34；丙 50）；汉阳（甲 19，23）；柏泉（甲 23）；蔡甸（甲 23）；汉川（甲 23）；孝感（甲 31）；皂市（甲 31，75）；天门（甲 31）；岳口（甲 31）；沔阳（甲 23）；沙湖（甲 23）；新堤（甲 23）；金口（甲 31；丙 72）；黄陂（甲 23）；阳逻（甲 31；丙 50）；黄冈（甲 23）；黄州（甲 31）；武穴（甲 33）；保安（甲 31）；金牛（甲 31）
其他区域城市	安陆（甲 33）；嘉鱼（甲 31，32）；咸宁（甲 31）；蒲圻（甲 31）；大冶（甲 31）；宜昌（甲 31，47，65）

注：①甲 = 血吸虫病病人报告；乙 = 感染血吸虫之钉螺蛳报告；丙 = 钉螺蛳之报告；②"武昌（甲 31，32）"：指在武昌二处地方调查了血吸虫病，"31，32"分别表示此二处患血吸虫病人数，汉口、汉阳、皂市等地亦同此。

资料来源：许邦宪、吴光：《吾国血吸虫病之大概分布》（二），《中华医学杂志》第 27 卷第 9 期，1941，第 554 页。

总之，民国时期湖北城市疾疫流行不仅在时间上呈现出明显的季节性特征，并呈现经常化的发展趋势；在区域空间上表现出迅速普遍化的特点，即疾疫流行次数和城市数量急剧增加。湖北城市疾疫灾害流行时空分布变化的原因，除社会持续动荡外，还与气候异常相关。"民国十年以前，大水数十年一见，民十以后，冲决之患无岁无之。"[2] 旱灾亦多发，据统计，湖北省在近代共发生 15 次全域性旱灾。[3] 每当灾变之后，极易引起各类疾疫的暴发、流行。例如，1931 年湖北发大水，逃难到武汉的各县灾民"吃的是稀饭，喝的是生水污水，住的是荒郊野外的乱草丛中，又到处便溺，肮脏臭气密集一起，以致瘟疫接连发生"。疟疾、痢疾、霍乱等急性

---

① 许邦宪、吴光：《吾国血吸虫病之大概分布》（二），《中华医学杂志》第 27 卷第 9 期，1941，第 557 页。

② 《汉水线水灾视察团对于今后整治汉水之意见》，《湖北省政府公报》第 130 期，1935，第 25~28 页。

③ 水利部长江水利委员会：《长江流域水旱灾害》，中国水利水电出版社，2002，第 238 页。

传染病频频发生，"那里的受灾户，无一家不患病，无一家不死人，尤其是霍乱而病死的，有全家死亡的"，"因疫症痢疾死亡与被水灾淹死的，据有关方面估计，约有 20 多万人"。① 湖北其他城市疾疫灾害流行的原因与武汉类似，即和水旱等自然灾害多发、社会动乱有密切关系。因此，在战乱的时代背景和自然、社会异动等因素的共同作用下，民国时期湖北城市疾疫灾害流行在时空分布变迁上具有鲜明的时代特征，极大地增加了防治疾疫灾害的难度，从而阻碍了湖北城市的发展。

作者：王肇磊，江汉大学城市研究所

王思琪，中国海洋大学外国语学院

---

① 萧志华主编《湖北社会大观》，上海书店出版社，2000，第 393 ~ 394 页。

沦陷时期石门市竞马大会述论

李惠民

内容提要： 石门市沦陷时期，从 1939 年至 1944 年先后举办过 12 届竞马大会，竞马大会以娱乐活动的形式，强调为"改良马种及增殖马匹而谋产业之开发"服务，竞马大会既是驻石日军的一种文化侵略行为，也在一定程度上满足侵华日军筛选军马的需要，同时增加了地方政府的财政收入。

关键词： 石门市　跑马场　竞马大会

1937 年 10 月 10 日，日军攻占了石家庄。鉴于石家庄军事战略地位十分重要，侵华日军将石家庄作为侵略华北乃至全中国的后方基地和大本营，并准备将其建成华北六大都市之一。此后石家庄一直被侵华日军视为整个华北地区重要的战略堡垒基地，开始在此大肆扩充军事设施，安置重要军事机构，驻扎大批重兵。郑维山在《解放大城市的首创》一文中说："七七事变后，日军曾将其侵占华北三分之一的兵力及大量伪军部署于石家庄及正太路寿阳以东地段，并构筑了大量工事，使石家庄成了一个大兵营。"[①] 1939 年 10 月 7 日，伪华北临时政府行政委员会正式批准石门设市后，石门市日伪市公署以"本市拟视为军事上之要地"为原则，对石门市进行了城市规划，并在 1939 年出台的《石家庄都市计划大纲》中提出跑马场的规划项目。关于石门市的跑马场，仅《石门新指南》以寥寥数语做了简短记述，对于跑马场修建之后的使用情况及其举办的竞马大会等更是

---

① 郑维山：《解放大城市的首创》，《石家庄党史资料》第 3 辑，1985，第 32 页。

鲜为人知，目前学界也尚无研究成果。本文根据 1939 年至 1945 年的《石门新报》刊发的近百篇有关竞马大会的报道和广告，拟对沦陷时期石门市举办的竞马大会做一些初步梳理和评论。

一 跑马场的修建及马匹和骑手的选拔

石门市是一个近代后起的中小城市。在沦陷时期出台的《石家庄都市计划大纲》里，首次提出"跑马场设于街市东南隅"的规划项目。① 这座跑马场位于当时石门市休门村东南，在提出规划的 1939 年秋便开工兴建。

1939 年石门市成立了"竞马会"的官方机构，竞马委员会的委员长由市长马鹤俦担任，执行委员会委员长由日本人林亲时担任，竞马会办事处设在石门市公署院内。跑马场就是在石门竞马会积极筹备并主持下兴建的。

据《石门新指南》记载，跑马场在当年就初具规模，"略具形势，周围约数百亩"。②这说明跑马场的工程进展非常顺利。伪市公署为了将竞马活动办成石门市每年固定举行的一个活动项目，不惜血本，倾注全力建设。1940 年 4 月竞马会逐渐完善了其下属的运作机构，成立了竞马会下属的 6 个部门，即总务部、经理部、宣传部、竞赛部、纠察部、救护部。③1941 年夏天，伪石门市公署增加资金投入，拆除了初建跑马场时搭设的简陋席棚等，再度扩建了跑马场的房舍、望远台、看台等水泥建筑，使其基础设施得到最终完善。④1941 年 10 月 14 日下午 2 时，伪市公署举行了跑马场扩建翻修工程的竣工仪式，邀请当地各主要相关部门团体负责人出席了典礼。⑤ 当年石门的百姓和记者，将"跑马场"称为"竞马场"，亦有人称"赛马场"。

尽管赛马在中国有着悠久历史，春秋战国时，就已经形成了"田忌赛马""驰逐重射"等成语，而且清朝时北方各地受满族、蒙古族赛马习惯

---

① 《石家庄都市计划大纲》（中日文对照本），1939。
② 张鹤魂：《石门新指南》，石门新报社，1942，第 67 页。
③ 《春季赛马会将于月杪开始》，《石门新报》1940 年 4 月 13 日。
④ 张鹤魂：《石门新指南》，第 67 页。
⑤ 《休门镇马场房舍今日行竣工式》，《石门新报》1941 年 10 月 14 日。

的影响，亦举办一些赛马活动，但是近现代中国沿海各大城市兴起的赛马活动，是由西方引入的。中国的西式赛马活动始于 19 世纪 60 年代，到了 20 世纪 30 年代，香港、上海、武汉、青岛、天津等大城市中的赛马和博彩活动也极为盛行，陆续产生了一些赛马组织和博彩机构。譬如，上海跑马总会、万国体育会、中国赛马总会、上海跑马同仁俱乐部等。由于赛马竞技活动能给政府带来可观的税收，从而获得各个城市地方当局的大力支持，30 年代全国的赛马场达到 20 多个，但是，在沦陷时期像石门市这样修建跑马场并能够举办竞马大会的中小城市，在全国并不多见。

既然现代的赛马是一种比赛骑马速度的运动项目，那么竞赛使用的马匹必然会成为比赛的一个主要角色。据《石门新指南》记述，参赛的马匹"约数十头，皆遴选于附近各县"。①在筹备举办竞马大会之初，市政当局曾向附近周边各县及各村发出通知，征集参赛马匹。应征参赛的马匹所有者，要先来市区检验马匹，经检验合格的马匹，方可参赛。②凡获准参赛的马匹，"给予证明"，比赛获胜的马匹，其所有者可得到一定奖励。据口述资料反映，石门市周边各村就有人骑自家马匹去参加比赛。③当时在石门赛马场参赛的马匹，每次参加比赛都有一个专用名称。例如，1940 年春季竞马大会上，参赛的马匹被命名了各自的比赛名称，它们分别是旭光、黑光、初风、朝风、东风、北风、海风、鞍风、松风、华山、山吹、东光、光明、秋月、阳炎、出云、朝曦、星流、白云、白里、白宫、白洋、白岭、白沙、白羽、白鹤、白鹭、云雀、黑龙、大黑、猛虎、伯驹、神力、万里、千里、一力、八郎、和平、一粟、梅香、花车、花束、君国、太和、金洋、花车、新姬、富士等。

赛马既是一种比赛马匹奔跑速度的活动，也是骑手驾驭能力和技巧的一种竞技运动，赛马离不了驾驭马匹的骑手。石门赛马之初，组委会专门在报纸上登广告征召骑手。例如，1940 年 4 月，竞马会通过广告征召 6 名

① 张鹤魂：《石门新指南》，第 68 页。

② 《春季赛马会将于月杪开始》，《石门新报》1940 年 4 月 13 日。

③ 据原石家庄市城乡建设局退休干部朱振中的回忆，当年石门市近郊党家庄村就有几位饲养大牲口的人家曾参加石门市举行的最初几届竞马大会。

身体强壮、善骑术的骑手，要求应征者在 20 岁以上 30 岁以下。① 组委会给每位骑手的待遇，是每日发给津贴五元加奖金，获得头等奖的骑手可以分得该项总奖金的 1/5。② 1940 年春季竞马大会聘用的参赛骑手，既有华人，也有日本人。其中，日本骑手藤岛的骑术自开赛以来表现尤为突出，据记者报道，他"更形超群，其骑术之神速，洵出乎意料之外，鹤立鸡群"。在 1940 年春季竞马大会上，骑手藤岛将所得奖金 50 元，捐献给伪市公署作为"国防金"。③

二　竞马大会的举行及其竞赛形式与成绩

关于石门市赛马场建成之后的使用问题，至今，几乎所有论著皆语焉不详。唯一记述的史料仅见于《石门新指南》中，即"每年春秋两季举办两次"。④那么，到底赛马活动从哪年开始举行的？赛马场使用到哪年？该场地举行赛马活动的起止时间以及举办过多少届竞马大会皆不得而知。

笔者根据沦陷时期《石门新报》所做的新闻报道资料，条分缕析，确定在石门市赛马场上累计先后举办过 12 届竞马大会：即 1939 年秋季一届；1940 年春、秋两届；1941 年春、秋两届；1942 年春、夏（临时加赛）、秋三届；1943 年春、夏（临时加赛）、秋三届；1944 年春季一届。

1939 年秋，赛马场开工兴建后，工程进展非常顺利，而且，在初步建成之后，就投入使用，在当年秋季便举办了石门市第一届竞马大会。1939 年 11 月 16 日，为了庆祝首届竞马大会取得"良好成绩"，伪石门市公署专门慰劳了全体工作人员，每人赠送了一支刻有"竞马会纪念"字样的钢笔，以志纪念。⑤ 1940 年 2 月，又以石门市竞马会委员会委员长马鹤俦、执行委员会委员长日本人林亲时的名义，向参与创办石门第一届竞马会的所有工作人员颁发了奖状，以资鼓励。该奖状说："为颁发奖状事，当兹

① 《春季竞马大会仍在积极筹备》，《石门新报》1940 年 4 月 21 日。
② 《石门市春季竞马大会征求骑手广告》，《石门新报》1940 年 4 月 19 日。
③ 《竞马骑手藤岛君慨献国防金》，《石门新报》1940 年 6 月 4 日。
④ 张鹤魂：《石门新指南》，第 67 页。
⑤ 《竞马大会成绩良好，市署赠各员钢笔》，《石门新报》1939 年 11 月 16 日。

本会创办之际，能使获得超特惊人之特殊成绩，匪赖先生之昼夜工作，襄助一切，曷克臻此，是本会此次获得无上荣誉者，均先生之所赐也，特颁给奖状，藉伸本会感谢之意。"①

1940 年春季，从 5 月 17 日到 6 月 2 日，石门市举办了第二届竞马大会。市长蒋静轩与日军驻石特务机关长等出席首日比赛的揭幕仪式，并观看了当天的比赛。②这届比赛分为三期，第一期比赛从 5 月 17 日至 5 月 20 日；第二期比赛从 5 月 24 日至 5 月 26 日；第三期比赛从 5 月 31 日至 6 月 2 日。比赛活动从比赛日当天上午 10 时 30 分正式开始。

1940 年秋，石门市举办了第三届竞马大会。据当年 10 月 4 日《石门新报》的《本市第三次竞马明日开始举行》报道，比赛日为 10 月 5、6、10、12、13、17、19、20、26、27 日，共计 10 天。民国时期的影星马陌芬，当时到石门观看了此次赛马，而且还购买了彩票。马陌芬曾参演过《七朵鲜玫瑰》《续七朵鲜玫瑰》《舞台春色》《女财神》《三星伴月》《神秘之花》《人间仙子》《孽海双鸳》《飘零》《追求》《真爱》等电影。他光临石门市赛马场，曾引起了当地观众的极大关注和兴趣，正如记者报道，影星到现场看赛马，"给马场上多增一段笑话也"。③

1941 年春季，从 4 月 3 日到 4 月 27 日，举办了第四届竞马大会，伪市公署蒋静轩市长出席开幕式并发表致辞。④此次春季赛马的比赛日为 4 月 3、5、6、12、13、19、20、25、27 日，共计 9 天。

1941 年秋季，从 10 月 17 日到 11 月 9 日，举办了第五届竞马大会。为了筹备好此次秋季赛马，伪市公署将原来由芦席搭建的临时性看台、售票处等全部改成水泥砖瓦建筑。⑤具体比赛日为 10 月 17、18、19、24、25、26 日，11 月 1、2、3、7、8、9 日，共计 12 天。市长出席了开幕式和闭幕式，并发表了致辞。⑥

1942 年春季，从 4 月 11 日到 5 月 23 日，举办了第六届竞马大会。为

---

① 《竞马会出力人员颁给奖状》，《石门新报》1940 年 2 月 4 日。

② 《竞马会昨日揭幕》，《石门新报》1940 年 5 月 18 日。

③ 《影星马陌芳出现竞马场引起众人议论纷纷》，《石门新报》1940 年 10 月 6 日。

④ 《本市春季竞马大会昨在休门盛大开幕》，《石门新报》1941 年 4 月 4 日。

⑤ 《休门镇马场房舍今日行竣工式》，《石门新报》1941 年 10 月 14 日。

⑥ 《秋季赛马于日前开始，两日来成绩均极良好》，《石门新报》1941 年 10 月 19 日。

了方便市民到场观看比赛，大会专门安排了市内临时公交汽车，以新兴路、朝阳路为起点，载客往返于赛马场与市区之间，车票每人三角。具体比赛日为4月11、12、18、19、24、25、26、29，5月2、3日，共计10天。[①]

第七届竞马大会是竞马会专门增加的一次临时性比赛，从1942年6月18日到7月5日。组织者料想不到此次夏季比赛盛况空前，在通往休门赛马场的大路上，"车水马龙，络绎不绝。昨日（5日）为最末一日，又值星期日，中日人士前往参加者异常踊跃，马场上大有人满之患，盛况空前"。[②] 具体比赛日分别是6月18、19、20、21、26、27、28日，7月4、5日，共计9天。

1942年秋季，从10月17日到11月29日，举办了第八届竞马大会。[③] 比赛日增加到了15天，具体比赛日期是10月17、18、24、25、31，11月1、3、7、8、14、15、21、22、28、29日。

1943年春季，从3月27日到4月25日，举办了第九届竞马大会。[④] 具体比赛日期是3月27、28日，4月3、4、10、11、17、18、24、25日。

第十届竞马大会也属于石门竞马会增加的一次临时性比赛，从1943年8月22日到9月26日，共计10天。根据《石门新报》刊载的《1943年夏季临时赛马启事》得知，具体比赛日是8月22、28、29日，9月4、5、11、12、24、25、26日。

1943年秋季，从10月16日到11月28日，举办了第十一届竞马大会。每日中午12时开始比赛，下午18时30分比赛结束。据1943年11月4日《石门新报》报道，3日进行了12场比赛，赛场"益形热烈"，观众更为踊跃，极度兴奋。此次竞马大会所设奖项有所增加，获胜马匹奖励幅度亦大为提升，"马票种类除独赢马位，摇彩票外，并增添预猜。闻本次为鼓励马匹增产计，胜马赏金增至十万元云"。[⑤] 因本届资料短缺，具体比赛日不详，累计比赛天数无法统计。

[①] 《本市春季赛马会今晨盛大揭幕》，《石门新报》1942年4月11日。
[②] 《夏季临时赛马昨晚已圆满闭幕》，《石门新报》1942年7月6日。
[③] 《赛马大会闭幕》，《石门新报》1942年12月2日。
[④] 《石门市春季赛马大会启事》，《石门新报》1943年3月28日。
[⑤] 《秋季赛马定十六日起开始》，《石门新报》1943年10月12日。

第十二届竞马大会，从 1944 年 3 月 25 日起，到 7 月 23 日止。伪市长韩亚援出席此次大会的开幕式并发表致辞。[①]这次比赛历时 4 个月，比赛日共计 30 天，是石门竞马会举办赛马会以来时间最长的一届比赛，也是石门赛马场举办的最后一次比赛。

石门竞马大会的比赛形式，只有平地赛马，没有其他诸如障碍赛、越野赛、轻驾车赛等比赛项目。平地赛马即在跑马场内所设的跑道上进行，比赛种类分为 600 米、800 米、1000 米、1200 米、1400 米、1600 米、1800 米、2000 米等。

速度赛马项目的最佳成绩，因场地、风向、计时工具精密程度等因素影响，不可能形成一种可对比的准确记录，每场比赛结果只是一个相对成绩记录。以下根据当地诸年报刊公布的获奖比赛成绩，分别整理出 8 个项目的相对最佳成绩。

600 米最佳成绩是 1940 年 5 月 26 日第 2 次比赛时，赛马大黑创造的 54 秒。

800 米最佳成绩是 1940 年 5 月 18 日第 9 次比赛时，赛马一粟创造的 1 分 02 秒。

1000 米最佳成绩是 1942 年 10 月 24 日第 4 次比赛时，赛马水帘创造的 1 分 27 秒。

1200 米最佳成绩是 1941 年 4 月 13 日第 8 次比赛时，赛马青山创造的 1 分 34 秒。

1400 米最佳成绩是 1942 年 10 月 24 日第 12 次比赛时，赛马雷击创造的 1 分 58 秒。

1600 米最佳成绩是 1942 年 10 月 24 日第 13 次比赛时，赛马南风创造的 2 分 13 秒。

1800 米最佳成绩是 1942 年 10 月 24 日第 14 次比赛时，赛马福光创造的 2 分 33 秒。

2000 米最佳成绩是 1941 年 11 月 9 日第 15 次比赛时，赛马南风创造的 2 分 53 秒。

---

① 《石门春季献机赛马今日开始》，《石门新报》1944 年 3 月 25 日。

三　竞马大会的营销宣传方式

为了强化竞马大会的宣传力度，历任伪石门市长都会亲自到场助阵。每届竞马大会的营销宣传亦会有一些新举措，制作许多标语和广告牌。譬如，1941 年 10 月秋季赛事之前，伪石门市公署为了使市民明了竞马大会之意义，制作了大量布幕标语和多个街头广告牌。将标语布幕悬挂于各通衢之处，广告牌分别放置在市公署门口、大石桥头、新兴路金森药房门前、新开路东段十字路口、花园东街南口、休门寺门口、正东街西口、道岔街宪兵队附近、朝阳路大成茶庄门前、同乐街口、共兴存街兴亚会馆门口等 15 个主要通衢要道。①竞马会通过这些营销宣传手段，把竞马大会渲染成为石门市的一项盛大赛事活动，营造出举办竞马赛事的热烈气氛。"大多数市民于睹此布幕之余，除对竞马会举办意义明瞭外，且相约联袂前往，或参观，或投票，极为多数。"②

伪石门市公署组织竞马大会，将其作为增加创收的主要手段。营销方式有二：其一，发行马票和摇奖彩票；其二，出租赛场商店。竞马大会主办者充分利用媒体宣传功能：一方面赛前大张旗鼓地报道消息，炒作每季竞马大会的开幕式，并及时报道每天比赛进展和骑手成绩等；另一方面频繁刊登广告，大造声势。根据竞马大会期间的《石门新报》可知，主办者基本做到了赛前、赛中、赛后都有报道跟进，广告的形式和内容亦各有特色。例如，赛前石门市竞马会刊发的启事，不仅通报了赛马地址和比赛具体时间，而且特别强调了竞马大会"入场无费，希望市民踊跃参加为盼"。③1941 年春季举办竞马大会时，4 月 20 日到赛马场观看比赛的观众逾万人。

竞马大会主办者除了刊发征召赛马和骑手的广告外，发布的招商广告主要是招揽彩票承销商以及在赛场内外从事各种营业的商贩。譬如，1940 年石门市竞马会连日发布的招商承销"优骏竞走"彩票启事说："本届竞马之香槟赛（优骏竞走），定于六月二日举行，本会订有发行彩票简章，

---

① 《石门秋季竞马定于十七日开始》，《石门新报》1941 年 10 月 12 日。

② 《秋季竞马大会今日开始举行》，《石门新报》1940 年 10 月 5 日。

③ 《石门市竞马会启事》，《石门新报》1940 年 5 月 25 日。

兹招商承销，本市日华商店有愿承销者，可于三日内（自五月十二日起），前来市公署财政科取阅简章、接洽承销手续为妥。"① 伪市公署给承销商的提成比例是，销售 100 张彩票提 5 元；销售 600 张至 1000 张者，每百张提成 10 元；销售 1600 张至 2500 张者，每百张提成 15 元。每户承销商最低承销彩票数目为 100 张，最高数额为 2500 张。承销商需要有两家殷实店铺作保，并需缴纳销售彩票金额的 20% 作为保证金。

1940 年 5 月，以伪石门市公署名义发布的《竞马场卖店广告》说，"于本月十五日起，开始石门市竞马大会，关于在竞马场内卖店开设之事，各希望者可前往市公署韩秘书处报名约订可也"。在赛场有大批观众需要购物，如开办饮食店能够拥有极大的销量，如卖冰棍等冷饮。据当时《石门新报》的现场报道说，"冰棍因时制宜，每根一角，仍行供不应求"。②其实，早在 1940 年 4 月 21 日，竞马组委会已经发布了竞马场饮食类部分招商工作，确定招募中方 4 家店铺、日方 6 家店铺为竞马会的合作伙伴，只是尚未落实。③

《石门新指南》一书在介绍石门赛马彩票时说，"马票分为一元、五元、十元三种。摇彩票一元，购者毫无吝色（啬），有如赌博然，胜者喜，负者怨"。④根据 1939 年至 1945 年《石门新报》记载，竞马会设计的彩票分为三类。

其一，香槟彩票，即竞马大会上的大奖，每届竞马大会闭幕式上，在参会官员监督下由市长亲自摇出得奖号码。前三届赛马会上销售香槟彩票，一元一张，全部发售数额为 4125 张，分设一、二、三等奖。其中，一等一名，奖金 2000 元；副奖两名（头等两袖），奖金各 100 元。二等奖一名，奖金 500 元；副奖两名（二奖两袖），奖金各 50 元。三等奖五名，奖金各 100 元。1941 年之后，香槟彩票头等大奖为 3000 元。1943 年夏季竞马大会，又调整了一、二、三等奖的获奖比例，即一等奖一名，二等奖两名，三等奖十名，取消了以前设立的两名副奖（两袖）。1941 年秋季赛马

---

① 《石门市竞马会招商承销香槟票（优骏竞走彩票）启事》，《石门新报》1940 年 5 月 13 日。

② 《竞马会昨日揭幕，竞马成绩良好》，《石门新报》1940 年 5 月 18 日。

③ 《春季竞马大会仍在积极筹备》，《石门新报》1940 年 5 月 21 日。

④ 张鹤魂：《石门新指南》，第 68 页。

会的香槟彩票头等大奖被当地商人王汉卿获得，他领取了 3000 元奖金后，当即拿出 600 元捐助给本地的公益事业。[①]

其二，竞马彩票，即单胜式赌注彩票，分为一元和五元两种。观众押宝于某一马匹获胜，一旦猜中头马，凭购买的马票可能会获得数倍于此的赌金。相对而言，压输赢的马票要比香槟彩票的中奖奖金数额低，但是，中奖率高，如果每局三匹赛马比赛，赌获第一名的马匹，即有 1/3 的中奖概率，当然中奖数额又与实际赔率有关。以 1940 年 5 月 18 日比赛为例，第一回 600 米赛事中，参赛的有白宫、大和、神力三匹马，只要猜对了赛马白宫获胜者，购买一元马票者，可得一元五角，购五元马票者，可得七元五角。第二回 600 米赛事中，参赛的有一力、黑龙、花车三匹马，猜对赛马一力获胜者，购买一元马票者，可得五元二角，购五元马票者，可得二十六元。第三回赛事，成绩无效，奖项被取消。第四回 800 米赛事中，参赛的有白鹤、陆奥、星流三匹马，猜对赛马白鹤获胜者，购买一元马票者，可得七元八角；购五元马票者，可得三十九元。第五回 800 米赛事中，参赛的有旭光、鞍风、东风三匹马，猜对赛马旭光获胜者，购买一元马票者，可得十二元三角，购五元马票者，可得六十一元五角。[②]

其三，摇奖彩票，即广告中所说的"摇彩票"。所谓的"摇彩票"，可以在该市各代售点购买，摇奖号码公布后，七日内获奖者到伪市公署领取。1941 年秋季竞马大会期间，每天大约卖出 3000 张。据记者报道，摇彩票与马票和香槟彩票销售情况略有差异，"香槟彩票遂全部售罄，摇彩票每次亦约三千张之谱"。[③] 此外，从 1942 年夏季比赛之后，发行的彩票种类和价格略有变动。

市民的兴趣一般都被当时的赛马动态所激发，许多在现场观赛的市民都被激烈的比赛和诱人的彩票奖金勾住了魂，"购马票者既多，参观者尤众"。[④]赛场气氛非常热烈，"骑手各显身手，观众欢声雷动，热烈非常"。[⑤]

---

① 《竞马香槟头奖王汉卿君独得》，《石门新报》1941 年 11 月 13 日。

② 《竞马会昨日揭幕，竞马成绩良好》，《石门新报》1940 年 5 月 18 日。

③ 《秋季竞马大会昨日圆满闭幕》，《石门新报》1941 年 11 月 10 日。

④ 《昨日赛马场中情况极为热烈，购马票者既多参观者尤众》，《石门新报》1940 年 10 月 14 日。

⑤ 《马场欢声雷动，情况热烈非常》，《石门新报》1941 年 4 月 14 日。

"今天一定发财"，成了当时人们在大街上相互恭维的口头禅。1940年秋季竞马大会时，接连数日观众人山人海。有时曾出现因观众过多，购买彩票处拥挤不堪，赛场门前秩序一片混乱，巡警挥舞警鞭也难以制止，甚至出动了日本宪兵队前来维护秩序。①一般而言，到现场观看比赛的人越多，购买马票的人越多；马票销售得越多，主办者的收入就越多。主办者为了方便观众前往赛场观赛，还动用交通公司安排了从市中心到赛马场的临时公交车。"自市内开往竞马场之公共汽车，乘客极多，大有供不应求之势。在此情形之下，洋车乃亦大发称市。"② 所以，每次遇到赛马之日，"于赛马时，市民参加者络绎于途"，③ 到赛场观看比赛的观众非常踊跃，1941年春季竞马大会之时，观众逾万。据记者观察，"第四次春季竞马大会，已连续竞赛五次，每日观众之多，均不下数万人，沿途络绎不绝，熙熙攘攘"。④ 1941年4月20日，尽管天气不好，黄沙飞扬，但前往赛场观看比赛观众仍然超过万人。当天"购票者仍属极众，约略统计，总在万人以上"。⑤

四　竞马大会目的及其终止

伪石门市公署能够"热力筹划"竞马大会，就在于它是竞马大会的最大东家，举办竞马大会期间的历任市长，几乎都亲自担任了竞马会会长一职，无一例外地参加了各届竞马大会的开幕式和闭幕式，并发表致辞，为竞马大会造势。

伪市公署之所以如此不遗余力地先后举办了12届竞马大会，虽然打出的口号是"提倡高尚娱乐"，⑥以经营娱乐活动的形式展开，但追根究底则与驻石日军的文化侵略策略不无关系。石门市举办的竞马大会，与驻石日军设立的"爱马日"及其每年举办的"军马祭"等活动一样，当时都受到

---

① 《竞马场人多拥挤，警察力维秩序，希望入场者自肃自戒》，《石门新报》1940年10月16日。
② 《昨日竞马情形因值星期日参加者极众》，《石门新报》1940年10月7日。
③ 张鹤魂：《石门新指南》，第68页。
④ 《春风扑人面野草飘馨香，马场途中游人熙攘》，《石门新报》1941年4月20日。
⑤ 《昨日马场观众逾万》，《石门新报》1941年4月21日。
⑥ 《本市春季竞马会今晨盛大揭幕》，《石门新报》1942年4月11日。

驻石日军界高层人物的军马文化意识的深刻影响。在石门市沦陷期间，驻
石日军每年都会在阜康路观音寺举行"爱马纪念日"活动，以纪念战殁军
马之灵。驻石日军还举办了很多诸如此类的活动，如军马奉赞会、军马祭
等。40年代初，石门有"日本及朝鲜人约一万三千人"，驻石日军特务机
关长及军部官宪兵都是每一届竞马大会的座上宾。譬如，1942年夏季临时
举办竞马大会，驻石日军"部队长及伤病兵士俱莅临参观，由市公署派员
招待"。① 举办竞马大会的各项原则均体现着驻石日军长官的意图。竞马大
会名义上由伪市公署主办，实际上石门市竞马会组织唯日本人马首是瞻。
竞马会执行委员会大权实际上掌握在日本人林亲时手里，从竞马会组织到
竞马大会活动，无一不是驻石日军顾问"以华治华"的操控工具，各项赛
事活动无不需要竞马会执行委员会委员长林亲时的默许或受其指挥。

伪市公署举办竞马大会的经济目的正如当年报纸报道所说，"石门市
赛马会为其搜集流动资金，俾使物资得以平衡交易计，于每年春秋二季举
行赛马一期"。②很显然，竞马大会在经济效益方面"乃收得极良好成绩
也"，有效地增加了市财政的收入。正如《石门新指南》所说，"每季结
果，售票最多时可达数十万元，除去开销，尚有盈余也"。③据1942年4
月26日《石门新报》报道，该年度春季竞马大会，赛马收入"比之去年
要增多一二十万"。④据1942年12月2日《石门新报》报道，此次秋季竞
马大会于11月19日闭幕，创收"成绩甚为良好，该会共卖一百二十万元，
较本年度春季竞马大会增三十万元"。⑤

伪石门市公署如此大力组织举办赛马活动，其中还有一个非常直接的
目的，就是经过比赛挑选军马，以满足侵华战争的需要。伪市长蒋静轩在
1940年春季竞马大会开幕式的致辞中说，"盖马匹之关系农耕，此尽人皆
知者也，况军事国防利用马匹之处，尤其重要，如骑兵之编练，军器之运
输，在在皆赖于此"。⑥伪市公署很快制定出购马登记章程，"每购马一匹，

---

① 《夏季临时赛马今日为最后一日》，《石门新报》1942年7月5日。
② 《本市春季赛马全部结束》，《石门新报》1944年7月23日。
③ 张鹤魂：《石门新指南》，第68页。
④ 《赛马场风景线》，《石门新报》1942年4月26日。
⑤ 《赛马大会闭幕并当众摇香槟彩票》，《石门新报》1942年12月2日。
⑥ 《蒋市长开会词》，《石门新报》1940年5月18日。

由本署奖励国币一百元"。凡在署登记"三年以外者，得无条件将马售出，惟亦须来署登记，以便由本署照章发与新购主以辅助金"；禁止私自转卖马匹，如发现"私行转卖不报者，经本署查觉后，除将购马辅助金追缴外，并将私售马价全部没收充公"。[①]

竞马大会在为挑选军马服务的同时，还有一个"改良马种及增殖马匹而谋产业之开发"的目的。伪市公署意识到不能竭泽而渔，因而竞马大会还要为"改良马种及增殖马匹"服务，通过石门市竞马大会选育马匹良种，将周边广大农村变成马匹养殖场。故此，每届竞马大会的开篇语都是"为提倡市民爱马思想，践行马匹改良和增产起见"而举办云云。选拔良马参赛的过程，就是选种马和改良本地大牲畜品种的重要手段。"若不提倡改良，不独于农耕上效率日微，而更于军事影响至钜。"[②]比赛之后，在获胜的马匹中，有的被选为种马，有的被圈养为繁殖之用的雌马。伪市长蒋静轩曾在1940年春季竞马大会的开幕式上公开宣布，竞马会"所有收入，除开支奖金经费外，其盈余之款当如数拨于改良马种及增产之需，不作别项用途"。[③]

总之，竞马大会的目的就是满足驻石日军侵华战争的需要，到竞马大会的后期，随着军事态势的发展，这种目的就更加直接、明显。譬如，为了适应"决战体制之需要"，将赛马收入直接与捐献飞机挂钩，以此号召市民观看比赛。1944年春季的竞马大会，就以"石门春季献机赛马"为主题，组委会决定"为适应决战体制之需要，决定首先举行献机赛马十日，以期对于飞机献纳运动，薄献绵力"。[④]

据《石家庄市市政建设史略》记载，"日本投降后，此赛马场即废除"。[⑤]经笔者考证，随着抗日战争后期军事形势的发展变化，日伪石门市当局已经再也无力举办竞马大会。到竞马大会后期，彩票收入骤降。例如，1944年春季赛马虽然将比赛时间延长到4个月，比赛日增加到30天，

---

① 《市署奖励购马》，《石门新报》1940年12月20日。
② 《蒋市长开会词》，《石门新报》1940年5月18日。
③ 《蒋市长开会词》，《石门新报》1940年5月18日。
④ 《石门春季献机赛马今日开始》，《石门新报》1944年3月25日。
⑤ 石家庄市城乡建设局编写组编纂《石家庄市市政建设史略》，河北省科学院地理研究所，1991，第23页。

但收入依然寥寥。"本年春季赛马收款成绩，较去年相差甚远云。"① 由于没有彩票收入，1944 年下半年起，只好终止了赛马活动。1944 年 8 月之后，便没有再举行过竞马大会，跑马场即废弃不用。

1945 年 3 月 4 日，伪市长管锡山对记者发表谈话时曾表示，在今日大东亚战争进入决战阶段之际，"应当把国家人民所有的力量集中在一起，以应付战争"，"石门既为后方基地，亦为决战期间对于增产利用实施，现在市府曾于日前举行增产座谈会，将本市新市区内隙地全部利用实行增产，并将各地主召集决定开始耕种。及运河两岸本市各干路、赛马场等空地，栽种蔬菜、蓖麻等类，以期达成石门市之增产使命"。②在此背景下，日伪当局才将赛马场占用休门村南的 70 余亩民用土地，临时发还给了原土地所有者，"籍资生产，以苏民生"。休门镇伪镇长赵了空为此曾代表全体土地所有者，专门在报纸上刊登广告，极力颂扬所谓"德政"，并简略地介绍了退还的缘由。"以休门村南旧有石门市政府竞马场占用民地七十余亩，兹缘大东亚战争决战之期，我石门正当兵站基地，更宜提倡增产。而我市座体念民艰，竟将马场占地临时发还原主，使其自耕自种。"③石门市跑马场的历史，至此便彻底终结。

作者：李惠民，河北广播电视大学

---

① 《本市春季赛马全部结束》，《石门新报》1944 年 7 月 23 日。
② 《管市长昨对记者谈决意》，《华北新报》1945 年 3 月 4 日。
③ 《颂扬石门市市长公锡山德政》，《华北新报》1945 年 3 月 4 日。

电影院与沦陷时期的京津社会

成淑君

内容提要：在北京和天津沦陷八年间，电影院由于其独特的功能和地位，成为侵略者和抗日爱国者共同瞩目的焦点。日本侵略者将其作为政治宣传和思想控制的重要工具、经济掠夺和任意迫害的对象，抗日爱国者则使之变成传达爱国立场、反抗日本侵略的舞台。

关键词：电影院　北京　天津　日本　思想控制

1937 年七七事变爆发后不久，北平、① 天津相继被日军攻陷，此后历经了长达八年的殖民统治时期。在此期间电影院由于其独特的功能和地位，成为侵略者和反日爱国者共同瞩目的焦点。日本侵略者将其作为政治宣传和思想控制的重要工具、经济掠夺和任意迫害的对象，反日爱国者则使之变成传达爱国立场、反抗日本侵略的舞台。

抗战爆发前，在京津两大城市的公共娱乐场所中，电影院无论从数量还是影响方面都处于数一数二的地位。② 日伪政权很早就认识到电影院等娱乐场所在打造歌舞升平的城市图景方面所具有的重要意义，因此在占领天津后不久就有意识地进行这方面的规划建设。"建设戏院及电影院等项公共娱乐场所如何，于本市繁荣颇为重要，极有关系，该项娱乐营业应充分在市区地界内发展，俾日繁盛。"③ 不过，这显然只是他们占领初期为稳

---

① 北平被日军攻占后，改名北京。为论述方便，后文一律写作北京。

② 《天津市公共娱乐之检察问题》，《公安月刊》第 7～9 期合刊，1931；杜丽红：《20 世纪 30 年代的北平城市管理》，中国社会科学院博士学位论文，2002，第 99 页。

③ 伪天津特别市公署：《为研讨建设戏院及电影院等项公共娱乐场所事给社会警察工务及卫生局长训令》（1938 年 9 月 9 日），天津市档案馆：J0090-1-001415。

定局面而采取的权宜之计，其后的一系列举措皆围绕着控制、利用和掠夺而展开。

一 日伪对电影院的控制和利用

占领京津后，为了稳固其殖民统治，使两地民众接受和认同其侵略的正当性，消解其反抗意识，日伪当局千方百计地宣传其政治主张，进行思想同化。为此，他们高度重视电影与戏剧在思想灌输方面影响广泛且化民于无形的作用，提出："在民众娱乐中，戏剧、电影影响最大，因此在取缔管理的同时，应注意加以指导，使之成为思想诱导的工具。"① 作为电影放映场所的电影院随之进入其视野。与戏院相比较，电影院在宣传方面显然更具优势和利用价值，具有包括电影本身在内实施宣传的所有有利条件——时间、空间与技术上的支持等，符合日伪当局"在尽一切手段，利用一切时间与空间"② 的宣传要求。具体而言，电影比戏剧具有更为直观和强烈的感染力，且易于制作和推广。同时，电影院里在电影放映的前后，从技术角度而言也便于将其作为宣传之用——通过制作幻灯片循环放映即可。

20 世纪 30 年代中期，京津两地的电影院数量分别多达三四十家。③ 不仅数量多，而且规模普遍较大。当时天津市的电影院多数可容纳 1000 人左右，少者也有 600～700 人，最多的开明电影院甚至有 5000 多个座位。④ 如此多的民众聚集在一个相对封闭、安静和放松的环境里，其宣传效果自然为日伪政权所期待。日伪在电影院内的政治宣传，主要是通过控制电影本身的放映、电影正式放映前后放映相关幻灯片和强令收听广播等方式进行的。

京津沦陷后，两地的伪政权在建立之初就将电影检查纳入议事日程，

① 《华北地区思想战指导纲要》，转引自黄东《塑造顺民——华北日伪的"国家认同"建构》，社会科学文献出版社，2013，第 57 页。
② 《电影院新闻放送要旨》，天津市档案馆：J0001－2－000736。
③ 李薇：《娱乐场所与市民生活——以近代北京电影为考察对象》，《北京社会科学》2005年第 4 期；于树香：《近代天津电影业》，《天津日报》2004 年 12 月 13 日。
④ 任大星主编《天津电影史话》，中国文史出版社，2005，第 97～100 页。

分别设置了电影审查委员会和影片戏曲检查员联席会，专门制定和颁布了电影审查办法以及对电影院等公共娱乐场所的管理规则。总体来看，虽然具体规定有所不同，但核心思想却殊途同归，都明确规定：电影放映前必须先期提请审查，核准后方能放映。对提倡和促进中、日、"满"亲善，发扬东亚文明，"描写共党罪恶使人民知所警惕者"之类的电影，给予褒奖。反之，对妨碍中、日、"满"亲善，宣传共产主义，"有辱"日本天皇之尊严，鼓吹战争等含"反动思想"内容的电影，则进行删节或禁止上映。如果电影院违规放映，一经发现，不仅立即勒令停演，追缴其娱乐场所登记证，还要将电影院主管人拘押，予以严厉处罚。① 1938年初，北京光陆电影院在放映美国影片《大地》时，因片中出现农民张贴反日标语的镜头，日本特务机关不仅将影片强行没收，还将影院经理狠打一顿，使之受尽折磨。②

1940年伪华北政务委员会成立后，公布了《华北电影检阅暂行规则》及施行细则，从此包括京津在内的华北沦陷区建立了统一的电影审查制度。新的电影审查制度较之前更详细和严格，有关损害日伪政权、"污蔑"天皇、宣传共产主义甚至"在变乱中夸张破屋失业情形，使人心不安或过分暴露物质不足之状况，为敌人反宣传之资者"等方面的电影画面和情节，一律对之进行剪除或取缔。③ 除电影外，电影院以幻灯片形式放映的时局标语、漫画和商业广告等，同样也被纳入审查范围。伪天津特别市政府宣传处为此特别制定了《管理电影院放映宣传玻璃版办法》对其进行规范，规定所有种类的幻灯片都必须经过审查核准后才能放映。④

为加强宣传，以使之更好地为其侵略服务，日伪当局不仅对电影严格

---

① 《北京地方维持会审查电影办法》，转引自汪朝光《抗战时期沦陷区的电影检查》，《抗日战争研究》2002年第1期；《天津特别市公署检查电影暂行规则》（1938年12月），转引自黄东《塑造顺民——华北日伪的"国家认同"建构》，第56页；天津特别市公署编印《天津特别市公署行政纪要》，1938；《电影检阅规章，市署已准予施行》，《新民报晚刊》1940年8月6日。

② 田静清：《北京电影业史迹》，转引自汪朝光《抗战时期沦陷区的电影检查》，《抗日战争研究》2002年第1期。

③ 《华北电影检阅暂行规则》，伪华北政务委员会编印《华北政务委员会法规汇编》上册，转引自黄东《塑造顺民——华北日伪的"国家认同"建构》，第58页。

④ 《天津特别市政府宣传处管理电影院放映宣传玻璃版办法》（1944年7月8日），天津市档案馆：401206800－J0001－2－000664。

审查，还直接控制电影的制作、发行和放映。1938 年 2 月，日本"新民映画协会"于北京成立，在控制华北地区影片放映的同时，还制作一些新闻短片。1939 年初，又成立了"兴亚影片制作所"，由日本"华北方面军"直接控制，拍摄《建设东亚新秩序》《东亚进行曲》之类所谓的"宣抚电影"。不久，在"新民映画协会"的基础上，由伪华北临时政府、日本的兴亚院等共同出资建立伪华北电影股份有限公司，不仅在北京修建摄影场拍摄影片，为侵略中国大造舆论，而且还垄断了京津在内华北沦陷区电影的发行和放映，对各地电影院实行影片配给制度，并积极推行日本、德国和意大利等法西斯国家生产的影片。1941 年太平洋战争爆发后，英美电影一律被禁止在各电影院上映。[①] 此外，伪政权有时也直接强制干预电影院影片的放映。1941 年 7 月，伪北京市警察局就强令各电影院在整个 7 月内停演英美电影，尽量放映"足资启发反共亲日思想及宣传友邦日本文化风景之影片"，并电影票和电影说明书上须加盖"亲日、反共"字样以广宣传。[②]

由于日伪当局对电影发行、放映的严厉控制和强制干预，所以沦陷时期京津影院中放映的影片"有不少是宣传奴化的"。[③] 据统计，1943 年在华北沦陷区上映的电影，仅日本片和伪满片就占据了近 65%。[④] 在此期间，天津的电影院一半以上遭到查禁和关闭。[⑤] 太平洋战争爆发后，天津英法租界内的电影院也被纳入伪华北电影股份有限公司的影片审查和配给系统中。

日伪当局不仅通过控制电影的发行和放映来引导舆论宣传，而且电影院内电影放映前后的时间也被其充分利用。为达到"将电影院中至今仍放置无事之短时间用于有意义之宣传上"[⑥] 的目的，制作了不少宣传幻灯片。

---

① 参见高维进《中国新闻纪录电影史》，后浪出版公司、世界图书出版公司，2013，第 366~367 页；季伟、李姝林：《中国电影制片史别话》，中国电影出版社，2011，第 124 页。

② 《北京特别市公署警察局保安科函》（1941 年），转引自柳迪善《风月场、游艺场与宣教场——对解放前后电影院空间功能的一次考古》，《北京电影学院学报》2011 年第 6 期。

③ 其愚：《沦陷后的北平》，《华美》第 1 卷第 12 期，1938。

④ 伪华北政务委员会总务厅情报局编《电影检阅论》，转引自黄东《塑造顺民——华北日伪的"国家认同"建构》，第 61 页。

⑤ 于树香：《近代天津电影业》，《天津日报》2004 年 12 月 13 日。

⑥ 《电影院新闻放送要旨》，天津市档案馆：J0001-2-000736。

1942 年 3 月，伪华北防共委员会"为普遍宣传防共意义、暴露共党罪恶起见"，特别制作幻灯片六幅连同字幕共七幅，交给伪华北电影股份有限公司转发华北各地影院，由各省市警察局协助施行，随场放映，"俾使观众于共党害民行为触目怵心，知所警惕"。① 为了掠夺战略物资，日伪当局制作了鼓励市民踊跃捐献废铜、废铁的幻灯片通令各电影院放映。② 1941 年12 月 8 日，日本偷袭美国珍珠港，标志着太平洋战争爆发，日本称之为"大东亚圣战"。为了讨好日军，伪天津政权将每年的 12 月 8 日定为"八达日"，寓意是日本标榜的"八纮一宇"之时日已经到来。这个称号，得到了日本特务机关的欣赏。每到这一日，各影院都被要求放映指定的幻灯片，上写"本日为圣战八达日"字样。③ 在日本的其他一些特殊纪念日如天长节（天皇诞辰）、海军纪念日等，天津伪政权也要求各电影院放映幻灯片以示庆祝。④

除强令各电影院放映幻灯片外，日伪当局还强迫各影院装置扩声机或收音机，在休息时间播放新闻或重要人物的演讲。从 1941 年 3 月至 1942年底，为稳固殖民统治，日伪当局在华北各地先后进行了五次"治安强化运动"。为配合这一行动的开展，伪华北政务委员会规定所有电影院、戏院、主要车站等公共场所都必须常备广播收音机，以播送各要人关于此次运动的讲演，讲演时如电影正在放映则必须停止。⑤ 1941 年，日军报导部计划在华北沦陷区各电影院"于闭幕休息时间加以宣传"，为此，令特务机关督办各地伪政权在影院中装置扩声机，按时播放日本同盟通讯社和伪中华通讯社有偿提供的新闻。⑥ 由此，京津各影院都被迫装置了扩声机，

---

① 《训令警察局准内署咨送防共漫画幻灯片配给华北各电影院放映一览表请转饬放映等因仰遵照办理由》，《北京市政公报》第 155 期，1942。

② 天津市影片戏曲检查员联席会：《为鼓励市民献废铜铁事致各电影院通知》（1942 年 2 月21 日），天津市档案馆：J0110 - 3 - 000029。

③ 《为宣传圣战八达日事给各电影院通知》（1942 年 1 月 7 日），天津市档案馆：J0110 - 3 -000030；《为在电影院及戏院张贴大幅标语及给各影剧院的通知》（1944 年 7 月 8 日），天津市档案馆：J0110 - 3 - 000011。

④ 《为纪念天长节放映玻璃版事给各电影院通知》（1942 年 4 月 28 日），天津市档案馆：J0110 - 3 - 000030 - 001；《为庆祝友邦海军纪念日事给各电影院通知》（1942 年 5 月 22日），天津市档案馆：J0110 - 3 - 000030 - 058。

⑤ 《训令》，《天津特别市公署公报》第 101 期，1941。

⑥ 《为在各电影院内广播新闻由》（1941 年 12 月 11 日），天津市档案馆：J0001 - 2 -000736。

且扩声机连同安装费统一由影院自己负责。①

二 日伪对电影院的经济掠夺和欺压

领土扩张和经济掠夺是日本侵华战争的主要目的，京津特别是天津又是日本在华北的经济掠夺中心，在此形势下，电影院作为具有广泛影响力的重要商业资本自然不能幸免于难。1940 年，日租界当局以日本居留民团需为日侨提供娱乐为由，强行霸占新明戏院，并将其改名"樱花馆"。影院经理孙宝山也以勾结国民党军队将领的罪名被扣，日本宪兵队将其逮捕关押，最终惨死狱中。1941 年太平洋战争爆发后，英、法、美等在天津经营的工商企业一律被日本侵略军没收。平安、光明、大光明和大明电影院均因投资人有英国人而被宣布为"敌产"，予以军管。②

沦陷时期，为争取片源和通过电影检查，京津的电影院面临各种勒索和敲诈。太平洋战争爆发后，由于英美电影被禁映，影片数量有限，影院只得开始实行跑片制度，由二至四个影院同演一个影片"拷贝"。当时，各电影院被分为头轮，准头轮，二、三轮等级别，京津大小影院的排片权完全掌握在时任营业科长的日本人井上义章手中。为争取好的片源，天津各电影院的主管人员不得不经常去北京贿赂井上。井上则故意从中作祟，造成各电影院钩心斗角，一些影院因此一蹶不振，只能勉强维持经营。③而要通过电影检查，同样是困难重重，需要花费大量金钱来铺路，"院方为了较好的影片能在审查时顺利通过，只好忍痛下大本钱"。④ 此外，电影院还遭受着种种莫名的勒索。1938 年，天津伪警察局长将各电影院经理召集到警察局，公然要求其凑钱为该局完成税收任务，并说其名就叫"无名

---

① 《关于各电影院各戏院装置扩声机广播新闻办法》，天津市档案馆：J0001 - 2 - 000736。

② 周恩玉：《回忆天津市影剧院业的历史情况》，天津市文化局文化史志编修委员会办公室编《天津文化史料》第 3 辑，天津杨柳青画社，1992；于树香：《近代天津电影业》，《天津日报》2004 年 12 月 13 日。

③ 冯紫墀：《我在平安电影院二十年的经历》，中国人民政治协商会议天津市委员会文史资料研究委员会编《天津文史资料选辑》第 32 辑，天津人民出版社，1985；周恩玉：《回忆天津市影剧院业的历史情况》，《天津文化史料》第 3 辑，1992。

④ 田静清：《北京电影业史迹》，转引自汪朝光《抗战时期沦陷区的电影检查》，《抗日战争研究》2002 年第 1 期。

税"。如不交钱，则被扣押在拘留所。① 每年冬天，天津伪政权还要求电影院义务放映两天，将所得票款补助冬赈。② 1943 年 3 月 30 日，为"感谢"日本将天津日租界交还汪伪政权以及纪念伪华北政务委员会成立三周年，天津华安、明星、河北、东亚等 7 个电影院被迫半价放映以示庆祝。③

这一时期，京津的电影院还经常被伪政权征借用于防空演练、防空电影讲演会等。④ 不仅正常的放映秩序得不到保证，放映时更有大量的日伪军警特务等混杂其中，或无票观影，或故意刁难。影院方面只能小心周旋，稍有不慎，就会招来祸患。1938 年，天津上权仙电影院就因向到此看电影的日本宪兵队翻译朴某收票而招致他的报复，影院经理周恩玉被宪兵队抓去，差点被打死。丹桂影院同样也因检票问题得罪了天津伪警察局侦缉队，结果影院副理被逮捕，还被迫头戴高帽敲打小锣在南市游街示众。⑤

三 爱国者反抗侵略的舞台

沦陷时期，京津的电影院不仅被日伪当局当作政治宣传和思想控制的重要工具，也成为爱国抗日者传达爱国立场、反抗日本侵略的重要途径和舞台。

自 1931 年日本发动九一八事变拉开了大规模侵华战争的序幕开始，尤其是至 1937 年发动全面侵华战争后，随着国土的节节失陷，抗日救亡、共赴国难迅速成为时代的主旋律。在此情形下，各电影院依旧照常放映，不免给很多人带来了"商女不知亡国恨，隔江犹唱后庭花"的感觉，也因此招致爱国志士的不满。⑥ 早在 1933 年，北京就有秘密爱国组织认为电影院无视民族危亡之实，犹自歌舞升平，"实为可恶"，于是纷纷致函警告。无奈之下，北京各电影院不得不在报纸上联名登广告为己开脱，"谓停业恐

---

① 周恩玉：《回忆天津市影剧院业的历史情况》，《天津文化史料》第 3 辑，1992。
② 《公函华北电影公司》，《天津特别市公署公报》第 96 期，1941。
③ 《感谢友邦日本交还专管租界》，《庸报》1943 年 3 月 30 日。
④ 《为防空训练事给平安电影院便函》，天津市档案馆：J0036 - 1 - 000141；《关于在河北光明两电影院举行津防空讲演会新闻稿》，天津市档案馆：J0001 - 3 - 009565。
⑤ 周恩玉：《回忆天津市影剧院业的历史情况》，《天津文化史料》第 3 辑，1992。
⑥ 有关日本侵华战争爆发前后电影院在主流舆论表述中所呈现出的差异性问题，笔者将另作专文进行探讨。

将以扰乱人心获罪"，并提出继续营业且兼顾爱国救亡的两全办法：每周日早加映一场，以所得收入捐助给抗日战士。[①] 1938 年七七事变一周年纪念日之前，天津抗日杀奸团（以下简称"天津抗团"）给天津所有的电影院和戏院发信要求在 7 月 7 日当天停止放映，以纪念国耻，否则该团将采取极端措施。对一贯亲日的影剧院，他们还在信函中附上一粒子弹。最终除平安电影院以外的所有影戏院届时都按要求停映了，不过都不敢明说停业是为纪念抗战一周年，而是在门口挂出"修理机器，停演一天""修理内部"之类的公告牌。平安电影院的"不听招呼"惹恼了天津抗团的一些成员，他们计划制造一枚不伤人的炸弹以示警告，后因抗团负责人制止而作罢。[②]

当时，日本人经营的电影院和放映亲日影片的电影院通常都会成为秘密抗日爱国组织的攻击目标。1937 年，天津的光陆和国泰两家电影院在同一天同时发生爆炸事件，原因就是两家影院当时都在放映美国米高梅公司出品的影片《大地》，这部描写中国农民生活的电影被认为有辱华人形象，放映后天津抗团即给影院去信警告，令其停演。其时两家影院都由日本人经营，对此警告未予理睬。结果在放映的第三天，天津抗团分别在两个电影院放置了定时燃烧弹，并趁乱发放了有抗团署名的反日传单。[③] 1938 年，伪华北电影股份有限公司拍摄了一部名为《更生》的影片，因其亲日的立场，一经上映即引起抗日爱国者的不满，在天津的河北电影院放映时，电影院同样发生了爆炸事件。[④]

另外，一些抗日爱国志士和团体也选择通过在电影院制造极端事件来表示对日伪政权的反抗，进而震慑和动摇其统治。1939 年，天津抗团在英租界的大光明电影院，一举刺杀了酷爱看电影的大汉奸、伪华北联合准备

① 《北平电影院受警告》，《玲珑》第 3 卷第 4 期，1933。

② 祝宗梁：《天津抗日杀奸团》，《纵横》1996 年第 4 期；周利成、周雅男编著《天津老戏院》，天津人民出版社，2005，第 163 页。

③ 祝宗梁：《天津抗日杀奸团》，《纵横》1996 年第 4 期；周恩玉：《回忆天津市影剧院业的历史情况》；任大星主编《中国天津电影史话》，第 17 页。按：周恩玉在《回忆天津市影剧院业的历史情况》一文中称，光陆和国泰两家电影院发生爆炸事件的时间是 1936 年。由于《大地》一片 1937 年才开始在美国上映，因此综合现有的资料来看，爆炸时间应是 1937 年。

④ 裕振民：《我过去从事电影工作之杂感》，《国民杂志》第 17 期，1942；《关于河北电影院发现爆炸物给市公署报告》，天津市档案馆：J0001 - 2 - 000176。

银行天津支行经理兼津海关道监督程锡庚，引起了伪天津政权及日本驻屯军的极大关注，此案轰动全国。① 1945 年 4 月，王世敏、陈熊业二人受爱国心趋势，"扰乱北京治安"，在北京的光陆电影院放置了定时爆炸物。②

四　余论

电影院作为在近代出现的一种新型城市公共空间，被视为现代化都市的一个重要象征和繁荣的标志，也成为市民追求现代时尚生活方式的文化地标，在中国都市生活中扮演着重要角色，广泛而深刻地影响着都市生活。

由于电影在宣传方面具有"习于娱乐时印入，能灌输于无形"③ 的特点和优势，因此"影画戏为通俗教育最能普及之利器，各国教育家均视为一种最重要之宣传品"，④ 不仅成为政府还成为社会上普遍之共识。对电影的社会教育作用的重视和推崇，电影院从其出现之始就已超越了电影放映场所的单一功能和意义，而与政治紧紧地联系在一起，被视为政治宣传和思想控制的重要工具。如南京国民政府时期，当局就制定了统一的电影检查制度。在 1920 年政府就规定电影院在电影放映前必须放映总理遗像遗嘱，⑤ 此后并逐渐发展成为一套包括国民党党旗、国旗、总理遗像、蒋介石肖像等在内的"国歌片头"；⑥ 日本侵华战争爆发后，又下令各地电影院多选有利于激发民众爱国观念的影片放映。⑦ 由此看来，日伪政权之所以将沦陷时期京津地区的电影院当作政治宣传的重要工具，某种程度上也是对当时电影政治功能的一种继续利用，并将这一功能的作用发挥到了新的高度。在其影响下，抗战胜利后天津市政当局明显加强了在电影院的政

---

① 祝宗梁：《天津抗日杀奸团》，《纵横》1996 年第 4 期；周利成、周雅男编著《天津老戏院》，第 163～165 页。

② 《北京特别市公署警察局保安科函》（1941 年），转引自柳迪善《风月场、游艺场与宣教场——对解放前后电影院空间功能的一次考古》，《北京电影学院学报》2011 年第 6 期。

③ 《厅令各县电影院放映国耻等片》，《江苏省政府公报》第 875 期，1931。

④ 《影戏院开演时须先映总理遗像遗嘱》，广州《民国日报》1926 年 6 月 18 日。

⑤ 《影戏院开演时须先映总理遗像遗嘱》，广州《民国日报》1926 年 6 月 18 日。

⑥ 参见陈蕴茜《崇拜与记忆：孙中山符号的建构与传播》，南京大学出版社，2009，第 432 页。

⑦ 《厅令各县电影院放映国耻等片》，《江苏省政府公报》第 875 期，1931。

治宣传。

　　沦陷时期，电影院成为包括日伪政权与秘密抗日爱国组织等各方势力争相利用和传达声音的舞台，这与它所具有的政治功能及其在都市生活中的重要地位和影响紧密相关。同时，也充分反映出日伪政权对沦陷区政治宣传和思想控制的重视，以及对公共空间和公共生活的政治渗透和控制的强化。各种政治势力对电影院这一公共娱乐空间的态度及其利用情况，尤其是对电影院和其经营者本身利益的漠视，不仅有力证明了日本的侵略本质，并且说明：此时政治对个人和日常生活的影响达到了前所未有的高度，包括个体娱乐权利在内的各项权利，在国家利益面前均被极大地忽视和压制，娱乐和爱国呈现出一种相互对立的状态。

作者：成淑君，天津社会科学院历史研究所

阶层、性别与表演

——文明戏与城市日常生活的变迁

林存秀

内容提要： 在传统的乡村社会，戏剧在普通民众日常生活中扮演不可或缺的角色，在现代化进程中，戏剧成为正在形成中的都市文化的重要组成部分。中国人对于历史的认知和思想的变迁，往往是在戏剧潜移默化的影响下获得和发生的，戏剧也最能体现民众心态和社会文化的特点。本文拟以戏剧入史，在新文化史研究方法的指导下，通过对民国初年畅演的两部文明戏《双泪碑》和《一缕麻》的微观考察，来展示戏剧和表演在城市日常生活变迁中的作用，同时兼顾论及精英文化和大众文化之间的关系。

关键词： 阶层　性别　表演　文明戏　日常生活

> 民国三年春，可社（榕卢同人所组织之京剧团）曾采《双泪碑》编成京剧，假座九亩地之新舞台表演。谢君永钦（当时年方花信，卫玠神清，如玉树临风，容光四射）饰汪柳侬，扮相既佳，嗓子又好，歌喉婉转，令人意远也；演至作书与碧娘时，神情毕肖，一唱三叹，泪随声下，座中女客皆汎澜不已。
>
> ——《双泪碑记》[①]

《双泪碑》和《一缕麻》为民国初年极受欢迎的两出文明戏。关于文明戏，这里指的不是一种辖域化的概念。实际上，在 1910 到 1920 年代，

---

① 方容均：《双泪碑记》，《关声》第 5 卷第 9 期，1937，第 4 页。

改良京剧、新剧，及各种涌入城市的地方戏曲在剧目、演员之间都是混合的。文明戏是一种统称，毋宁说它是在 20 世纪初期大众文化发展过程中，中国戏剧探索现代化的一种实践，融合了乡村与城市、传统和西方的各种因素。它代表的是一种混合多种文化因素的正在形成中的新的都市文化，是城市之声。在民国初年的许多城市，如上海、苏州、汉口，及京津的娱乐场所中，文明戏均曾风行一时，表演受到市民观众尤其是女性观众的喜爱。

类似文明戏这种大众娱乐文化，往往会受到精英的批评，认为它使人们耽于逸乐，为了提升国民的素质，必须加以改良。但是，精英的理论往往"曲高和寡"，远离大众。戏剧是中国民众生活不可缺少的部分，中国人不仅从中习得历史知识，而且文化特点和道德风貌也在戏曲潜移默化的方式下形成。从社会文化史的角度来看，娱乐活动在历史发展中不只是花边和点缀，它还是导致思想意识和生活方式发生转向的一个重要因素。所以，日常生活中的戏剧表演是我们观察民众心态和社会变迁的一扇窗户。

《双泪碑》和《一缕麻》编演的是关于恋爱和婚姻的故事。在中国"家国同构"的文化语境中，很多私领域的问题，常常被拿来作为公共领域话题来讨论。民初，无论是在知识界还是在普通市民中，都展开过对于恋爱婚姻家庭的讨论。我们从这个时期的报刊和读者来信中，可看到很多诸如此类的信息。[①] 文章试图借助家庭情感剧，来切入对阶层、性别方面问题的讨论，以此揭示民初社会的变迁。文章分为三个部分来展开论述。第一部分，通过对《双泪碑》故事生产过程的梳理，探讨传统士大夫阶层向近代城市知识分子转变的过程，及其身份认同的变化。对于这些夹在新旧之间的知识分子来说，他们很难从自幼接受的文化熏陶中走出来，不能摆脱早已熟稔于心的一套话语规范和价值建构。第二部分，从性别的视

---

① 例如对 1928 年马振华恋爱自杀事件的大讨论，见顾德曼（Bryna Goodman）《向公众呼吁：1920 年代中国报纸对情感的展示和评判》，姜进主编《都市文化中的现代中国》，华东师范大学出版社，2007，第 195~222 页。对罗素来华引发的婚姻问题的讨论，参见吕芳上《法理与私情：五四时期罗素、勃拉克相偕来华引发婚姻问题的讨论》，《中国近代妇女史研究》2001 年第 9 期。关于读者的反应，可参见邹韬奋任主编时《生活周刊》的"读者来信"栏目。

角，来讨论五四男性知识精英提出的自由婚姻等口号，遭遇制度层面，尤其是法律的困厄。当"新女性"娜拉纷纷出走时，实际上直到 1930 年代延续的仍是清代的婚姻律法。于是，就出现了沃尔夫在《一间自己的房间》里所描绘的怪异的女性形象：长着鹰隼翅膀的蠕虫。在文学中，她字字珠玑，妙语连珠，能让英雄、国王拜倒在她脚下，现实中，她是把戒指套在她手指上的男人的仆役，也许正在厨房里切着板油。第三部分，通过梅兰芳的改良新剧《一缕麻》在观众中的接受程度，展示戏剧表演在社会文化变迁中的作用。

一 《双泪碑》的创作：在教化与谋生之间

在传统社会中，统治阶级把戏剧作为教化民众的工具。近代以来，"德先生""赛先生"被引入国门，戏剧的改良和启蒙作用更为凸显。自梁启超、陈独秀，到新文化运动，都把戏剧看作改良社会的不二法门，剧场是教育民众的大教室。在这种思想指导下，知识分子纷纷致力于新小说和改良戏剧的创作。《双泪碑》便是其一。

《双泪碑》先后出现过四个版本。第一个是 1907 年 6 月 2 日至 11 日连载于《时报》的小说。作品系文言小说，著者署名南梦，即陆曾沂，号秋心，南社社员。第二个版本是吴梅的《双泪碑传奇》，刊登于 1916 年《小说月报》，此传奇有《初婚》《哭墓》《得书》《殉情》四出。[1] 第三个版本，是收录于 1919 年郑正秋编录的《新剧考证百出》的《双泪碑》，题"春柳剧本，分七幕，编者冥飞"。[2] 第四个版本为《双泪碑记》，刊于 1937 年的《关声》。[3]

《双泪碑》历经了文言小说、传奇剧、新剧，甚至是"纪实之作"等不同的版本。小说的一版再版，甚至被改编成不同的剧种上演，说明了《双泪碑》在当时的流行程度。自 1907 年《时报》连载之后，1908 年《时报》再推出单行本。宣统三年（1911），《小说月报》论《双泪碑》时

---

[1] 剧本共有四折，其中一、二折刊登在《小说月报》第 7 卷第 4 期，1916；三、四折刊登在《小说月报》第 7 卷第 5 期，1916。

[2] 郑正秋：《新剧考证百出》，中华图书集成公司，1919，第 27 页。

[3] 参见方容均《双泪碑记》，《关声》第 5 卷第 9 期，1937，第 930～937 页。

云："《双泪碑》亦时报馆出板（版），篇幅甚短，寓意却甚深。时报馆诸小说，此为第一。"① 胡适在《十七年回顾》中说："我当时对于《时报》的感情比对于别报都更好些。我在上海住了六年，几乎没有一天不看《时报》的。……《时报》登的许多小说中，《双泪碑》最风行。"② 在《时报》小说版本基础上，春柳剧社将其改编为新剧演出。

考察四个版本，故事大同小异。但是陆秋心的文言小说，吴梅改编的传奇剧，郑正秋的文明戏剧本，因为作者身份不同，针对的对象不同，及其措辞、语言风格的不同，导致了不同的情感倾向，体现了对故事本身不同的理解评价。《新剧考证百出》故事情节相对简短，笔者选用这个版本来了解情节。

> 王生秋塘游学归，醉心欧化。绝其聘妻李氏之婚，而别娶汪女柳侬。柳侬初不知王生聘李氏，结偶后伉俪甚笃。李女碧娘故旧家闺秀，娴文墨。闻王生别娶，自怨命不由人，作书并聘物寄柳侬。柳侬得书大恚，又不忍扬秋塘之恶，愤极呕血，乃深夜遗书王生。及王生警觉，则柳侬已以失血踰量，返魂无术矣。汪氏欲惩之，王生痛哭自挝，呼负负。汪母复怜之，使遵柳侬遗嘱续婚李氏。至则李女亦以悲愤成疾。王生入见，李女含涕责之，踰时亦卒。王生知大错铸成，罪由一己。伏地大哭，请于李母以碧娘之棺归与柳侬并葬。而自为铭而志之。葬之日，三家亲故咸来会。事毕，王生仰天长叹，伏剑而死。一念之差，遂使名士才媛同归于尽云。③

从故事叙述口气上，可以看出郑正秋版本对于醉心欧化的王秋塘之不满，对李、汪儿女的同情，表现出对自由婚姻的质疑。《双泪碑》在上海各大舞台的风行，是在1915年前后，这恰恰是新文化运动进行的时期。在这样的历史背景下，通常我们以为，应该流行那些倡导自由恋爱、新式婚姻，带着女性解放和进步口号的戏剧才是。但这出戏剧的流行显示的却是当时普通观众对自由恋爱和婚姻的异议。这似乎是为了顺应女性观众的情

---

① 侗生：《小说丛话·杂撰》，《小说月报》第3期，1912。
② 胡适：《十七年的回顾》，《胡适文存》第2集第3卷，上海书店出版社，1989，第4页。
③ 参见郑正秋《新剧考证百出》，第27～28页。

感趋向，获取女性观众的青睐。民初戏曲文化女性化的趋势，在文明戏
"甲寅中兴"，家庭剧和言情剧的兴起中就已经得到了证实。① 陆秋心的文
言小说版本，因作者为南社社员，保持了旧式文人的语言风格，小说绮丽
哀婉，颇有鸳蝴之风。小说用的是文言，其阅读对象即使是底层，起码也
是识字阶层。而吴梅的版本，写作目的可能根本不是上演，而是士大夫寄
予情怀之作。

在吴梅的版本中，只写到柳侬殉情，王生依柳侬之夙愿，到沪上找寻
碧娘，故事便戛然而止。此外，吴梅把游学欧洲改为游学东瀛。关于创作
缘起，吴梅在《双泪碑传奇·自序》中说："辛亥之秋，偶读秋心子《双
泪碑》，心窃喜之。以为事奇而情合乎正，为之填词，寻又辍业。而一时
好事者，争相传唱，旗亭赌胜，不让黄河白云焉。今岁冬仲，索居寡欢，
漫续成之。"② 从中可见，吴梅的版本是依秋心小说版本改写而成。那么，
吴梅所说的"情合乎正"指的是什么？任光济在为《双泪碑传奇》所做
"序"中说："夫妇之道得，乾坤以定，阴阳以序。诗三百篇，托始于关
雎，王道本乎人情，一归于正而已。"③ 可见，这里的"正"就是合乎
"夫妇之道"。他又说："泊乎叔季，礼崩乐坏，大道决防。野田蔓草之咏，
桑中濮上之讴，君子忧之。何者？士女之苟合，足以证风运之污也。是故
先生之定为昏制也。纳采而后问名，问名而后纳吉，纳吉而后纳征，纳征
而后请期，请期而后亲迎。"④ 婚姻中的"六礼"是不可逾越的规范，而男
女不待父母之命媒妁之言，这种所谓的"以意相授"，在"獉狉之民，俪
皮未用之前，吾国固尝有之，又何必诧为夷狄之风哉！"⑤ 在任看来，自由
婚姻不是西方新传入的文明风尚，而是早已有之的"夷狄之风"。任光济
在序中还提及，吴梅拿《双泪碑传奇》与之赏析时说："王生以一念之误，
几尽为名教罪人，幸而所遇贤也……妇人能捐躯以全所眷顾之人，不使陷
于不义，其用心之苦，有什伯倍于孤嫠守节者。是宜宠之以声，以惕薄俗

---

① 参见林存秀《女子新剧与女性文化》，《中华女子学院学报》2011 年第 3 期，第 92 ~ 97
　页。
② 吴梅：《双泪碑传奇·自序》，《小说月报》第 4 期，1916。
③ 任光济：《双泪碑传奇·序》，《小说月报》第 4 期，1916。
④ 任光济：《双泪碑传奇·序》，《小说月报》第 4 期，1916。
⑤ 任光济：《双泪碑传奇·序》，《小说月报》第 4 期，1916。

也。"① 这是吴梅改写的初衷，由此我们也可以解释吴版为何在柳侬殉情，王生至沪上找寻碧娘完成旧约即止。因为王生履行了旧的婚约，不至于成为名教罪人；柳侬之死，保全了王生的名节，比守节寡妇更高风亮节。纲常名教，两全其美！在吴剧中，更借助汪柳侬之口唱道："我只道情天共守温柔老，攀一朵自由花百年欢笑，那知他两字儿害了人多少！""自由吓，自由，我汪柳侬就害在你两个字上也。"② 从中我们可以揣度吴梅的思想态度。

吴梅所持的态度毫不令人惊奇。他生于光绪十年（1884），1905 年科举废除之前，他已少应科举，谙习旧经。③ 在吴梅身上，我们还能看到传统士人的影子，他主动担当起"正乎礼仪"的道德责任。这种态度在他的作品《顾曲麈谈》也有所反映，他说："风俗之靡，日甚一日。究其所以日甚之故，皆由于人心之喜新尚异。剧之作用，本在规正风俗，顾庄论道德，取语录格言之糟粕，以求补救社会……"④

但是我们如果探究《双泪碑》的最初版本，就能看出，传统士人在新的历史条件下面临身份认同的尴尬。陆秋心版的《双泪碑》实来源于 1907 年《时报》的一次"小说大悬赏"征文活动。

> 本报现在悬赏小说，无论长篇短篇，是译是作，苟已当选登载本报者，本报当分三等酬金：第一等，每千字十元；第二等，每千字七元；第三等，每千字五元。不当选者，原件送还。第一次期限自三月十六日始至四月十五日止。⑤

最终《双泪碑》获得了二等酬金，随之在《时报》上连载，标为"哀情小说"。这次活动获奖小说共两部，另一获奖的《雌蝶影》为侦探小说。言情与侦探，可见当时小说写作的目的之一，是满足日益增长的市民阶层闲暇时间的阅读需要。写作成为文人谋生的手段，而在这一过程中，

---

① 任光济：《双泪碑传奇·序》，《小说月报》第 4 期，1916。
② 吴梅：《双泪碑传奇·得书》《小说日报》第 4 期，1916。
③ 参见邓乔彬《吴梅评传》，《戏剧艺术》1990 年第 2 期。
④ 吴梅：《顾曲麈谈·论创作法》，转引自氏著《吴梅全集·理论卷》，河北教育出版社，2002，第 88 页。
⑤ 《小说大悬赏》，《时报》1907 年 3 月 29 日。

传统的士人阶层也在慢慢向城市知识分子转变。他们在身份认同和思想观念上的诸多矛盾，也体现在其作品中。吴梅在《双泪碑·自序》中喟叹："尝谓饮食男女，出于至性，乃饮食可薄，而男女之际，独缠绵固结而不自止。王生之过，虽不可逭，而我国婚礼，可议者正多。"[①] 一方面，吴梅借助主人翁之口来谴责"自由婚姻"；另一方面，他也看到了旧式婚姻的诸多弊端。

与夹在新旧道德之间的知识分子不同，受到西潮影响的五四新文化运动者，高举打倒传统的旗帜，提倡自由婚姻和恋爱，致力于打造"新女性"。但在这场以男性精英为主的运动中，旧礼教中对女性有利的部分被打倒了，而新规范中的权益女性还享受不到。可见，在中国妇女解放运动中，男性精英的思想和普通女性心态及实际生活之间还是存在很大差距的，这同时也对五四新文化运动在普通民众间的影响力提出了质疑。下文从《双泪碑》中李碧娘和汪柳侬的遭遇，结合民初的法律现实，来揭示女性的这种双重困境。

二　"定婚"的法律规范与社会性别的双重标准

《双泪碑》故事中的男主人公王秋塘是留学生，归国后回到家乡苏州，做了学校的教员。故事的女主人公则是一新一旧。汪柳侬是苏州人，十岁入女校，精通英文，工诗词，也是学校教员。而李碧娘则是旧家闺秀，颇娴才貌，幼时凭媒妁之言，与王生定亲。王生与柳侬偶然相识，一往情深，遂定婚约。并致书一封与碧娘，令其自行择配。碧娘得此书信，气成一病。因为退婚不但让家庭蒙羞，于己而言，一旦见弃，再议婚他人，亦是不贞。依现在的眼光，订婚在现实生活中早已意义不大。但在民初社会背景下，退婚和被休无异。订婚在传统婚姻缔结中具有极大的效力，我们先来追溯订婚的起源。

在传统中国社会中，不管是在礼俗还是在法律中，都对"定婚"有清楚的规定。赵凤喈在《中国妇女在法律上之地位》中论及："中国之婚姻，太古以前其制难考。伏羲氏以后，聘娶婚与允诺婚并行。春秋以还，间采

---

① 吴梅：《双泪碑传奇·自序》，《小说月报》第 4 期，1916。

自由婚之制。唯周代之礼制仅备聘娶婚之仪，而后世之法律，亦遵礼制而
为之规定，故聘娶婚遂遍行于中国，盖数千年于兹矣。"① 由此可知，聘娶
婚制是中国几千年来的婚姻制度，这个制度中，订婚为第一要件。订婚不
仅为礼经极为重视之仪式，在后代法律中，亦属要式行为。"定婚"一语
在周代，在女方而言为"许嫁"，自男方而言则有"六礼"。《礼记·昏
义》中记载：

> 昏礼者，将合二姓之好，上以事宗庙，而下以继后世也，故君子
> 重之。是以昏礼纳采、问名、纳吉、纳征、请期，皆主人筵几于庙，
> 而拜迎于门外，入，揖让而升，听命于庙，所以敬慎重正昏礼也。②

唐宋元三代法律皆沿袭"许嫁"，至明律始有"定婚"之语。民国初
期法律沿袭了"定婚"的说法。中国社会中，视已订婚之男女彼此间有亲
属关系。《礼记·曲礼》记载："女子许嫁，缨。注：许嫁则系之以缨，示
有所系属也。"③ 女子许嫁之后所系之缨，只待成婚，由夫脱之。这说明，
女子一经许嫁，就属于其未婚夫。自《唐律》以来，对于女子许嫁后，又
许他人者，无论其成婚还是未成婚，均以女归前夫为原则。民国初年的律
例，依旧沿袭此传统。《大清律例》和民国初年的《现行律关于民事有效
部分》，规定大致相同，我们先看《大清律例·户律》关于婚姻部分的
规定：

> 凡男女定婚之初，若有残疾老幼庶出过房乞养者，务要两家明白
> 通知，各从所愿，写立婚书，依礼聘嫁。若许嫁女已报婚书及有私
> 约，而辄悔者，笞五十，其女归本夫，虽无婚书，但曾受聘财者
> 亦是。
>
> 再许他人，未成婚者，女家主婚人杖七十；已成婚者，杖八十。
> 后定娶者男家知情，主婚人与女同罪，财礼入官；不知者，不坐，追
> 还财礼给后定娶之人，女归前夫。前夫不顾者，倍追财礼给还，其女
> 仍从后夫。男家悔而再聘者，罪亦如之，仍令娶前女，聘听其别嫁，

---

① 赵凤喈：《中国妇女在法律上之地位》，台湾，稻香出版社，1993，第 26 页。
② （元）陈浩：《礼记集说》（下）第 9 卷，巴蜀书社，1987，第 47 页。
③ （元）陈浩：《礼记集说》（上）第 1 卷，第 24 页。

后不追财礼。①

民国初年沿用的《现行律关于民事有效部分》，在"男女婚姻"部分，第一条与《大清律例·户律》规定基本相同，只是删除了"笞五十"。第二条内容改为如下：

> 若再许他人后定婚者，男家知情财礼入官，不知者追还财礼给后
> 定娶之人，女归前夫，前夫不愿者，倍追财礼给还，其女仍从后夫。
> 男家悔而再娶者，仍令娶前女，后聘听其别嫁，不追财礼。②

依据律法，如果李碧娘家提起诉讼，王秋塘仍然要娶李碧娘，则因为汪柳侬不知情，不予处罚，不必退财礼，随其别嫁。当然，民国的立法并没有废除一妻多妾制，王秋塘实际上可以两者都娶。

《双泪碑》的作者自称文章为"纪实之作"，故而类似《双泪碑》的故事在当时的社会中应该极为常见。女子一旦被退婚，名誉殆尽。而对于男子则不然，故而民国初期，男子多在"婚姻自由"的幌子下，行一夫多妻之实。城市女子尚且如此，对于广大农村地区的女性，自由退婚离婚更把她们推向了痛苦的深渊。由于传统意识的积淀，加上经济地位的不平等，受教育机会的缺乏，女性处于无权的不利地位。

而且，如果不是男子而是女子对于已订婚姻不满，也无权自主退婚。民初大理院在处理婚姻解除权时，多是承接传统规定。而在这些律法的规定中，作为婚姻当事人的女性本人是不具有婚约解除权的，即使提起诉讼，也需要由父母代理。实际上，父母家长往往认为悔婚会使得家族蒙羞，必定想方设法平息风波，岂能代理其进行诉讼。《双泪碑》中的故事产生于1907年，直到1929年，从《生活周刊》刊行的"读者来信"中还可以看到，关于订婚的规定在法律上一直没有改变。例如有一封题名为《暗无天日》的读者来信，讲述了一位上海烟厂的女工，因早年的婚约，明知准新郎"因所交匪人，遂入下流"，还不得不嫁。更可气的是，新郎

---

① 《大清律例·户律·婚姻律》，转引自陈惠馨《性别关系与法律——婚姻与家庭》，台湾，元照出版有限公司，2013，第134页。

② 奉天民商事习惯调查会编《现行律关于民事有效部分》，《司法公报》第90期，1918，第99页。

因绑票于婚礼前逃窜，家人竟然找了一个女孩子代替新郎与之行婚礼。这件事情发生后，女子无处求助，投书报刊而求救。而《生活周刊》给的答复是"向党部妇女协会申说求援"。① 之后大概不了了之。

根据《中国妇女在法律上之地位》补篇所载，1927年后，民国法律才把聘娶婚制改为自由婚制，从而关于婚约等规定才开始发生变革。订婚之举，在以前构成婚姻之形式要件，可视为"正式婚约"。但是国民政府新的民法中，对于订婚，则仿效德、瑞立法例，采婚姻预约制。把"定婚"改为"婚约"，不仅废除"定婚"之名称，且废除其实质上的效力。② 但法律的颁布到实施，需要很长时间，例如1928年发生在上海轰动一时的黄慧如与陆根荣私奔案，因为法律规定正在转变期，导致陆根荣被羁押两年之久。从法律的实施再到渗入日常行为规范，则需要更漫长的时间。

通过以上对于《双泪碑》故事本身及其产生过程的微观考察，我们可以看出源自精英阶层的知识改良和文化运动，无论是中学为体，西学为用，还是打倒传统、全盘西化，在某种程度上往往都脱离了普通民众，尤其是女性的日常生活。而民初的法律规范，也往往滞后于社会文化的变迁。戏剧表演无论是在传统的乡村社会，还是在向现代化转变中的城市生活中，都是不可或缺的部分。所以，最能体现民众心态的和对于社会的移风易俗起到关键作用的，是戏剧及那些和普通民众有直接接触的下层知识分子。

三 戏剧表演与日常生活的变迁

根据接受理论，一部作品问世之后，并不一定会按照作者的期待被接受，作品可能会脱离原作的意图而独立存在，在阅读或观看中被赋予新的诠释。拿《双泪碑》来说，最初源于文人创作。它的初衷可能是力求情节曲折、哀婉动人争取市场，可能是颂扬女性贞节，缅怀过去的荣光，也可能是士大夫情怀驱使下挽救颓俗的努力。从上文对《双泪碑》的分析中，已见被艺人搬上舞台后，市民观众面对此剧产生的心态与精英所倡导的大

① 参见邹韬奋编《生活周刊读者信箱集》第1集，生活书店，1932，第73页。
② 赵凤喈：《中国妇女在法律上之地位》，第161页。

相异趣。

《双泪碑》1913 年演诸新舞台时，汪柳侬由冯春航扮演。报上称冯春航"天分甚厚，敏而好学"，"色艺双艳，新旧兼长"，无论新旧戏，扮相举动，口吻身份，色色逼真，而新剧犹能动人。他与毛韵珂合作的《双泪碑》尤其情深凄恻，演出时"座客瞩目之余，不仅感怀怆神，涕泗沾襟"。① 1921 年，上海务本女校二十周纪念会上，校友会演剧庆祝时亦有《双泪碑》，以期起到警世之作用。梅兰芳编演的时装新剧《一缕麻》，曾经轰动一时，实际上起到了启蒙民众的作用。

《一缕麻》最初亦是文言小说，于 1909 年刊登在《小说时报》上，约3000 字，作者包天笑。包天笑回忆创作的缘起时说，"是一个梳头女佣，到我们家里来讲起的，她说'有两家乡绅人家，指腹为婚，后果生一男一女，但男的是个傻子，不悔婚，女的嫁过去了，却患了白喉重症，傻新郎重于情，日夕侍疾，亦传染而死。女则无恙，在昏迷中，家人为之服丧，以一缕麻约其髻。'我觉得这故事，带点传奇性，而足以针砭习俗的盲婚，可以感人，于是演成一篇短篇小说"。② 这篇小说写成之时，包天笑在女校教书，很多女学生很关注，问及是否果有此事。包天笑还收到一位女读者的来信，大意说："中国男女之情，向来总是说到恩爱两字，实在恩与爱是两回事，不能并为一谈。《一缕麻》中新娘对痴郎，只有恩而没有爱。对于恩可以另行图报，而不必牺牲其爱……"包天笑只能无可奈何地辩解："我的意思，以为人总是感情动物，因感生情，因情生爱，那是最正当的。"③ 包天笑无法自圆其说，将责任推到女主人公的"自愿"。在《一缕麻》结尾赞颂："呜呼！冥鸿飞去，不作长天之遗音矣。至今人传某女士之贞洁，比之金石冰雪云。"④ 对于包天笑安排的结局，梅兰芳颇不以为然。

1916 年，时装新剧非常盛行。梅兰芳编演的《邓霞姑》获得成功后，在寻找其他好的题材。一天，吴震修对他说："时报馆编的一本《小说时报》，是一种月刊性质的杂志。我在这里面发现一篇包天笑作的短篇小说，

① 玄郎：《纪小子和》，《申报》1913 年 4 月 17 日。
② 包天笑：《钏影楼回忆录》，中国大百科全书出版社，2009，第 359 页。
③ 范伯群：《包天笑文言短篇〈一缕麻〉百岁寿诞记》，《书城》2009 年第 4 期。
④ 包天笑：《一缕麻》，《小说月报》第 2 期，1909。

名叫《一缕麻》，是叙述一桩指腹为婚的故事。它的后果真悲惨到不堪设想了。……现在到了民国，风气虽然开通了一些，但是这类摸彩式的婚姻，社会上还是层见叠出，不以为怪的。应该把这《一缕麻》的悲痛结局，表演出来，警告这班残忍无知的爹娘。"① 梅兰芳看小说后，决定将其编成时装新戏，由齐如山起草拟写提纲。但是对于结局，梅兰芳做了修改，他说：

> 包先生在小说里写的林小姐，是为她死去的丈夫守节的。事实上在旧社会里女子再醮，要算是奇耻大辱。尤其是在这班官宦门第的人家，更是要维持他们的虚面子，林小姐是根本不可能再嫁的。可是编入戏里，如果这样收场没有交代，就显得松懈了。我们觉得女子守节的归宿，也还是残酷的，所以把它改成林小姐受了这种矛盾而复杂的环境的打击，感到身世凄凉，前途茫茫，毫无生趣，就用剪刀刺破喉管，自尽而亡。②

自杀是"弱者"反抗，梅兰芳用这部剧谴责了盲婚。1916年，这出时装戏不仅在京津演出，而且还献演于上海天蟾舞台。此剧赚够了观众的眼泪，相信在当时，观众对于什么样的婚姻才是合理的和现代的，也进行了自己的想象和思考。演出反响极大，而且对解决现实的婚姻纠纷真的起了作用。根据梅兰芳的回忆，有住在天津的万宗石和易举轩两家，万家的女儿许给了易家的儿子，谁知易家的儿子后来得了神经病，迫于旧的习惯法，都没有勇气提出解除婚约。有几位热心的朋友，不忍心看到万家的女儿牺牲一生的幸福，但是无计可施，就订了座位，请他们来看《一缕麻》。双方的家长及万小姐都来看戏。看完戏后，万小姐痛哭流涕，他的父亲再也于心不忍，情愿冒天下之大不韪，托人到易家交涉退婚。易家没有话讲，协议取消了婚约。后来万宗石特地向梅兰芳道谢。

精英往往批判以新剧和文明新戏为代表的表演群体和观众群体，认为他们只是消闲和享乐，关注的只是物质的追求和感官的满足。实际上，正

---

① 梅兰芳述，许姬传等记《舞台生活四十年——梅兰芳回忆录》（上），团结出版社，2006，第251页。
② 梅兰芳述，许姬传等记《舞台生活四十年——梅兰芳回忆录》（上），第252页。

如张爱玲所说，弄文学的人向来是注重人生飞扬的一面，而忽视了人生安稳的一面。其实，后者正是前者的底子。

四 结论

中国文化中一直存在雅俗之争。中国的戏曲，一向被视为巷谈街说不被重视，且又有"雅部"和"花部"之分。即使文人谈到戏曲，也偏重元明杂剧和传奇，对于民间流行或者新生的剧种加以鄙视。社会文化史兴起以来，也把精英和非精英，继而把大众文化和精英文化做了更精密的区分。实际上，正如特里·伊格尔顿所指出："文化永远不满意那些'建构体系的人，标立学派的人，追从流派的人'……教义必须让位于诗，文学必须赶走教条。"① 抽象的理论或者是教义，对于普通民众不会起到改变其思想意识的作用，往往是通过具体的形象塑造，而这些形象又和群众早就存在的一切基本认知结合起来，才能真正起到移风易俗的作用。

类似《双泪碑》《一缕麻》之类的民初文明戏，产生于市民之中，和日常生活结合得相当紧密，喜闻乐见易于接受。正如文本事例所显现出的，法律和政策的颁布和制定，往往滞后于社会现实。我们恰恰看到的是通俗戏剧，直面现实问题，试图探求解决现实问题的途径。日常生活也是一种政治的表述，只不过这种表述依托的不是革命，也不是政治的话语。日常生活中的政治，表面上看来没有很大的力量，也没有响亮的口号，但是它们每天都在不断重复的过程，也会改变权力关系，促使人们的思想意识发生变化，进而促使整个社会文化的变迁。

作者：林存秀，山东女子学院社会与法学院

---

① 〔英〕特里·伊格尔顿：《历史中的政治、哲学、爱欲》，马海良译，中国社会科学出版社，1999，第8~9页。

沦陷时期的天津律师执业活动[*]

王　静

内容提要：天津沦陷后，律师执业活动受到了严重影响。与沦陷区相比，"孤岛"因政治原因暂时为律师提供了相对安全的执业环境，以及大量潜在的客源。但总体而言，不论是身处沦陷区还是"孤岛"，沦陷时期的天津律师群体在业务拓展方式、业务语言上，甚至在公众舆论引导上都处于一种集体沦陷的状态。

关键词：沦陷时期　天津　律师活动

近年来，抗战史逐渐加强了对社会史的关注程度，尤其是在城市史研究框架下探讨战时沦陷区和国统区的民众日常生活。当前学界在探讨沦陷时期的城市发展时，主要着重于两点：一是突出沦陷区的殖民性、民族性；[①] 一是强调沦陷区城市居民日常生活与城市发展之间的关系。[②] 从日常

---

[*] 本文为天津市课题"一个新崛起的城市中间阶层——近代天津律师群体研究"（TJZL11 - 008）的阶段成果。

[①] 汪敬虞在《抗日战争时期华北沦陷区工业综述》中探讨了日本侵略华北的所谓"开发"和"建设"的计划。（汪敬虞：《抗日战争时期华北沦陷区工业综述》，《中国经济史研究》2009 年第 1 期。）赵亮在《抗日战争时期中国西部城市的发展》一文中认为 1937 年七七事变中国全面抗战开始后，由于中东部地区的相继沦陷，一批政府机关、军队、工厂企业、高校以及官员、平民迁至内地，促进了西部地区的发展，其主要表现就是西部的城市发展。抗战时期西部一些传统中心城市在规模、经济、文化等方面有了巨大进步，还出现了一些新兴城市。（赵亮：《抗日战争时期中国西部城市的发展》，《成都大学学报（社会科学版）》2004 年第 4 期。）

[②] 巫仁恕在《抗战时期沦陷区的城市生活——以苏州菜馆业的兴衰为例》一文中探讨了抗战时期苏州的市民生活，并指出了该时期苏州菜馆业繁荣背后的原因。（巫仁恕：《抗战时期沦陷区的城市生活——以苏州菜馆业的兴衰为例》，《新史学》2014 年第 4 期）王玉洁的《对武汉沦陷时期在汉英人状况的考察》探讨了不同阶段在汉英人的处境和对策。（王玉洁：《对武汉沦陷时期在汉英人状况的考察》，华中师范大学硕士学位论文，2011）

生活空间的角度探讨城市群体与城市的关系，强调的是空间内群体的实际动态，以及各阶层群体在战时所呈现出的不同心态变化。律师作为近代中国新兴的中间阶层，通过他们在沦陷前后执业活动的变化，不但可以管窥该时期律师生存的"机制"和"位置"，而且从他们身上还可以观察近代中国民族主义发展的另一个面相。

一　七七事变前后天津律师的空间分布

1913 年 3 月，按照北洋政府的《律师暂行章程》规定，天津律师于天津河北黄纬路咸安里 27 号成立律师公会。初期公会会员仅有吴大业、钱俊兴、张务兹等 3 位执业律师，而且在执业过程中，因民国初创，"法条繁多，手续复杂，兼以政治不良，司法不克独立，故执行职务诸多掣肘"。① 1921 年至抗战前是天津律师业发展的鼎盛时期，1932 年天津律师人数激增到 814 人，1933 年高达 860 人，1935 年虽回落至 609 人，但与同时期北京律师公会（448 人）相比，还是具有相当优势的。同时根据 1936 年律师公会会员登记人数，可以发现天津律师的活动范围首先主要集中在大经路市府中心地带，人数占公会总会员的近 40%；其次是英、法租界，数量比例分别为 20% 和 16%；位于老城区的律师人数稍低于法租界，其余则分散在日租界、意租界、德租界、奥租界、俄租界以及河东一带。

七七事变后，日军包围天津，对市内街区实施定点攻击，特别是大经路（今中山路）天津行政中心地带，"日机过处烈焰腾空；房屋倾圮，迄晚未息，损失奇重"。② 7 月 30 日，天津沦陷。8 月 1 日，"天津治安维持会"成立。同年 9 月，伪天津高等法院和天津地方法院成立，统由"维持会"直接领导。1937 年 12 月，地方法院归法部领导。1940 年 3 月隶属于伪华北政务委员会，同年 5 月由伪临时处理法务委员会领导，1943 年 11 月又归伪华北事务署领导。因原天津地方法院建筑连同案卷资料被日军炮火所毁，法院搬迁到河北西窑洼，1942 年 2 月又迁至南马路办公。律师公会也未能幸免，初期受战争影响，"会员大部分离津，在津者也大多数居

---

① 张务滋：《中国四十年来律师之业务》，《北洋理工季刊》第 4 卷第 2 期，1936。
② 《天津沦陷时浩劫惨重》，天津市政协河北区委员会编《天津百年老街中山路》，天津科学技术出版社，2009，第 168 页。

无定所"，再加上会址先是被军队占用，后暂移至河北二马路诚安里4号办公，之后新会址又被日本商会占用，公会活动陷入停滞状态。一直到40年代初，"秩序渐复常态，津市以华北巨埠，人口较前激增，司法事务亦因之日趋繁钜"，① 天津律师活动才逐渐增多。

二 "孤岛"不"孤"：租界律师事务的反常繁荣

与战前相比，战后律师的活动空间出现了新的变化。英法租界，特别是"孤岛"时期（1937年11月12日至1941年12月8日）的英法租界，是律师活动的主要场所。根据《1941年天津律师公会会员录》，当时在英租界设立事务所的律师人数为55人，为人数最多之区域；法租界则有31人。"孤岛"时期的英法租界，因当时在外交上并没有与日本公开对抗，工部局反而越来越在具体问题上妥协于日方，而日方则由于战时需要，一方面尚依赖英方的帮助，比如军用物资的运输；另一方面日方内部尚未对租界问题达成共识。所以，相较于市区警察局动辄"出动警察五千余人，保甲人员三万五千余人，在各主要道路交口值勤警备"，对可疑者"随时可以检查盘问以至搜查住宅"② 的状况而言，英法租界则相对安宁。

就律师个人业务而言，租界的安全吸引了众多有产者迁居到此，"司法事务亦因之日趋繁钜"。"法租界的人口最近增加了数倍以上，多数是来自乡间的有产者，由市区迁入租借的富户也不少。"③ 随着租界人口的增多，不仅为"附庸于社会生活之业务"的律师提供了客源，"租界上显现出一种变态的繁荣，大街上特别热闹。摩登男女阔佬，遗少，穿着讲究的衣服逛来逛去。天祥市场和劝业市场，两个取乐地尤其热闹。所有电影院例常告客满。劝业商场的顶楼有的在茶座谈笑，有的在高尔夫球室里娱乐，一点国难景象也没有。"④ 更重要的是，人口增多所带来的房荒问题刺激了房地产买卖的活跃，因此，在重要位置代办房产买卖成为律师受理非

---

① 《关于律师之件》，河北省档案馆：河北高等法院，634-75-70。
② 黄秀丹、张晓维：《日伪时期天津五次"治安强化运动"》，天津市文史馆编印《天津文史丛刊》第6辑，1996，第153页。
③ 赵捷民：《沦陷后的天津》，《今日评论》第1卷第13期，1939。
④ 赵捷民：《沦陷后的天津》，《今日评论》第1卷第13期，1939。

诉讼案件的主要业务。比如李洪岳与王芝邮在今滨江道基泰大楼开设宗正法律联合事务所；徐维藩与宋掳云在今建设路寿德大楼开设中信法律联合事务所，张靖远与罗耀枢等在今解放路中百站（原新华大楼）开设信成法律会计联合事务所等。业务范围涉及房产买卖双方的契约公证，登报声明手续、代办相关业务，以及代办租房双方的租约、房租管理等。

就律师公会而言，公会大部分活动也局限于英法租界。1940 年，伪华北政务委员会法部曾就律师清查暨会员大会召集等事质疑律师公会，认为公会故意拖延。公会辩解道，公会活动停滞一是因为自 1938 年以来，"因无宽大会场，不能容纳多人且以事变之后，会员一部离津，在津者更多迁居无定"。[①] 二是因为"会员寓居英法租界者大半，自租界隔绝交通不便，每遇召集会员大会，不足法定人数，纯为事实，并非拖延。然会员未经彻底清厘，根基未臻健全，实为大会不能开成之主要原因"。[②] 因此之故而停滞的天津律师公会，其活动不得不先后借址法租界 32 号路李兆庚评议员事务所，以及法租界 31 号路会长李洪岳寓所。

除了英法租界，日意租界也有律师设立事务所。日意因同属轴心国，意租界当局与日本占领军关系比较协调，因此住户增加不少。以律师为例，从 1936 年的 16 人上升到 1941 年的 23 人；[③] 相反，与意租界毗邻的日租界，虽然"已可自由通过了，大多数中国青年还是不敢到那里去，也不愿到那里去。那边据说是安全了，但有血性的中国人实在羞于得到那个安全"。[④] 律师从业人数从战前 19 人下降为战后 5 人，而且"到那里的人，都有相当的原因，否则他们宁愿住在英租界"。此外，原德租界，战后律师人数为 12 人，比战前增加 9 人；原奥租界和原俄租界人数并未有太大变化，分别维持在 8 人和 2 人。

天津河北一带和老城区一带也是律师较为集中的地区，执业人数分别为 42 人和 40 人。究其原因，一是"事变以还，秩序渐复常态"；[⑤] 二是天

---

① 《关于律师之件》，河北省档案馆：河北高等法院，634 – 75 – 70。

② 《关于律师之件》，河北省档案馆：河北高等法院，634 – 75 – 70。

③ 《天津律师公会会员录》，天津市档案馆：天津市各机关汇集全录，J250 – 1 – 1 – 142，J227 – 1 – 1 – 678。

④ 赵捷民：《沦陷后的天津》，《今日评论》第 1 卷第 13 期，1939。

⑤ 《天津律师公会第一次常任评议员会记录》，天津档案馆：天津市地方法院及检察处，J44 – 40 – 49。

津地方法院迁到河北西窑洼，而临近法院一直是中小律师招揽业务的主要途径；三是市营住房的建设。1939年天津水灾后，为解决市区房荒问题和日渐严重的房屋租赁纠纷，1940年日伪政府确定建设市营住宅方案，地址就在老城鼓楼附近。因此，也吸引了一些以房屋租赁、房屋买卖等为主要业务的律师。

三 沦陷时期律师的"沦陷"

律师作为自由职业者，收入来源主要有：受聘充当常年律师顾问，做公证人，充当民事、刑事诉讼案件的代理人或辩护人以及代理非诉讼事件。而收入的高低，"事务之繁简，则视人而已。在个人社交之优劣，信用名誉之强弱"。① 也有像施庆珍凭借父亲（施霖）人脉，业务"相当忙，因此招来同业中有些嫉妒"；② 也有像来自司法界上层，比如来往于京津两地执业的前北京朝阳大学校长江庸、前北洋政府司法总长章士钊等人，专办大案、要案且收费较高的名律师；也有一些法学院的讲师因曾任庭长、院长，凭借社会声望和优越社会地位获得较多业务。但对于大多数律师而言，沦陷期间甚至出现了"业务不振积欠常费者甚多，纷纷请求变通本会第五条不纳会费三月以上视为退会之规定"的现象。具体而言，主要有以下原因。

（一）从报纸到广播：律师业务广告途径的"沦陷"

律师业务渠道由多变寡首先体现为报纸数量的锐减。20世纪初期，报纸成为近代城市大众传播的重要载体，如北京"报纸的发达，确是可惊。不看报的北京人，几乎变得家家看报，而且发展到四乡了"。③ 从1927年至抗战前，天津的报业也盛极一时，报馆林立，共有大小报馆50余家，画报及周报8家，通讯社20余家；④ 内容丰富，主要有政党报、机关报和商

---

① 张务滋：《中国四十年来律师之业务》，《中国之经济建设》第4卷第2期，1936。
② 方媚：《女律师的生活》，《女声》第3卷第4期，1944。
③ 梁漱溟：《我的自学小史》，氏著《学人自述》，杭州大学出版社，1998，第170页。
④ 俞志厚：《一九二七年至抗战前天津新闻界概况》，中国人民政治协商会议天津市委员会文史资料研究委员会编《天津文史资料选辑》第18辑，天津人民出版社，1982。

业报等类型，向公众报道新闻、介绍新知、评议时政，发布商业信息，为中外商家出售商品服务。比如天津《大公报》通过评论、新闻、附件、副刊、广告等栏目向民众传播新知识、倡导白话文、启发新观念、宣传新生活等，而且报馆有着较为成熟的发行渠道，即派报社。派报社是报纸的发行单位，负责从报社领取报纸批发给报贩。1937 年前，天津的派报社共有18 家。① 大多数集中在南市广益街一带，有 9 家；东站附近有 3 家，其中光明派报社不仅在东站福生祥客栈内设点，而且还在意租界大马路租房一处共同发行。在报纸推销方式上，"光明"利用天津东站等地车站和各次客车的售报资格，派报贩上站售报，随车卖报。② 另外，苏启明创办的华昌派报社是规模最大的一家，它包销天津《大公报》《益世报》《庸报》等，以及上海的《申报》《新闻报》《时报》等，使用报夫 50 余人行走于街头贩卖报纸。

报纸巨大的信息量、较强的可读性以及广泛的读者群吸引了众多商家登载广告，其中也包括律师。仅以 1937 年 5 月的《大公报》为例，29 名律师登载了共 80 多条广告。这些广告主要有律师受企业或个人聘为常年法律顾问的广告，也有些律师代表某单位、某商号，或个人在报纸上登启事或声明，一般以大字标题登在报纸较为显著的版面。因为律师登载广告费用由当事人负担，所以律师不仅能借此扬名，而且还会从报馆或广告社方面得到一笔广告费回扣。反观天津沦陷后，律师的业务广告则主要刊登在《庸报》一家。一是因为报馆数量锐减。在伪天津新闻管理所的审查下，天津报业仅剩 25 家报社和 6 家通讯社继续营业。1938 年初，除《庸报》外，仅有《东亚晨报》《天声报》《天风报》《大北报》等十几种报纸，到1943 年秋，只剩下《庸报》《新天津画报》《天津妇女》3 种报纸。③ 二是迫于政治压力不得不登载在《庸报》。其原因在于《庸报》的军方背景，日军部不仅强制推销《庸报》，"由于庸报有日本军部更直接的支撑者，所以别于其他报纸，他们收买了许多丧心病狂的恶棍，挨户强迫订

① 张利民等：《近代环渤海地区经济与社会研究》，天津社会科学院出版社，2003，第 523页。
② 俞志厚：《一九二七年至抗战前天津新闻界概况》，《天津文史资料选辑》第 18 辑，1982，第 39 页。
③ 罗澍伟：《近代天津城市史》，中国社会科学出版社，1993，第 706 页。

购。如其你说不看，他便装腔作势说什么'这是人家日本上方的命令，不遵行便要吃官司的'，如其你说没钱，他又会说'白看报不要钱'，可是到了月底便有日本浪人佩戴手枪来强索了。如其你真的没钱，那便要真的吃官司。而且任何庸报订户，都绝对没有停订的权力。"① 在太平洋战争爆发前夕，《庸报》的日发行量达 4 万份以上，② 而且，该报还以中日"经济提携"为名，强迫各商号刊登广告，因此收入颇丰，每月可盈余伪联币百万元。

其次，体现在律师对广播电台的利用。1927 年 5 月 15 日，天津首先出现电台播音，即"天津无线广播电台"；次年 6 月，国民政府接管了该电台。自 1925 年日商义昌洋行在天津创办第一座义昌广播电台始，广播电台以其信息传播快、易接收、覆盖面宽、受众广的优势逐渐被人们所认识。抗战之前，天津共设立了 16 座电台。其中存续时间较长的民营电台，主要有仁昌广播电台、中华广播电台、青年会广播电台和东方广播电台四家，这四家广播电台都是以广告收入为主要经济来源的商业电台。七七事变前，律师也借助广播来提高个人知名度。比如仁昌电台，除了播放曲艺和广告，还定期播讲法学知识，其中就邀请张承惠等律师讲述继承法和婚姻法。③ 青年会电台是由天津基督教青年会创办，其信号设备安装在东马路青年会屋顶上，录音室设在二楼南端。天津基督教青年会不仅举办涉及德育、智育、体育、群育等方面的讲演会，而且还经常定期组织学术讲演周。不同国籍、不同身份的讲演者济济一堂，也包括律师，他们的讲演稿直接通过青年会电台同步播出。④ 通常情况下，这种讲座属于义务性质，邀请知名律师不仅能够增加电台收入，扩大听众范围，而且对律师而言，也起到了宣传作用。不过，收音机当时在天津尚未普及，再加上价格昂贵——产品均为进口洋货，少则几十块大洋，多则上千，一般家庭无法承受，能够买得起收音机的都是中等收入以上

① 问征：《沦陷后的天津报纸》，《战时记者》第 2 卷第 3 期，1939。
② 中国人民政治协商会议全国委员会文史和学习委员会编《文史资料选辑（合订本）》第 49 卷，中国文史出版社，2011，第 139 页。
③ 姚士馨：《解放前天津律师业概述》，中国人民政治协商会议天津市委员会文史资料研究委员会编《天津文史资料选辑》第 37 辑，天津人民出版社，1986，第 179 页。
④ 赵建敏主编《天主教研究论辑》第 8 辑，宗教文化出版社，2011，第 326 页。

的人家。所以电台的社会作用还远不能和报纸相比。①

沦陷后，大部分民营电台停播，像青年会电台七七事变后就被日本人低价收购。② 1938 年 1 月，伪天津广播电台成立。该电台共播出三套节目：一套为新闻及综合节目；一套专门转播东京台日语广播；一套为1942 年设立的"天津广播电台特殊电台"，专播商业广告。宣传日军"战绩"、日伪政策，奴化人民，推销日货是其主要内容。③ 同时，日军部还下令登记收音机用户，强令没收可以收听短波广播的设备，并强制推销日本廉价收音机，仅北平一地就推销了近 4 万台，但这些廉价收音机只能收听当地日伪广播。④

（二）"律师多败类"：律师公众舆论引导权的"沦陷"

表面上看，《庸报》4 万份的日销量对律师扬名发挥了重要作用，但与战前相比，这一时期律师对报纸的利用明显呈现出形式单一的特点，律师完全无法利用报纸舆论作用，特别是日本宪兵队密捕杀害《益世报》主编生宝堂以及一名报童后后，⑤ 这一特点更为明显。

战前，报纸除了登载一些业务广告、启事外，律师还利用报纸的副刊进行法律咨询活动，这种免费宣传的形式对报社、律师以及读者都有很强的吸引力。比如"法律解答"是由《大公报》聘律师面向社会大众提供法律咨询的服务栏目，该栏目自 1936 年 1 月开办，每周二、四或周六不定期在副刊家庭版答复读者的来信，内容涉及婚姻与家庭、债务合同纠纷、房屋土地所有权纠纷、公共事务以及刑事、民事等法律条款解释等方面。该栏目先后共推出 129 期，解答读者来信 425 封，1937 年 7月因抗战爆发而停办。

战前，报纸也是律师进行舆论宣传的重要工具。一种是针对案件本

① 张利民等：《近代环渤海地区经济与社会研究》，第 524 页。

② 中国人民政治协商会议天津市委员会文史资料研究委员会编《天津文史资料选辑》第 2辑，天津人民出版社，1979，第 54 页。

③ 苏士梅：《中国近现代商业广告史》，河南大学出版社，2006，第 74 页。

④ 赵玉明：《中国现代广播简史（1923～1949）》，中国广播电视出版社，1987，第 49 页。

⑤ 《益世报》倚仗在意租界的便利条件，照常印行，并让能够泅水的报童把报纸装在铁筒或油布包内泅过海河，到法租界销售，关心战局的人们群相争购，立时引起日本宪兵队的注意，于是，密捕杀害《益世报》主编生宝堂以及一名报童。

身，律师往往利用报纸等媒体公之于众，寻求公众舆论支持。1935年"施剑翘刺杀孙传芳"一案中，施剑翘的律师根据"父受诛，子可复仇"之古训，为其辩护。而检方则以法律无情相诘难，指斥被告以数千年之旧伦理，文饰其罪。法律最后之所以相形见绌于道德伦理，报纸特别是《大公报》《益世报》等对该案的长篇累牍报道起着重要作用。通过舆论赢得诉讼胜利是律师辩护的手段之一，但也有一些律师通过报纸，以律师名誉问题打击对方律师。1930年上海"律师多败类"风波就是控辩双方律师登报相互攻讦的严重后果，以至于上海律师公会出面干涉，认为"事于会员本身事小，而于同业全体关系甚大"。[1] 如此互相诋毁，甚至会"动摇社会对律师信仰"。[2]

另一种是利用经济制裁制约报纸舆论导向，维护行业信誉。经济制裁是律师公会阻止报纸侵害律师名誉的重要手段之一，大多数报纸之所以不愿意与律师界为敌，除了律师依法维权之职业特点外，律师大量的广告也是报纸经济收益的重要来源，1933年6月15日《益世报》有辱律师名誉风波即可佐证。该报"语林"栏目刊载《妓女律师医生》一文，认为"现在有一种人亦无罪就该杀者律师也"，并在文中详细地论说了"律师所操之职业，只管取钱，不管你聘他来处理任何案件。明明你犯的是奸盗邪淫之案子，他都有法给你辩护，如你偷了别人的东西，他上堂去三言五语，说你因一时急需，实在无法，暂时借用，以后仍拟归还。你犯的淫案，他为你辩护道，圣人有云，食色，性也，凡人当然不免在对方诱惑之下，他自然知道予之不取必有天灾，于是刑事可以变为民事，民事一变可罚几个钱而已，对方明明无罪，他可以说得天花乱坠，将他徒刑三年"。总之，"律师实逢人之恶又长人之恶者也……越是阔的律师越该杀"。[3] 文章一出，天津律师公会认为"诋毁同业无以复加，名誉有关，难安缄默"。一面对报纸提起诉讼；一面号召所有律师不得订阅该报，不得在该报登载广告，对该报进行经济制裁。

反观战后，对律师而言，报纸完全丧失了舆论工具的作用，而简化为广告工具。这一时期，律师在《庸报》上刊登的广告主要是一些受企业或

---

① 《致董俞会员函》，《上海律师公会报告书》（1928），第107页。
② 《致叶萧康会员函》，《上海律师公会报告书》（1930），第61~62页。
③ 《妓女律师医生》，《益世报》1933年6月15日。

个人聘为常年法律顾问的广告，比如"朱道孔受任靳少卿法律顾问通告""律师杨冠生受任天津市绸布棉纱呢绒业同业公会为常务律师特此通告"等；代表某单位、某商号，或个人在报纸上登出启事或声明，像"律师王履占代同义隆货栈副经理刘厚斋、刘兆丰对律师孙仲阳代表仁厚堂等十家声明之声明""律师周乾济代麟丰堂声明置产"等。

（三）"日语普及运动"：律师业务语言的"沦陷"

1942 年 11 月，日籍辩护士（律师）大干木一在《庸报》上连续刊登启事，声称有人冒充该事务所翻译进行诈骗。这则启事仅寥寥数语，但透露出沦陷后律师执业活动的两个特点：一是，律师执业需要专业的日语翻译；二是日籍律师及其事务所颇受民众，包括中国籍律师的信赖。究其原因，首先是应日伪政府的需要。日伪政府在华北推行第五次"治安强化运动"，提出"华北之建设，须以中日提携、共存共荣为中心理念，是以对于日语普及运动，以及中、日文化之沟通，亦应加以策划"，并要求各机关以身作则。① 按此要求，伪华北政务委员会法部就在法院专门设立日语翻译室。

其次，人们对日籍律师，甚至对会日语的人的需求完全来自战时的需要。战前日籍辩护士的业务并不多，当时在天津执业的日籍律师主要有大干木一、竹内信等人。天津沦陷后，一方面随着日本来津者增多，日籍辩护士业务逐渐增多，再加上 1941 年太平洋战争爆发后，英美籍律师被关押到山东潍县集中营，于是日本的司法代办和辩护士开始在中国法庭代理诉讼案件。另一方面，就法庭而言，伪司法官吏对日籍律师毕恭毕敬，委曲求全，不敢得罪；就委托人而言，每年付若干代办费买一张日人签名的法律顾问证，并聘请日本辩护士和司法代办为常年法律顾问可壮声势。以天津货栈业为例，太平洋战争爆发后，天津市的进出口业务完全中断，而且日军大量抢购各种物资，货栈业的代客和自营业务完全停滞，日军在物资缺乏的情况下，以抓捕"经济犯"为由，对货栈业进行勒索。鉴于此情况，天津志成货栈业就聘请国际法律事务局竹内信为常年法律顾问。此

---

① 中国人民解放军历史资料丛书编审委员会编《八路军参考资料（二）》，解放军出版社，1992，第 502 页。

外，竹内信也担任私人法律顾问，像担任李春兴的常年法律顾问。也正因为此，一些中国律师也开始与日籍律师合作。比如郭定森与大干木一合作担任广仁堂法律顾问，受理广仁堂地产买卖。当然，其中不乏一些被日籍律师欺骗的中国代理人，比如某日籍律师就凭借其与日领事馆中岛领事的关系侵吞了代理人大量土地等。①

另外，律师公会也需要日籍律师来与日军周旋。天津沦陷后，日伪天津高院废除了原天津高等法院所颁布的律师登记办法，并对天津律师进行清查，为会员定制新徽章，并由国际法律事务局派送。为便利公会会员领取，公会与宪兵队及竹内信多方接洽，最后商妥由公会派发并在国际法律事务局附设公会办公处。除此之外，还先后与宪兵队协商，保释朱评议员和夏孙榆之书记姚士心等。

需要提及的是，战前一些律师拓展业务主要通过交际、人情以及中介等方式进行。比如舞场歌楼等娱乐场所是军阀、官僚、政客、富贾等上层人物经常去的地方，有的律师为了接近他们亦涉足其间，如高善谦律师就经常出入舞场、跑马场、回力球场、网球场等娱乐场所。再如白鋆律师，经常盘桓于花街柳巷，认了不少秦楼干女儿。杨寿怡律师则是梨园界的票友，以戏票为手段，广为交际。人情关系则包括同乡、同寅、师生、同学等关系，像号称"法院通"的李华峰、金殿选、李炳阳、陈彰寿等人就是利用与法院和检察机关推检人员的关系，把本来无理的案子变为有理或使当事人获得有利判决。有的律师甚至与帮会勾搭，以"专吃这碗饭"的掮客为助手，靠这些人在街上拉案子。律师对于经常出力的掮客，给予优厚佣金，以促使其拉来更多的案子，同时借这些人替自己吹嘘和宣传。沦陷后，除了上述渠道外，能够与日军部以及和日领事馆关系密切的人建立联系也成为某些律师招揽业务的筹码。"黑律师"邓锦道办案不问曲直，凭着与日本宪兵队的关系，每年从中"活动"出不少涉嫌毒赌娼在押人犯。曾经一个大杂货店的副经理被押在宪兵队一两个月，他通过日本宪兵队广田部队翻译金命熙的"关系"，使该副经理得以即时释放。②

① 藤江真文等：《近代天津日侨回忆录》，天津人民出版社，2014，第203页。
② 朱道孔：《解放前黑律师劣迹种种》，《天津文史资料选辑》第37辑，1986，第199页。

四 结语

1937年7月天津失陷，许多律师纷纷转向内地城市。与此同时，律师界仍有部分人留守天津，继续坚持经营律师业务。面对日伪政权的白色恐怖以及对进步力量的高压政策，律师执业活动举步维艰。

沦陷后的天津，不仅影响了律师执业的活动范围，特别是日本封锁英法租界之后，律师个人活动受到限制，公会活动陷于停滞，而且更重要的是影响了律师拓展业务的渠道，尤其是对中小律师而言，失去了报纸、广播等媒介的助推，而业务不振。处于环境的变异及时潮的冲击间，律师们有着不同的姿态与表述，有的"自堕其人格，看了人家的'眼前富贵'就生羡慕之心，半途失节"，一些"黑律师"通过"巧立名目""制造假证""串通威胁"等手段榨取委托人钱财，影响非常恶劣。他们"拉案子不问事件大小，给钱就干，办起事来不问青红皂白，有缝就钻"。有的抵抗，"竭力节约，以度难关，忍受痛苦，准备牺牲"。[1]胡毓枫[2]律师不仅为民仗义执言，不畏强权，曾担任控诉律师公会会长李洪岳之辩护人，而且以律师身份作掩护，从事地下抗日活动，最后不幸于1941年冬被人毒害于天纬路律师事务所门前。还有的选择了虚与委蛇，律师公会以会员人数不足为借口，拖延法部对律师的清查，甚至有的隐遁。但正如《明灯》杂志所言，"国家不保，则法律无所寄托，国家有损，人权亦何从保障"。总而言之，如果说执业活动的改变只是律师作为"生意人"的一种表现的话，那么沦陷时期的律师要想其"地位与职业将更神圣，更庄严"，则从"生意人"向"法律人"，乃至进行抗争转变是根本途径。

最后需要提及的一点是，沦陷区的天津律师总体上处于一种爱国主义的集体失声状态，除了日伪政府的高压统治，还有待相关研究进一步挖掘沦陷区律师的心态。

作者：王静，天津社会科学院历史研究所

---

① 法学会：《敬告上海律师界同仁书》，《明灯》第2卷第12期，1941。

② 中国人民政治协商会议天津市北辰区委员会文史资料研究委员会编印《天津北辰文史资料》第6辑，1998，第52页。

近代城市化进程中城市贫民社会网络探析[*]

——以 20 世纪二三十年代天津为中心的考察

付燕鸿

内容提要：伴随着近代天津城市社会的急剧变革，城市工商业的发展，社会不同阶层之间的差距在不断拉大，这种差距不仅表现在收入差距上，而且表现在社会网络方面。就城市贫民的社会网络而言，呈现出由传统亲缘关系向地缘关系，再逐渐向业缘关系铺开的态势。受阶级和社会环境的限制，近代城市贫民的社会网络具有狭窄性、封闭性、同质性等特质，这也折射出近代城市贫民大部分仍是城市社会的"边缘人"，未能真正融入主流社会。

关键词：近代天津　城市贫民　社交网络

社会网络是一种研究路径，也是一个研究对象。任何社会的存在与发展都离不开社会成员之间的互动，正是在人们的互动中形成了一张张社会关系网。不同的学者根据自己研究的需要和研究领域的不同对社会网络进行了界定。有的学者把社会网络界定为社会关系的总和；有的界定为人与人关系的集合；有的界定为一群特定个人之间独特的联系等。也有学者将社会网络界定为社会成员之间由亲缘、地缘、业缘而结成的相对稳定的关系模式。亲缘关系主要是家族、宗族关系；地缘关系主要是同乡、邻里关系；业缘关系则主要为同业、师徒关系。[①] 这些网络所提供的社会资源，

---

  * 本文系中国博士后科学基金会第 56 批面上基金项目（项目批号：2014M560598）、河南大学人文社会科学研究项目（项目批号：2012YBRW012）及河南大学省属高校基本科研业务费专项资金"青年科研人才种子基金"项目的阶段性成果。

  ① 薛毅：《中国华洋义赈救灾总会研究》，武汉大学出版社，2008，第 435 页。

对社会成员的各方面产生深刻的影响。

在社会阶层研究中，社会网络是一个重要且有效的分析维度。在对近代社会阶层社会网络的研究中，学者多着眼于上层社会，或市民阶层社交网络的研究。[①] 城市贫民作为近代城市社会的重要组成部分，其在生存和发展过程中逐渐构建起具有阶层特色的亲缘、地缘、业缘等关系网络，这些社会网络成为贫民在城市中生存和发展的重要支撑，也是他们融入城市社会的重要参照标识。借助社会网络的分析路径对城市贫民进行研究，无疑对深化贫民阶层的认识提供又一新的视角。

一　亲缘关系网络

中国传统社会是一个礼法社会，社会内部等级森严，社会分层明确，社会居民的交往圈子一般比较狭小，即使在血缘、地缘、业缘关系内部，长幼尊卑的等级观念也十分严格。人际关系主要是围绕礼法和血缘来构筑的，交往方式具有明显的社会庇护性，并且突出了家族或宗族的功能。因此，人们在交往中更看重家庭纽带、乡土关系、宗族门第等观念。

甲午战败，中国传统观念中的核心思想与价值观呈土崩瓦解之势，改造国民性遂成为一种社会性思潮，应时而动。加之清王朝的覆亡，政治控制相对松动，传统价值观念中的家庭纽带、宗族门第、乡土关系等观念，日益淡薄松弛，受到以职业和利益为基础的"社会性"观念的冲击和挑战，并逐渐走向礼法体系的对立面。新的地域关系发生膨胀，新的业缘关系则由于社会逐步现代化和开放而发展起来。尤其是20世纪以后，随着城市工商业的发展，社会资金大量流向城市，城市中二、三产业获得较快发展，分工越来越细，众多的新兴职业在城市社会中如雨后春笋般涌现。城市职业结构的变化，影响到了居民的日常活动。而近代交通、电信事业的发展，以及新的公园、影院等城市公共设施的兴建，为居民的出行和人际交往提供了更多便利的条件和场所，居民交往的互动性大大增强，交往方

---

① 洪璞：《乡居、镇居、城居——清末民国江南地主日常生活社会和空间范围的变迁》，《中国历史地理论丛》2002年第4期；《游走于城市之间：晚清民初上海文人的公共交往》，《史林》2006年第4期；马钊：《诱拐的命运：20世纪四十年代北京男女交际、传统礼教和法律原则》，杨念群主编《新史学》第1卷，中华书局，2007；等等。

式出现了多样化和外向化趋势。居民间人际交往方式不断变化，传统交往模式不断遭摈弃，城市贫民的社会网络也悄然发生着变化。

由于历史的惯性，到近代，亲缘关系在农村及小城镇中仍被视为人际关系之首。这主要因为在农村和小城镇中，人们交往的圈子狭小，人口流动缓慢，世代繁衍，易形成大族大姓，故封建的血缘宗法关系易成为人际关系中的主要纽带。即便是在大都市，这种"习性"没有因生活地点从乡村到都市的变动或职业由农民到工人的变动而改变。如很多入城的农民，虽然在城市里工作、居住，但"家"或"根"仍留在农村，他们和家乡的亲人保持着密切的联系。因此，许多入城的农民靠情感维系的生活圈子并没有根本改变，他们最大的情感寄托仍然在生于斯、长于斯的家乡。在节假日，回乡探亲成为重要的社交活动。如在天津久大精盐厂，其工人以山东、直隶人为多，他们很讲交际，且交际费用支出较多，"遇有远来的亲友，不免请吃饭，管住店，招待一番，逢年过节，又要买鱼肉蔬菜，送到至好乡亲的家里去"。[①] 此外，婚丧钱行，需要"随份子"，同村乡亲回家，又要送礼或带东西回家等。凡此种种，导致久大工人的交际费随收入的增加而增加。在天津久大精盐厂的 86 位住厂工人中，每年的交际费 6.4 ~ 12.9 元不等，平均占各项开支的 8.3%。[②] 这也是久大工人的一项特殊开支。因此可知，虽然工人交际费用支出相对较多，但并不能显示出这些贫民参与城市活动程度的提高。也就是说，这些破产的农民入城就业后虽然生活在城市，但尚未真正地融入城市生活，也没有建立起以业缘关系为纽带的生活圈子，他们仍与家乡保持着密切往来，他们的生活圈子仍然建立在传统的亲缘关系基础之上。

对于广大城市贫民而言，平时忙于生计，彼此间交往较少。逢年过节，是贫民间互相走动、来往的重要时机。天津地毯工人在春节时，"工人备新衣，出访亲友，三五成群，徘徊于热闹街市及转角之处，无所事事"。[③] 在塘沽久大精盐厂，新年时，工厂有工人新年"走会"，这原为乡间之一种习俗，工人在新年休假时，以此为娱乐。新年"走会"可分为"灯笼会""狮子会""高跷会""低秧歌会""旱船会""小车会"等六

---

① 林颂河：《塘沽工人调查》，北平社会调查所，1930，第 145 页。

② 林颂河：《塘沽工人调查》，第 138 页。

③ 方显廷：《天津地毯工业》，南开大学社会经济研究委员会，1930，第 69 页。

种，年终在厂内唱歌走舞为乐。^① 当然，这既是底层民众的一种娱乐方式，也是一种闲暇时贫民在城市中重要的社交活动。

但是，在近代大城市中，在商品经济的冲击之下，人们的社会观念与行为方式在不断发生变化，尤其是随着社会流动性的增强，移民来自五湖四海，流动人口蠕动在城市的各个角落，杂处的人群结构使人际关系日益非宗法化。移民浪潮强烈冲击着传统积淀下来的宗法关系，并使人们的家族观念日趋淡化。在此情形之下，亲缘关系虽依旧存在，但功能和作用已发生了巨大变化，人们越来越多地将亲属交往限定于少数近亲范围内，亲属圈缩小，且亲缘关系日益异化和疏离。在社会交往中，人们沾染了更为浓厚的功利色彩，如不少拐卖、行骗之事实为家中亲人所为。案例1，邵周氏，年18岁，被其夫及婆婆拐骗来津，拟将其变卖，被邵闻知，欲投河自杀，幸获救。^② 案例2，居住本埠河东增厚里之马韩氏，原籍东光县，与胞弟韩连官将胞妹侯韩氏及其四女由家诱拐来津，夫家闻此事后，遂在原籍控告。^③ 不论是丈夫卖妻，还是胞弟卖胞妹，均体现出近代社会中传统亲缘关系的质变与异化。

近代商品经济的发展，不仅将一切物品商品化，且连人也商品化。再加上传统重男轻女思想的影响，女子常被视为家庭的私有财产，到了穷困潦倒之际，或因一时的利欲熏心，将妻女押与妓馆之事时有发生。关于"卖女为娼""卖女为妾""卖妻为娼"之事多见诸报端。^④ 亲生父母变卖女儿，实属荒唐，更荒唐的是母女因分赃不均竟对簿公堂;^⑤ 父亲变卖女儿，亦属荒唐，更荒唐的是变卖女儿后又行变卖妻子为娼之事，是荒唐中的荒唐。^⑥ 而这些匪夷所思的荒唐事，就发生在亲人间、至亲间，这种传统亲缘关系的异化与疏离，不仅是家庭之不幸，更是近代城市社会畸形发展的反映。

---

① 林颂河：《塘沽工人调查》，第161页。
② 《乡妇被拐 投河自杀》，《大公报》1935年10月29日，第6版。
③ 《人心叵测 亲姊姊诱拐妹妹》，《大公报》1927年10月8日，第7版。
④ 《穷极无聊卖女儿》，《大公报》1929年5月24日，第9版;《阿母穷极 租女儿藉以生财 俵分不均打起来》，《大公报》1929年8月4日，第9版;《退伍军人穷途末路》，《大公报》1935年9月16日，第6版。
⑤ 《阿母穷极 租女儿藉以生财 俵分不均打起来》，《大公报》1929年8月4日，第9版。
⑥ 《退伍军人穷途末路》，《大公报》1935年9月16日，第6版。

二 地缘关系网络

在近代城市贫民阶层的构成中，入城农民是其重要组成部分。[①] 他们由熟悉的家乡进入陌生的城市，长时间在外，生活的空间阻隔以及城市生活所面对的性质完全不同的问题，使多数城市贫民原有的乡村社会支持网络逐步失去作用。因此，构建新的关系网络，对于他们在城市中继续生存下去意义重大。而地缘关系是基于人们长期共同聚居一地而形成的人际关系，主要由同乡、邻里关系构成，[②] 这是城市贫民在城市中生存和发展的最重要的社会网络之一。

1. 邻里

邻里关系作为人际关系的一种表现形式，属于地缘关系的一种。在中国以传统自然经济为主导的农业社会中，人们安土重迁，加之社会闭塞、官府户籍制度的限制等，往往世代居住一方，世代为邻，进而形成了一种以道德作为调节手段，以亲仁善邻为道德态度，以乡邻和睦为价值目标，以相容相让为基本道德，以相扶相助为伦理义务的文化观念和道德规范。[③] 在日常人际交往中，人们重视互助互利，和睦相处，邻里间这种长期稳定的交往关系仅次于亲缘关系。

中国一直传诵着"远亲不如近邻""千金买宅，万金买邻"等谚语，折射出人际交往中邻里关系的重要性。邻里之间和睦友爱，不仅在生活上能互帮互助，而且相互间也可以给予情感上的慰藉和安全上的保障，所谓"乡田同井，出入相友，守望相助，疾病相扶持，则百姓亲睦"，[④] 这是孟子对理想邻里关系的描述。但是在近代这个急剧变迁的社会，城市作为现代文明敏感区和前沿阵地，城市居民的思想观念、行为准则也正经历着前所未有的巨变，传统的邻里关系遭遇新的挑战，一度在人际交往中占据重

---

① 关于近代城市贫民的构成问题，详见拙文《近代天津贫民阶层的形成及其时代性原因分析》，《史学月刊》2013 年第 3 期。

② 何一民主编《近代中国城市发展与社会变迁（1840～1949 年）》，科学出版社，2004，第556 页。

③ 肖群忠.《论中国古代邻里关系及其道德调节传统》，《孔子研究》2009 年第 4 期。

④ 孟轲：《孟子·滕文公上》。

要位置的邻里关系渐行渐远，邻里之间变得越发淡薄、冷漠。

近代劳动职业愈加丰富，地缘关系在求学、经商、谋事等流动人群中不断扩大，也日益变得重要、多样、复杂。一方面，在近代城市中，一定地域空间集中了相当数量的来自各地的人口，人口异质性随着城市的发展而不断增强；另一方面，不同文化背景、不同职业、不同个性的人杂居在一起，使得邻里间的沟通与人口单一、职业简单的过去相比，变得愈发复杂困难。同时由于众多贫民把主要的精力放在养家糊口上，他们更多关心的是自身眼前所面临的生存危机而不是着眼于关心他人。他们终日为生活奔波忙碌，与外界的接触因此受到限制。此外，他们由于经济条件差，生活贫困，文化素质低下，多数人又无城市生活的经历，因此在处理家庭、邻里及其他社会关系时，常会表现出无知、狭隘和冷漠的举动。邻里之间有时因利益关系，会发生冲突，甚至会对簿公堂。①

当然，邻里之间互帮互助的传统并未完全消失。如 1928 年，在天津西头习艺所东大墙外天汇西里有一叫凤山的老者，年 73 岁，素业厨役，因年老，无人雇佣，家中既无成年之壮丁，平日复无积蓄，未届冬令之前，全家四口分做苦工，将就度日，后因天时变化，四口之中，病倒三人，只有老人凤山稍能行动，以致全家连日未能举火，半饱难求，重衣莫获，除坐以待毙外，别无上策，鉴于此种情况，同院住户共同致函《大公报》，呼吁社会救济。② 这种同院住户共同致函《大公报》，呼吁对邻里进行救助之举，体现了邻里间互帮互助的一面。

2. 同乡

同乡组织是远离故乡的人们由于共同的地方认同在异乡成立的一种互助性组织。天津作为近代中国北方最大的通商口岸和经济中心，五方杂处，同乡组织发达，同乡关系在社会交往中扮演着极为重要的角色。同乡往往是新入城移民在城市中谋取工作和进行社交的主要圈子。大多数农民入城后，在碰到经济困难、找工作难、与人发生冲突时，首先求助的社会资源就是亲戚或老乡。

对于大多数城市贫民而言，要想在这个陌生的环境中生存下去就得有

---

① 《持刀讨债》，《益世报》1930 年 3 月 18 日，第 11 版。
② 《可怜的呼声　七旬老翁生活困难　慈善家如何救济》，《大公报》1928 年 11 月 18 日，第 6 版。

收入来源，所以找工作是他们面临的第一个难题。由于城市贫民阶层多数来自破产的农村，他们不少是由老乡或者亲属带到新环境的。因此，在初次就业时，同乡发挥着至关重要的作用。比如，许多工厂中工人入厂要有介绍人，这些人多是老乡或亲戚。1929 年，天津市针织业 113 名工人中，毛遂自荐者仅有 10 人，其他 103 人皆由同乡、朋友、亲戚等介绍而来；在调查的 317 名织布业工人中，毛遂自荐者仅有 28 人，其他的 289 人也皆经人介绍。学徒则全部由介绍人介绍入厂（详见表 1）。从这些工人与雇主的关系来看，绝大多数经同乡、亲戚、朋友介绍而来，占总数的90% 以上，而经家族、邻里介绍入厂的不到 10%。可以想象，如果没有这些社会资源的支持，这些初入城的农民在陌生的城市中势必将处于孤立无援的境地。

表 1　1929 年天津针织、织布业工人和学徒入厂介绍人情况统计

与雇主关系	针织业		合计		与雇主关系	织布业		合计	
	工人	学徒	人数	百分比		工人	学徒	人数	百分比
同　乡	47	91	138	42.7	同　乡	58	170	228	27.2
亲　戚	23	78	101	31.3	亲　戚	28	133	161	19.2
朋　友	23	24	47	14.6	朋　友	178	176	354	42.2
师兄弟	7	—	7	2.2	师兄弟	16	—	16	1.9
家　族	—	22	22	6.8	家　族	7	42	49	5.8
邻　里	3	5	8	2.5	邻　里	2	—	2	0.2
其　他	—	—	0	0	其　他	—	29	29	3.5
合　计	103	220	323	100	合　计	289	550	839	100

资料来源：方显廷：《天津针织工业》，南开大学经济学院，1931，第 64、66、74、81 页。

对于那些新来的移民，人生地不熟，可资利用的社会资源极为有限，他们如果在城市中找不到同乡或亲友的帮助，没有这些社会资源的支持，这些贫民将会身陷绝境，有的会沦落街头以乞讨为生，有的从事偷盗一行，甚至有自杀者，而女性则有被迫为娼的。案例 1，某初三下午七点，有异乡人某，因来津寻人不遇，行囊一空，在河北金华桥下投河自尽，经岗兵打捞，救上岸后，遂禀送总局。[①] 案例 2，有异乡人赵永福者，只身来

---

① 《投河自尽》，《大公报》1907 年 7 月 14 日，第 6 版。

津，寻友未遇，一时情急，无处可去，顿生短见，遂在金刚桥投河自尽，幸被该管河巡救起。① 从这些案例中，可证实同乡关系的重要性。

这也表明在近代城市中，在商品经济浪潮的冲击下，传统的以血缘为基础的宗族亲缘关系和以地缘为基础的邻里关系不断被淡化的同时，地缘关系中的同乡关系则不断得到强化，成为人际交往的主要纽带之一。有学者认为，农民进入工厂成为工人遵循着一定的路径和方法，根本原因是农民的贫困破产，而主要路径则是同乡的介绍，"如果农村难以生存的现实是农民进入工厂的根本原因，那么包工头的劝诱以及同乡的介绍则是其最终进入工厂的主要通路"。② 此种情况在近代各工厂企业中普遍存在，尤其在一些中小企业，存在近缘引荐雇工的制度，这势必形成企业人员之间，不论是雇主与工人，还是工人之间，均是同乡关系或是亲朋关系，造成城市中的某些行业经常被来自同一地区的移民所垄断，进而形成同业或多业相结成"帮"的现象。

天津中小企业的雇主，尤其是一些小企业的雇主，多是来自附近地区的移民，于是在这些企业中易形成该企业的工人也是以某一地区的移民为主的现象。这主要是因为在城市做工的工人和店员会经常帮助亲戚或同乡寻找生活出路。大部分城市贫民寻工主要是通过亲缘、地缘关系，而不是依靠政府和市场。如在天津针织、织布、地毯三业工人中，以河北省东南部和南部各县者居多，即冀州和深州地区。而嘉瑞面粉厂工人则以天津和静海人为主。又如塘沽久大盐厂的工人，以山东人为多，多由工人互相介绍而来，乃至形成父子、兄弟、叔侄、甥舅等同在一厂，一村一姓来同一工厂做工的达二三十人之多的局面。③ 这形成了工业人口构成与城市移民来源的某种特殊联系，即某一行业常常以某一地区的移民占优势，甚至造成完全被其垄断的局面。近代天津工商业中形成了所谓的"广帮""宁波帮""冀州帮""山西帮"等帮派，各帮从事的行业各有重点，即使从事同一行业，其经营范围、特点等往往也有所不同。同帮经营的企业或商号，大都被来自同一地区的移民所垄断，"外乡人"则很难插手其中。如

---

① 《投河遇救》，《大公报》1911年4月7日，第1版。
② 任焰、潘毅：《工人主体性的实践：重述中国近代工人阶级的形成》，《开放时代》2006年第3期。
③ 林颂河：《塘沽工人调查》，第39页。

果企业主、店东改换为非同籍人担任，其职工、店伙也会随之更换。作为一种社会支持系统，城市贫民利用传统的地缘关系为其在"陌生人世界"的生存和发展提供帮助。

3. 地域性商团组织

天津作为一个移民城市，各处商贾云集于此，加之大批南方籍官僚、工人和士兵纷至沓来，来自各地的商贾为避免被来自不同地方的商人所排斥，保护切身利益，在天津还组织了带有强烈地域色彩的商业性团体，公所、会馆等。尤其是近代以来，随着天津城市工商业的发展，会馆和公所的组织因之逐年增多。如1868年，由怀庆药行商人发起，成立了怀庆会馆；1886年，旅津的安徽籍商人、官吏和幕僚，募资在河北地区建立了安徽会馆；同年，浙江籍官吏、商人在天津建立了浙江会馆。此外，这一时期还建有江苏会馆、山东济宁会馆、福建的邵武公所，以及潮帮公所、庐阳公所、绍兴会馆、两江会馆、淮庆会馆等。这些会馆公所，以乡谊为基础，除了在业务上互帮互助，解决商事纠纷的调判外，会馆董事还承担诸如同乡纠纷调解、救济流亡及贫苦同乡、失业会员之职业介绍、人身侵害欺压之救助、开具身份证明担保以及提供小额贷款等事务。

天津作为一个近代都市，移民较多，这些移民中不少是同乡。这些同乡或是因为战乱的原因逃难于此，或是因为投亲不着而流落街头，或是找不到工作而四处游荡，等等。为了避免这些同乡流离失所，客死他乡，商团性质的会馆、公所经常会对这些有难的同乡提供救助，如资助其返乡费用，帮助旅津同乡寻找工作机会，教育救助等。1937年，天津航业公司因租用荷兰公司驳船不用起卸工人，导致会馆劳工会员失去工作，生活陷于绝境。山东会馆闻讯后，公推名誉董事纪孝农会同董事许佩丞、杨文卿携带公函与航政局潘局长接洽，希望其能够向航业公司提出交涉：如再租驳船，必须随带起卸小工。经潘局长慨允，派员负责与该公司交涉。① 这就为流落他乡、失业无助的贫困者，提供了难得的生存机遇。

许多会馆常于每年春正举行团拜、演戏聚餐，供奉本地神祇，颇为热闹。另外还为客死天津的同籍人购置义地，设立义园等，如浙江的"宁波帮"，在清光绪年间，在三义庄购地50余亩，建房数十间，建立义园，设

---

① 《杂件》，天津市档案馆：天津市各会馆团体，J134－1－181。

备较好，甚至有不少寓居租界的官僚军阀死后，借浙江义园作为停灵柩处。随后该义园还在黑牛城购地数十亩，作为同乡死后免费埋葬之所，初命名为浙江义地，后改为"浙江第一公墓"。[①] 此外，这些会馆、公所还兴办学校，收容落难同乡等。[②] 在某种意义上讲，这些商团组织也可被视为横跨阶级地位的移民社会组织。它不仅可以保持移民在天津的共同利益，还有利于巩固和提升商人在地方社会的威望。这为他们更广泛地参与地方各项公共事务提供了良好的背景和机会，同时同籍人在一起也可以形成和维系一种地方认同感。近代同乡社会组织的发达，表明了城市成长的加速和城市功能的增强。

三 新型业缘关系网络

所谓业缘关系是"以人们的社会分工为基础而形成的社会关系，以职业为纽带，或因学习授业而成的同学、师生关系，或缘授艺而成的师徒关系，或因职业而成的同业、同僚关系，或缘志趣、理想而形成的同好、朋友、同志关系等"。[③] 随着近代第二、三产业的发展，社会分工细密化，并由此形成了庞大的职业网络，各类新兴的业缘交往伴随着联系纽带、交往渠道的增多，在各业中不断得以确立。在近代企业中，新兴的业缘关系和传统的亲缘关系共存，业缘关系也常与地缘关系密切联系。多重关系的交织，使这种新型的业缘关系在各业中更为复杂。城市贫民的社会网络也不再拘泥于传统的宗法血缘关系之内，而是在更广阔的空间拓展，新型的业缘关系不断得以确立。

1. 工会

在近代城市中，人们的行业意识不断加强。同业职员之间因共同利益所产生的吸力，及互相合作的现代意识使行业内部和行业之间的合作成为必要。近代工会的产生，是行业间合作加强的典型表现，此外，还有同类性质的工友互助会等。

[①] 张章翔：《在天津的"宁波帮"》，中国人民政治协商会议天津市委员会文史资料研究委员会编《天津文史资料选辑》第 27 辑，天津人民出版社，1984，第 86 页。

[②] 任云兰：《近代天津会馆与同乡组织及其慈善公益活动》，《南方论丛》2008 年第 6 期。

[③] 何一民主编《近代中国城市发展与社会变迁（1840～1949 年）》，第 556 页。

1911 年 5 月，农工商部颁布了《奏定工会简明章程》25 条，这是中国历史上第一部有关工会组织的法律条文，该章程规定"工会以研究工学，改良工艺，倡导工业，拓增实际上进步为宗旨"。该章程的立意在于促进工业发展；还专门规定，工人"不得纠众罢工，妄肆要挟"，否则"从严究办"。① 然工商界人士则认为工会是代表自己利益的组织，1911 年 5 月 7 日《大公报》上登载了一位署名"工界一分子"的发文，描述了工人们希望成立工会的心情，"目下天津，要仿照商会立一个工会……要是在十年头里，吾们中国的工人，作梦亦梦不见。中国的工人，向来是作人的奴隶，见了作活的主家，敢站着不敢坐着，而今竟能入工会，为会员，充会董，当总理……入了工会，好处多得很，莫说是一块钱，要是没有工会，就是花百块千块，亦未必买的到。吾不只盼望吾们工人全去入会，吾还盼望吾们工人要大家振作，提高吾们工人的人格，虽然从前是国家不重看吾们工人，实在亦是吾们工人自轻自贱，教人家不重看……于今国家既然是要立工会，拿吾们工人当极体面的人看待，吾们工人就当把从前的一切恶习，一概除去，方不愧负吾们国家提倡工艺的一番苦心了"。②

近代许多行业都成立了工会，且行业间的合作与支援不断加强。如 1933 年 5 月 5 日，天津恒源纺织厂突然停工，许多工人因此失去生活来源，他们得到了天津邮务工会的声援，1933 年 5 月 16 日发表了《天津邮务工会为恒源纱厂停工援助全厂工人宣言》，列举了厂方的四条罪状，并呼吁社会各界给予援助。③

2. 各类互助会

弱势群体之间，为了生存，联合起来有其必要性。在裕元纱厂，男女工感情融洽者常结为小团体，男曰"结拜兄弟"，女曰"结拜姊妹"。"男工结团体后无论听戏，喝酒等等时在一起，以表现形式上之合作；至若喜丧庆吊酬酢往来，亦未尝稍忽。"④ 女工的团体常不如男工牢固，常因小事

---

① 《农工商部奏定工会简明章程》，《大公报》1911 年 5 月 2 日，第 3 版；5 月 3 日，第 3 版。
② 《吾亦说说工会》，《大公报》1911 年 5 月 7 日，第 4 版。
③ 《天津邮务工会为恒源纱厂停工援助全厂工人宣言》（1933 年 5 月 15 日），天津市档案馆，J0128 2 000252 010。
④ 吴瓯：《天津市纺纱业调查报告》，天津市社会局，1931，第 127 页。

发生冲突而解散。

工人自身贫穷，可以利用的社会资源十分有限，故每遇家庭变故，常走投无路，一些工厂就出现了工人间的互助组织——工友互助会。如在塘沽久大精盐公司，1927 年 5 月 1 日在"婚丧相吊唁"的宗旨下，成立了一个职员工友共同组织的机关"工友互助会"。该会规定，凡是久大的职员工人按月缴纳会费，以帮助工人应付婚丧疾病之类的急难事情。会员入会每人需交 3 角大洋，职员每月会费每人 1 角，工人 5 分，聚集起来，存在久大的储金处。遇到工人发生事故时，依照下列四条支付：（1）工友自身婚事，每人十元；（2）工友父母及妻之丧事，每人十元；（3）工人病故；（4）工友残废或病重回家而缺乏川资者，临时议定。[①] 互助会会费的收支，由会中干事负责办理，干事通过投票选举的方法由职员中选举 2 人，工人中选举 13 人，任期 2 年。就性质而言，互助会不过是一个慈善机构而已，即全体职员工人联合起来，帮助急难的工人共渡难关；就互助的精神来看，互助会不仅使工人有了团体的观念，彼此知道自爱爱人，并且可视为公民教育的一部分。进而言之，有助于联络职员工人间的感情，便于他们进一步团结起来，维护自身的利益。可惜的是，笔者并未在其他行业中发现此类性质的组织。

同样，在近代天津的各类工厂中，女工也充分利用亲属、同乡、宗教组成她们在工厂里的非正式团体，旨在工厂互助、经济互援、情感共享，具有传统民间结社的特征。虽然较之于上海，天津的姐妹会组织化程度很低，应酬较少，仅注重感情之融洽而已，并经常有因吵嘴解散的。[②] 这种小团体网络，为女工间情感分享和物质互助提供了一定的保障。

政党和教会在女工组织建设方面发挥的作用不可忽视。如天津共产党在 1936 年曾派部分党员进入公大二厂、六厂和北洋纱厂，用拜干姐妹、交朋友、办读书会等方式，进行抗日宣传。[③] 1936 年，天津女青年会分别在河东大王庄和河西小刘庄创办了女工业余学校，前者学生多为烟厂女工，后者多为纺织女工。[④] 从这些例子可以看出姐妹会与读书会的不同，前者多是女工

---

① 林颂河：《塘沽工人调查》，第 100 页。

② 吴瓯：《天津市纺纱业调查报告》，第 127 页。

③ 廖永武：《天津现代革命运动史》，天津人民出版社，1985，第 136 页。

④ 天津社会科学丛刊编辑部编印《新民主主义革命时期的天津工人运动记事》，1980，第 183 页。

自发团体，涉及女工日常生活的各方面，女工在此可以获得情感、经济上的支持；后者的外界干预力量较为明显，但对培养女工的组织化却至关重要。总之，姐妹会是女工将传统亲属关系延伸到工作中的结果，亲情化的网络增强了女工之间的团结性，也提高了其抗风险的能力；而外来力量的介入则进一步诱发了女工的组织化倾向。

此外，在其他行业，城市贫民间新兴业缘关系亦呈现不断加强的趋向。如在津市的粮食及磨房业，20世纪初期之前，磨夫多是由私人经营的"磨夫店"帮忙介绍工作，磨夫店供给等候求职之磨夫以食宿，收价低廉。但是，一旦磨夫寻到工作，即向磨夫勒索大宗佣金。后到1910年代，磨夫因要求增加工资而罢工，磨房主人，趁机相率组织了"官店"作为雇佣磨夫之机关，以代替私人经营之磨夫介绍所。"官店"供给失业磨夫居所，"概不收费，然膳食及其他私人需用，则由磨夫自理"。官店的寄居者，多系来自同县，其中以有职业且久居津地的磨夫为首领，这些首领也是官店介绍磨夫工作时的保证人。在对津市83名磨夫的调查中，其职业由官店介绍者达41名，其余42名磨夫的职业，有13名由朋友介绍，有18名由同乡介绍，6名毛遂自荐。[①] 这是磨夫间加强联合的重要表现。

工会、工友互助会等联合组织的出现，是新式业缘关系得以确立的重要表现，尽管这些组织尚未在各业中普遍建立，但是它们的出现表明城市贫民社会网络的扩大与拓展，这有利于贫民阶层为维护自身利益而加强联合与斗争。

总之，在城市贫民的社交网络中，传统的亲缘关系虽依然保持，但不断呈现疏离和异化的态势；以地缘为基础的邻里关系越发冷漠，但是同乡关系在移民的城市社会中得以强化；新型的业缘关系逐渐得到确立。

四 小结

社交网络作为人们日常生活的重要组成部分，不同阶层的城居者有迥异的社交网络。受阶级和社会环境的限制，城市贫民的社会网络从总体上

---

① 本段叙述参见《天津之粮食业及磨房业》，《经济统计季刊》第2卷4期，1933，第988页。

看，呈现出单一性、封闭性、同质性等特质，这也折射出近代城市贫民大部分仍是城市社会的"边缘人"，未能真正融入城市主流社会。

首先，就近代城市贫民的社交网络构成形式来看，较为狭窄和封闭。依据社会学中的社会交换理论，个人拥有的社会资源越多，社会交往的机会越多，社会网络的规模就越大，在交换中能够获得更多的支持和回报。反之，社会交往的机会就越少，在交换中能够获得的支持和回报就有限。近代天津人数庞大的城市贫民阶层，作为城市社会的弱势群体，长期处于社会的底层，所拥有的各种资源十分匮乏，这决定了他们能够用于与他人交换的社会资源比较缺乏。再加上社会结构的固化和社会转型的冲击以及社会保障制度对贫困人口保护和支持的缺乏，这些都导致近代城市贫民社交网络模式单一，处于一种孤立和封闭的状态。此种状况使得他们很难依靠拥有的社会资源改变自身的处境，更难以进入较高社会阶层的社会交往领域。

其次，就近代城市贫民的社交网络层级来看，水平低下，且具有较强的同质性。所谓"物以类聚，人以群分"，同质性是指人与人之间的关系趋向于形成、建立于社会、经济、人口特征方面的相似性之上。社交活动在一定程度上反映着人们的社会需求，但社交活动首先是建立在一定的物质基础之上的。近代天津城市贫民经济状况，决定了他们的社交网络长期处于较低水平。交际费作为人们日常人际交往的一项杂项开支，体现着人们参与城市活动的程度。据1927~1928年北平社会调查所与南开大学社会经济委员会共同对天津132个手艺工人家庭的调查，他们的社交费用极少，交际费、交通费及卫生、祭祀等各类杂费，10个月合计支出不过9.45元，占总支出的5.33%（总支出为177.26元）。[①] 社交费及其他各类杂费支出如此之少，不仅可以窥测近代城市贫民生活的贫困化程度，还可以从侧面反映他们的社交水平。

近代城市贫民的社交网络不仅层级低下，且同质性极强。通过前文的考察不难发现，近代天津城市贫民在日常互动交往和休闲时，更多是与自己处境相同的"贫兄难友"进行交往，在找工作或遇到困难时，也多求助

---

① 冯华年：《天津手艺工人家庭生活调查之分析》，《经济统计季刊》第1卷3期，1932，第505页。

于和自己有相似命运的亲朋或同乡。这些关系网络满足了他们在城市中某些方面的需要，同时也阻碍了和社会中其他人群间的交往。

最后，透过近代天津城市贫民的社交网络，可以窥测近代城市贫民大部分仍是城市社会的边缘人，未能真正融入主流社会。不同类型的社交网络会导致社会融合水平在维度上呈现出不均衡发展的状态。多元、开放、异质的社会网络，利于社会成员尽快地适应社会，融入社会。反之，则将导致社会成员长期处于社会边缘，无法真正融入主流社会。破产的农民是近代城市贫民的重要组成部分，他们从乡村社会迁出移入城市社会之初，亲缘关系和地缘关系对于其在城市生存立足的作用突出。随着他们在城市中居住和工作时间的推移，社交网络中的社会资本将成为移民社会资源的重要来源。这些社会资源中，从长远来看，新型业缘关系的确立，对城市贫民的社会融合发挥着更大的作用，并使得贫民逐渐适应城市生活方式，对城市产生某种"认同感"。但在近代社会制度下，城市贫民就业率低，新型的业缘关系不甚发达，各类工会组织也不健全，城市贫民可利用的社会资源有限，社会融合水平明显滞后，其社会经济地位长期得不到提升，最终导致大部分城市贫民长期处于城市社会的边缘，无法真正地融入主流社会。这些边缘人易成为社会的"不安分者"，近代城市犯罪率高居不下、娼妓业泛滥、乞丐职业化、失业严重等"城市病"的发生，无不与人数庞大的城市贫民阶层的存在密切相关。[①] 近代城市贫民的这种社交网络模式，不仅阻碍着城市贫民的发展，且是制约城市社会健康发展的重要因素。

因此，城市贫民社会网络的建构，需要政府、舆论和各种社会系统的共同努力，逐渐改善城市贫民不利的生存空间，通过相关政策引导，创造条件促进同质、异质群体之间的交流，改变其封闭、单一的社交网络模式，以便促进其真正融入城市社会。这不仅是城市贫民在城市社会生存和发展的需要，还是构建和谐稳定社会的需要。

作者：付燕鸿，河南大学历史文化学院

---

① 城市贫民和城市病之间的关联性，笔者已有专文论述，详见拙文《民国时期"城市病"的主要成因与救治——以20世纪二三十年代的天津为例》，《中州学刊》2014年第4期。

阿姆斯特丹旅馆的贸易、交通和仓储
（1450 ~1800）[*]

〔荷〕马尔滕·赫尔著，许哲娜、喻满意译

内容提要： 阿姆斯特丹旅馆是荷兰近代早期贸易结构不可或缺的中心。它们的经济功能很多：旅馆老板为他们的外国客人提供信用和运输服务，充当保人和接收汇票。16 世纪，一群德国旅馆老板加入国际贸易，然而在此后的几个世纪里，集旅馆老板和代理人于一身的情况变少。不过，旅馆老板继续为商业客人提供帮助。除了提供仓储和运输、会面空间和信用担保服务，一些旅馆老板也在外国与当地商人之间充当中间人。某些旅馆还举行拍卖会，吸引了经纪人、商人和一般公众。19 世纪，旅馆失去了吸引力，专业机构如酒店、餐馆、交易厅、拍卖行以及运输公司接管了这些经济功能。

关键词： 荷兰共和国　阿姆斯特丹　旅馆　公共酒馆　商业

对 17 世纪阿姆斯特丹的外国商人来说，卡斯伯·赫尔维夫（Casper Herweigh）是个重要人物。他位于港湾区坎帕斯泰格尔（Kampersteiger）的斯德哥尔摩酒馆（Wapen van Stockholm）可以作为他们储存商品的货栈。赫尔维夫本人来自瑞典哥特堡（Göteborg），为他的北欧客人与当地商人的贸易提供帮助。他的另一项工作是货运代理人，为外国客人和当地承运人与船主充当中介。卡斯伯·赫尔维夫在城里做生意，而其妻子和仆人则在酒馆里提供餐饮与其他服务。并不是所有客人都愿意为他的服务付钱：一

　＊　感谢作者马尔滕·赫尔（Maarten Hell）对中文版发表的授权许可。原文发表于 *Journal of Urban History*，vol. 40（4），pp. 742 - 761.

位法国葡萄酒商就逃过单。①

在近代早期，除了斯德哥尔摩酒馆，阿姆斯特丹还有上百家更大的旅馆。在这些机构里，当地和外来商人举行会议，进行金融交易、销售、拍卖，以及其他类型的经济交流。店主提供信用和运输服务，充当担保人，并替他们的客人接收汇票。旅馆通过提供这种服务和便利而成为荷兰近代早期经济关系的中心。不过，除了出于对酗酒、放荡行为或酒吧的暴力打斗的猎奇需要，对阿姆斯特丹旅馆的历史研究几乎处于空白。这种形象可以在扬·斯蒂恩（Jan Steen）和彼得·勃鲁盖尔（Pieter Brughel）油画中的讽刺性图景中得到证实。史学家承认了城市酒馆在16世纪波罗的海贸易组织中的作用。和佛兰德（Flanders）的布鲁日（Bruges）一样，阿姆斯特丹旅馆老板（innkeeper）在当地与外来商人之间充当中间人，但"旅馆（hosteller）似乎失去了它们的经济功能。在易教（Alteratie，1578年5月26日的政变——译者注）时期，各种旅馆仍在使用，不过此后它们的数量似乎逐渐减少"。② 在下文中我们将发现，尽管新需求影响了它们活动的性质，但是阿姆斯特丹的旅馆继续在贸易组织中发挥重要作用。

定义与数量

尽管在近代早期有重要意义，但阿姆斯特丹酒馆的历史鲜为人知。一些信息出现在注重细节的个案研究③和一些有关公共酒馆（public drinking house）的普通刊物中。1929年，辉金格（Johan Huizinga）提出了诸如"道路、市场和酒馆"④这样日常主题的文化史研究。在辉金格的启发下，法律史学家赫尔墨斯多夫（B. H. D. Hermesdorf）写了一部低地国家中世纪酒馆的文化史，⑤ 不过，这个1957年发表的研究成果主要是建立在南荷兰

① 酒馆的名称用的是现代荷兰语的标准拼法。Amsterdam City Archives（ACA），Archive 5075，inv. no. 5245，18 – 10 – 1685；inv. no. 5246B，4 – 3 – 1686。

② O. Gelderblom, "The Decline of Fairs and Merchant Guilds in the Low Countries", *Jaarboek voor Middeleeuwse Geschiedenis* 7（2004）：199 – 238，226.

③ 特别是艾格亨（I. H. van Eeghen）与威金曼（H. F. Wijnman）发表在阿姆斯特罗丹姆（Amstelodamum）地方史协会刊物中的文章。

④ J. Huizinga, *Cultuurhistorische verkeningen*（Haarlem：H. D. Tjeenk Willink & Zoon，1929），p. 70.

⑤ B. H. D. Hermesdorf, *De hergerg in de nederlanden：een blik in de beschavingsgeschiedenis*（Assen：Van Gorcum，1957）.

静态的法律资料上。19 年后，杰森（G. H. Jansen）出版了一部详尽的关于全世界公共酒馆的社会学研究专著：从圣经时代的招待到近年来对乌特列支（Utrecht）一个社区酒馆的田野调查。可惜的是，杰森关于荷兰近代早期旅馆的描述对这个话题没有提供任何新见解。① 1980 年代出版了对公共酒馆的专题研究。彼得·克拉克（Peter Clarke）撰写了一部英国麦芽酒馆（alehouse）的社会史（1200～1830），托马斯·布莱南（Thomas Brennan）出版了其对 18 世纪巴黎小酒馆开创性研究的著作。② 基于法律档案材料的研究，布莱南修正了近代早期饮食服务行业的负面形象：酒馆不是像穆赫姆布莱德（Muchembled）所主张的是"大众犯罪场所"（ecole de mass du crime），③ 而是为广大市民的各种社交活动提供一个公共舞台。布莱南之后，曲敏（Kumin）与特拉斯蒂（Tlusty）研究了瑞士联邦（Swiss Confederation）伯尔尼（Bern）和德国奥古斯堡（Augusburg）和巴伐利亚（Bayern）的公共酒馆。④ 曲敏的结论是，旅馆充当了"大促进者"，不同背景的来客可以在内吃饭、喝酒和过夜，也可以约会和做生意。旅馆老板在运输和贸易中扮演了重要的中介角色，通常属于社会的上层。⑤

　　近代早期公共酒馆是当代学者从不同学科进行研究的一个热点话题，这得归功于曲敏和特拉斯蒂。欧洲和北美大部分地区都已经有地域性研究，而荷兰近代早期城市旅馆仍是一个未知领域。造成这种情况的部分原因是方法论问题：种类众多的公共酒馆让人没有头绪。为了限定这个话题，

---

① G. H. Jansen, *De eeuwige kroeg: Hoofdstukken uit de geschiedenis van het openbaar lokaal* (Meppel: Boom, 1976), p. 350.

② P. Clarke, *The English Alehouse: A Social History*, 1200 – 1830 (London: Longman, 1983); T. Brennan, *Public Drinking and Popular Culture in Eighteenth – Century Paris* (Princeton: Princeton University Press, 1988).

③ R. Muchembled, *La violence au village: Sociabilite et comportements populaires en Artoise du XVe au XVIIe siècle* (Paris: Brepols, 1989), p. 207.

④ B. Kumin, *Drinking Matters: Public Houses and Social Exchange in Early Modern Central Europe* (Basingstoke: Palgrave Macmillan, 2007); idem, with B. A. Tlusty, eds., *The World of the Tavern: Public Houses in Early Modern Europe* (Aldershot, UK: Ashgate, 2002); B. A. Tlusty, *Bacchus and Civic Order: The Culture of Drink in Early Modern Germany* (Charlottesville: University Press of Virginia, 2001).

⑤ B. Kumin, *Drinking Matters: Public Houses and Social Exchange in Early Modern Central Europe*, pp. 63, 191 – 96.

必须确定一个有用的定义。根据曲敏的基本思路，① 我们将旅馆（inn，荷兰语 "*herberg*"）定义为 "一个店主常规地向公众成员出售酒精饮料、食物和提供住宿的酒馆"。这个定义排除了其他旅行者只能睡觉或吃饭的酒馆，如小酒店（tavern，荷兰语 "*taveernen*"）与啤酒和葡萄酒酒窖（cellar），以及住宿处（lodgment，荷兰语 "*logementen*"）和施粥所（soup – kitchen，荷兰语 "*gaarkeukens*"）。一些酒馆也给客人的商品提供储存空间，而另一些只提供住宿和简单饮食。本研究侧重在第一类，因为这类酒馆是专门为商人服务的。这些酒馆的大部分店主（荷兰语 "waarden" 或 "herbergiers"）和他们的客人来自同一个国家，就像 16 世纪阿姆斯特丹垄断波罗的海贸易的汉萨同盟（Hanseatic）商业经纪人。在讨论他们在贸易组织中的作用之后，我们将分析一下 17 世纪经济繁荣时期这些旅馆和旅馆老板们提供的服务。最后我们会分析一下公开销售某些产品的一些著名的酒馆。

由于缺少直接证据，近代早期阿姆斯特丹旅馆数量很难判断。在英格兰，对所有酒馆有过一次普查，这次普查始于 1577 年，与军队征召有关。而荷兰的战争记录中似乎没有这样一个记录，既不存在近代早期店主登记的记录，也不存在像曲敏使用的格罗宁根市（Groningen）② 和伯尔尼与巴伐利亚的档案。不过，自 1597 年开始，阿姆斯特丹旅馆老板在开办酒馆前的确必须获得市政府的许可。每过一个季度，他们必须向妓女感化院（一个感化失足女性的新机构）支付一定费用来延长这个许可。费用的多少与他们售卖的饮料种类有关：只卖葡萄酒的店主每季度交纳 10 个斯泰佛，卖啤酒 5 个斯泰佛，卖烟草 10 个斯泰佛。③ 因此，向客人提供所有这些产品的店主每年必须交纳 100 斯泰佛（5 荷兰盾）。虽然几乎没有保留交纳者名录，④ 但计算出公

---

① B. Kumin, *Drinking Matters: Public Houses and Social Exchange in Early Modern Central Europe*, p. 2.

② W. G. Doornbos, *Herbergiers wan de stad Groningen* 1623 – 1806: *admissies*（Groninggen: Volmacht, 2008）; A. Everitt, "The English Urban Inn 1560 –1760", in A. Everitt ed., *Perspectives in English Urban History*（London: Macmillan, 1973）, pp. 93 – 95.

③ J. C. Breen, "Uit de geschiedenis van den Amsterdamschen Wijnhandel", *Jaarhoek Van de Vereeniging van Nederlandsche wijnhandelaars*（1917）p. 151; H. Noordkerk, *Handvesten ofte Privilegien ende octroyen: mitsgaders willekeuren, costuimen, ordonnantien en handelingen der stad Amstelredam*, vol.1（Amsterdam, 1748）, p. 298.

④ 除了 1779 ~ 1782 年，不清楚这些人到底是店主、服务员、小酒店所有者，还是其他人。参见 ACA，Archive 347，inv. no. 232。第一批官方登记记录从 1795 年到 1805 年，参见 ACA，Archive 5028，inv. no. 552。

共酒馆的最低数量还是有可能的。1660 年至 1701 年，每年的平均收入大约为 5000 荷兰盾（10 万斯泰佛），① 因此阿姆斯特丹在此期间的公共酒馆数量最少是 1000 家。具体数量不明的原因是许多酒馆店主拒绝支付这部分费用。实际数量应该远高于这个数字，这一点得到 1662 年一个无名氏记录的资料证实。他估计阿姆斯特丹有 5000 家酒馆、小酒店和烟草店，占全国的 1/4。②

17 世纪下半期，阿姆斯特丹的人口大约 20 万，也就是说至少每 200 个居民就有一个公共酒馆。根据曲敏的说法，伯尔尼和巴伐利亚典型的情况是每 100 个居民拥有一个酒馆。③ 在荷兰，18 世纪初的莱顿（Leiden）也是这个比例，④ 在威尔路维（Velluwe）的乡村教区酒馆和小旅馆的比例甚至超过阿姆斯特丹。⑤ 17 世纪初，阿姆斯特丹公共酒馆数量还有另一个指标。在 1613 年提交给荷兰（States of Holland）的申诉中，地方收税官计算了该城共 518 家公共酒馆，考虑到当时的居民有 10.5 万人，比例则是 1∶200。到第二年冬天，这些小旅馆和酒馆中有不少于 105 家被迫关张，原因是它们被控逃税。这又将比例下降为 1∶250。⑥ 总之，我们可以说阿姆斯特丹餐饮业在 17 世纪有了较大增长：酒馆数量至少从 500 家增加到 1000 家，翻了一番。这种增长与经济繁荣、人口强劲增长和不断改善的空间移动激发的"交通革命"是一致的。⑦

---

① ACA，Archive 347，inv. no. 229.

② 阿姆斯特丹酒馆公布的首个官方数字始于 1806 年。2447 人（阿姆斯特丹劳动力的 5%）在娱乐或公共酒馆就业；1763 个被允许销售酒类，参见 H. Diederiks，*Een stad in verval*，*Amsterdam omstreeks 1800*（Amsterdam：Historisch Seminarium van de Universiteit van Amsterdam，1982），pp. 222 – 23。Noordkerk，*Handvesten ofte Privilegien ende octroyen：mitsgaders wille-keuren，costuimen，ordonnantien en handelingen der stad Amstelredam*，vol. 1，p. 298；ACA，Archive 5028，inv. no. 552.

③ B. Kumin，*Drinking Matters：Public Houses and Social Exchange in Early Modern Central Europe*，pp. 29 – 30.

④ M. van Dekken，*Brouwen，branden en bedienen：Werkende vrouwen in brouwerijen，branderijen，tapperijen en herbergen in de Noordelijke Nederlanden*，1500 – 1800（Amsterdam：Aksant，2010），p. 149，n. 2.

⑤ J. de Vries and A. van der Woude，*Nederland 1500 – 1800：de eerste ronde van modern economische groei*（Amsterdam：Balans，1995），pp. 593 – 94.

⑥ A. Th. Van Deursen，*Mensen van klein vermogen：het kopergeld van de Gouden Eeuw*（Amsterdam：Bakker，1991），p. 124.

⑦ B. Kumin，*Drinking Matters：Public Houses and Social Exchange in Early Modern Central Europe*，pp. 117，168 – 69；W. Behringer，*Im Zeichen des Merkur：Reichspost und Kommunikationsrevolution in der Fruehen Neuzeit*（Goettingen：Vandenhoeck & Ruprecht，2003），各处。

在估计了阿姆斯特丹公共酒馆总数量之后，我们来计算一下旅馆的比例。曾写过一本荷兰共和国旅行指南的出版商霍恩（Jan Claesz ten Hoorn，1643－1714）提供了一个线索。在有关阿姆斯特丹的部分，霍恩几乎提到了1689 年的将近 100 家旅馆，[①] 并指出在奥德—提尔都茵内 [Oude Teertuinen，即现在的普林斯—恒德里克卡德（Prins hendrikkade）] 和城门附近更集中。不过，要想在档案记录中查找这些公共酒馆和它们的主人或老板是件费力的事。酒馆可能改名，搬到其他地方或毁于火灾，店主可能破产，将酒馆转卖，或由于当地政府压力被迫关张。与荷兰其他城市相比，阿姆斯特丹有大量旅馆，这与它的地位相当。例如，在 17 世纪最后 25 年，在哈勒姆（Haarlem）只有 13～16 家旅馆。[②] 必须强调的是，大的旅馆只占整个酒馆业的一小部分。1715 年像伦敦（70 万居民）这样的大都市有大约 2500 家有执照的酒馆，其中只有 150 家大型旅馆涉及运输行业。[③]

汉萨旅馆（Hanseatic Hostels）

阿姆斯特丹旅馆的商业活动首先出现在 15 世纪的法庭资料中。商业交易和公开拍卖在这些旅馆中举行，店主在他们的外国客人和当地社区中充当中间人。[④] 1450～1600 年，档案和文献资料显示阿姆斯特丹的旅馆超过了 60 家。遗憾的是，有关这些旅馆的所有权和设施的详细信息通常缺失。专门针对波罗的海地区商人的某些酒店，我们所能了解到的情况多一些。在这里他们可以会见商界同仁，获取当地海关和关税的信息，存储货物，并完成金融和商业交易。在 16 世纪的阿姆斯特丹，这些酒馆集中在沃尔姆斯特拉特（Warmoestraat）街——该城当时最昂贵的地段。繁忙的街道入口吸引着来客，而通往达姆拉克（Damrak）岸边的后院可以

---

① J. ten Hoorn, *Naeuw - keurig reys - boek: bysonderlijk dienstig voor kooplieden, en reysoonen* (Amsterdam: J. ten Hoorn, 1689), pp. 109 - 12, 书中将它们描述为 "旅馆"（lodgmenten），不过其他资料证实它们主要是酒馆。

② Van Dekken, *Brouwen, branden en bedienen Werkende vrouwen in brouwerijen, branderijen, tapperijen en herbergen in de Noordelijke Nederlanden, 1500 - 1800*, p. 166.

③ J. A. Chartres, "The Capital's Provincial Eyes: London's Inns in the Early Eighteenth Century", *London Journal* 3 (1977): 24 - 39.

④ Hermesdorf, *De hergerg in de nederlanden een blik in de beschavingsgeschiedenis*, pp. 88 - 95, 167, 171.

停泊驳船。这里建了新的仓库，原来的酒窖、阁楼和地下室被改造以适宜存储货物。沃尔姆斯特拉特街的酒馆平均宽度 5 米，最大进深 13 米，不如同时期一些英格兰的酒馆那么让人印象深刻。① 不过，在 1540 年左右出现独立仓库（pakhuizen）之前，在阿姆斯特丹的旅馆存储货物对外国商人来说是最好的选择。② 此外，旅馆老板是外国商人不可缺少的辅助资源。

克莱亚斯·克莱亚兹·高弗（Claes Claesz Gaeff，1461～约1523）是沃尔姆斯特拉特街（现在的 24 号）最早的旅馆老板之一。除了他的旅馆，他在古尔德汉德斯德格（Guldehandsteeg）旁拥有一家名为古尔登—汉德（Gulden Hand）的酒厂。高弗照顾的是汉堡商人的利益，他们的同业公会——汉堡同业公会（Hamburger Broederschap）在他的旅馆聚会。他还出钱资助他们在老教堂（the Old Church）的圣坛聚会。这个公会在阿姆斯特丹的汉萨商人网络中扮演了重要角色。1513 年后，他们每年的聚餐不再在古尔登—汉德举行，而是在普尔特根（Poortgen，现在的沃尔姆斯特拉特街 75 号）举行，后来又在乔安西姆—万德尔曼斯（Joachim Wandelmans）的旅馆，最后又回到了沃尔姆斯特拉特街。沃尔姆斯特拉特的德国人所经营的另一家著名旅馆是威特汉德（Witte Hond，现在的 16 号）。③ 旅馆老板伊恩·博斯（Jan Beth，1430～约1497）获得了相当多的财富和较高的社会地位。他九次被选为市长，这个政府的主要行政岗位。在他进行外交活动期间，他的妻子和三个女儿照看旅馆。④ 在威特汉德和其他招待所都有显示当地关税的表格。旅馆老板在法律上有义务把

① J. A. Chartres, "The Capital's Provincial Eyes: London's Inns in the Early Eighteenth Century", *London Journal* 3 (1977): 24 – 39.

② H. Bonke, *Amsterdamse pakhuizen: 16de – 20ste eeuw* (Zutphen, Netherlands: Walburg Pers, 2011), p. 11; S. A. C. Dudok van Heel, Vroege brouwerijen aan de Amstel in de vijftiende en zestiende eeuw, *Jaarboek Amstelodamum* 82 (1990): 23 – 74; R. E. van der Leeuw – Kistemaker, *Wonen en werken in de Warmoestraat van de 14e tot het midden de 16e eeuw* (Amsterdam: Historisch Seminarium Universiteit van Amsterdam, 1974), pp. 19 – 21, 83.

③ I. H. van Eeghen, "Huis de Witte Hond in de Warmoesstraat", *Maandblad Amstelodamum* 45 (1958): 173 – 174; "Decline", pp. 221 – 222.

④ 根据 1492 年的一份城市命令，女性允许担任酒馆老板，参见 D. v. d. Heuvel, *Women and Entrepreneurship. Female Traders in the Northern Netherlands c. 1580 – 1815* (Amsterdam: Aksantpp, 2007), pp. 62 – 63。J. ter Gouw, *Geschiedenis van Amsterdam*, vol. 3 (Amsterdam: Scheltema en Holkema, 1881), p. 262.

这些告知他们的外国客人。①

德里—考文（Drie Kauwen，现在的沃尔姆斯特拉特街 34 号）旅馆老板彼得·洛比（Pieter Lobbe，？~ 约 1495）可能从波罗的海地区移居这里。② 他接收黑麦并为他的汉萨客户卖掉它们。洛比不是阿姆斯特丹唯一充当代理的外国旅馆老板。1450 ~ 1550 年，来自波罗的海地区的谷物（主要是黑麦）贸易增长显著。来自这一地区的代理人居住在阿姆斯特丹，这成为波罗的海地区产品的重要集散地。一些汉萨商人通过与当地妇女结婚获得公民身份，这个身份能够获得经济利益。③ 对移民而言，同化过程并不十分困难，因为荷兰与德国的语言和文化十分相似。不过，来自格丹斯克（Gdansk）的谷物商人兼酒馆老板雅各布·洛仑兹·菲克（Jacob Lourensz Fick）的生意异常兴隆。在阿姆斯特丹，他为来自家乡的一个家族和其他外国商人做代理。从 1553 年开始，菲克生活在沃尔姆斯特拉特街（现在该街道的 139b 号），他在这里有一个旅馆。他与强大的市长尤斯特·布伊克（Joost Buyck）的女儿凯特丽金·布伊克的婚姻，给他带来了更多的财富和一位勤俭的女主人。菲克为市政府供应黑麦和啤酒。他在自己的招待所招待王室和他们的贵族客人，如荷兰总督。菲克拥有的一辆装饰豪华的马车，显示了他的富有。④

1550 ~ 1578 年，在时尚的沃尔姆斯特拉特街至少有 10 位其他旅馆老板的外国移民。他们大多应该被认为是商业代理人，而不是在从事餐饮业的人；他们的客人是他们的商业伙伴。鉴于沃尔姆斯特拉特房屋的大小，我们不应该期望每个旅馆有 10 多个客人，他们很可能被迫共享房间甚至是床铺。像佛兰德的布鲁日（Bruges）、法国的蒙彼利埃（Montpellier）和泽兰（Zeeland）的米德尔堡（Middelburg）这样的城市，许多旅馆老板也正

---

① H. F. Wijnman, "De herberg de Gulden Hand in de Warmoesstraat", *Jaarboek Amstelodamum* 55 (1963): 70.

② H. A. Poelman ed., *Bronnen tot de Geschiedenis van den Oostzeehandel*, vol. 2 (The Hague: Nijhoff, 1919), p. 886.

③ N. W. Posthumus, *De Oosterse handel te Amsterdam* (Leiden, Netherlands: Brill, 1953), pp. 178 – 179; M. van Tielhof, *De Hollandse graanhandel*, 1470 – 1570 (The Hague: Stichting Hollandse Historische Reeks, 1995), pp. 189 – 203.

④ Ter Gouw, *Amsterdam*, vol. 6, p. 67; ACA, Archive 5014, inv No 34, f 70v; M Van Tielhof, *De Hollandse graanhandel*, 1470 – 1570, pp. 201 – 3.

式登记为经纪人（*makelaars*）。身兼两职是有好处的，旅馆老板是这些城市中最有声望的公民。不过，在 16 世纪这两个职业是分别成长的。[①] 在阿姆斯特丹，当地政府在 1495～1530 年禁止从事经纪业。1531 年经纪业合法化并很快变得非常流行。到 1533 年，已经有超过 200 位经纪人，除了这些正式的经纪人，还有大量业余者（bungler）。阿姆斯特丹旅馆老板一定也为他们的客人充当经纪人，因为 1612 年这一行为被禁止，[②] 不过，文献对这种兼职现象保持沉默。

一群沃尔姆斯特拉特街的德国旅馆老板的确充当经纪人。其中一人卡尔斯滕·罗洛夫斯（Karsten Roeloffs，1480－?），是德里—考文旅馆老板彼得·洛比的继任者。他为来自荷尔斯泰因（Holstein）、迪特马尔兴（Dithmarschen）、格丹斯克（Gdansk）和汉堡的商人充当代理人，自己也进行贸易。他与旅馆老板鲁伯特·努特（Lubbert Nut）和哈尔曼·因特·布特（Harman int Boot）是 1544～1545 年的风云人物。最大出口商亚伦特·胡德（Arent Hudde，1515－1582）可能出生在坎本［Kampen，上伊吉赛尔（Overijssel）］，不过他和德国人一样既当旅馆老板，又充当贸易经纪人。他是少数几个除了拥有好几个旅馆和仓库，还拥有一条船的商人。胡德的旅馆德里—科宁根（Drie Koningen）位于沃尔姆斯特拉特街（现在的 56 号）。[③] 另一位酒馆老板鲁伯特·努特（1488～?）从不莱梅（Bremen）移民到这里。他认识多位这里和来自其他德国港口城镇的商人，他

① 在多德里希特（Dordrecht），酒馆老板被禁止做经纪人，T. S. Jansma, Waarden en makelaars te Dordrecht in de Zestiende eeuw, in *Bijdragen voor de geschiedenis der Nederlanden* 4（1949－1950），p. 216。米德尔堡的情况参见 W. S. Unger, "Middelburg als handelstad", *Archief*（1935）：47, pp. 146－147。布鲁日当地的情况，参见 A. Greve, "Die Bedeutung der Bruegger Hosteliers fuer hansische Kaufleute im 14. Und 15", Jahrhundert, *Jaarboek voor Middeleeuwse Geschiedenis* 4（2001），pp. 259－96。蒙彼利埃当地的情况参见 K. L. Reyerson, *The Art of the Deal: Intermediaries of Trade in Medieval Montpellier*（Leiden, Netherlands: Brill, 2002），p. 86。

② W. van Ravesteyn, *Onderzoekingen over de economische en sociale ontwikkeling van Amsterdam gedurende de 16de en het eerste kwart der 17de eeuw*（Amsterdam: Van Looy, 1906），p. 71; Th. Stuart, *De Amsterdamsche makelaardij: bijdrage tot de geschiedenis onzer handelswetgeving*（Amsterdam: Gedrukt bij C. A. Spin & Zoon, 1879），pp. 20－46.

③ Kistemaker, *Warmoesstraat*, pp. 131－132; Posthumus, *Uitvoer*, pp. 74－77; R. Seeberg-Elverfeldt, *Revaler regesten*, vol. 2, *Beziehungen niederlandischer und skandinavischer Staedte zu Reval in den Jahren* 1500－1795（Goettingen: Vandenhoeck & Ruprecht, 1969），p. 63.

们将各自的商品发给他，让他在阿姆斯特丹代为销售。努特取得了公民身份并在 1543 年成为该城最富有的商人之一。他的旅馆罗德—赫尔姆（Rode Helm）位于沃尔姆斯特拉特街（现在的 52 号），地理位置优越，靠近谷物和盐的露天市场。① 努特的邻居（现在的 50 号）是科内尔利斯·亨德里克兹·罗恩（Cornelis Hendricksz Loen，1481 - 1547），他也兼营国际贸易和酒馆，不过他不是移民。由于他与统治集团的波伦—荷茵（Boelen - Heijne）家族的一个女儿结婚，他甚至当选了市长。②

延续性对旅馆老板而言是个重要因素。如果客人满意酒馆的服务，他们就会回到同一个旅馆。③ 在改革、叛乱和经济下行的动荡年代，沃尔姆斯特拉特街旅馆的延续性受到影响。由于老板被驱逐或破产，好几家旅馆关门。在这些动荡年代，酒馆王朝很罕见，④ 不过也有例外。1535 年前后，瓦塞尔·沃格尔（Wessel Vogel,? - 1560）是斯特尔（Sterre，现在的沃尔姆斯特拉特街 76 号）的老板，这家旅馆始于 1494 年。他的侄子伊恩·奥滕兹·沃格尔（Jan Ottensz Vogel）接了他的班，直到 1578 年他将酒馆卖掉。⑤ 鲁伯特·努特和科内尔利斯·亨德里克兹·罗恩的儿子都继承了父辈成为酒馆老板。"汉布尔赫"（Hamburch）的威尔勒姆·鲁伯特兹·努特（Willem Lubbertsz Nut）和克莱亚斯·伯阿伦斯（Claes Boelens）也是成功的商人，尽管他们地位显赫，却被排除在政府公职之外。他们属于改革派的重要支持者，他们在 16 世纪 60 年代反对占统治地位的天主教摄政王。⑥ 在流亡一段时间

---

① P. A. Meilink, "Papporten en betoogen nopens het congegeld op granen, 1530 - 1541", *Bijdragen en mededeelingen van het Historisch Genootschap* 44 (1923), p. 29; Posthumus, *Uitvoer*, pp. 121, 141 - 152; Van Tielhof, *De Hollandse graanhandel, 1470 - 1570*, pp. 192 - 193.

② J. E. Elias, *De vroedschap van Amsterdam 1578 - 1795*, vol. 1 (Amsterdam: Israel, 1903), p. 113; Kiestemaker, *Warmoesstraat*, pp. 206 - 207.

③ Hermesdorf, *De hergerg in de nederlanden een blik in de beschavingsgeschiedenis*, p. 91.

④ 在英格兰的北安普顿（Northampton），这样的王朝只延续几代，但在伯尔尼和巴伐利亚有时会更长。Everitt, "English Urban Inn", pp. 129 - 130; B. Kumin, *Drinking Matters Public Houses and Social Exchange in Early Modern Central Europe*, p. 62.

⑤ Elias, *Vroedschap*, vol. 1, pp. 133, 136.

⑥ 克拉斯·伯阿伦斯（Claas Boelens）是荷兰房屋出租业（renten）的最大投资者之一，参见 J. D. Tracy, *A Financial Revolution in the Habsburg Netherlands: "Renten" and "Renteniers" in the County of Holland, 1515 - 1565* (Berkeley: University of California Press, 1985), p. 171, note 65; H. F. K. van Nierop, *Beeldenstorm en burgerlijk verzet in Amsterdam 1566 - 1567* (Nijmegen: Socialistiese Uitgeverij Nijmegen, 1978), pp. 60, 143.

后，他们回到了阿姆斯特丹，不过他们的财产已被没收。由于 1578 年 5 月 26 日阿姆斯特丹发生的易教政变，克莱亚斯·伯阿伦斯成功要回了他的旅馆并被选为市长。威尔勒姆·鲁伯特兹·努特的妻子在他流亡期间将他的房屋出租，不过不清楚这个酒馆是否还存在。来自布鲁日的移民罗德维吉克·索纳维勒（Lodewijck Sonneville，? - 1566）在 1546 年前在阿姆斯特丹成为一名肥皂制造商，同时是罗伊巴尔斯（Rooibaars）旅馆（现在的沃尔姆斯特拉特街 68 号）的老板。16 年后，他将旅馆卖给了染料商人克莱亚斯·欧佛兰德（Claes Overlander），后者是叛乱的支持者，并将旅馆关闭。1574 年，欧佛兰德因为与敌人贸易和拥有煽动性文献而被阿姆斯特丹驱逐。[①]

一些旅馆老板在 1578 年政变之后仍忠于西班牙王室，再也没有返回。雅各布·菲克逃出阿姆斯特丹后很可能陷入了困境。他的遗孀，一位被罢黜的摄政王的女儿，被葬在乌特列支，这里很可能是他们逃亡后的家。[②] 另一位旅馆老板克纳里斯·洛福兹属于反对派——叛乱的奥兰治（Orange）威廉王子（William）。1567 年，他在自己的旅馆招待他们的领袖布莱德罗德（Brederode），他因为这次招待而被驱逐。由于他的财物被没收，我们知道这个旅馆老板拥有豪华家具和好几幅自画像，这在当时是稀有财产。科内利斯·洛福兹（Cornelis Louffsz）在他的家乡格丹斯克（Gdansk）流亡一段时间之后，于 1578 年作为征服丹—布里尔（Den Briel）的"沃特高曾"（Watergeuzen）成员之一胜利回乡。奥兰治为了报答他的忠诚，任命他为叛军的炮兵总管。1578 年，他短暂返回阿姆斯特丹，不过不久就永远离开了阿城回到格丹斯克。[③] 另一位荷兰叛乱的拥护者雅各布·伊恩兹·科斯特（Jacob Jansz Coster）从 1578 年的政变中受益。叛乱之后不久，他成为普尔特根（Poortgen）旅馆的老板。原来的老板弗洛里斯·德·维恩（Floris de Ween）

---

① F. Deen, "O Amsterdam Moordadich: geuzenliederen in Amsterdam, 1566 - 1578", *Holland* 3 (2008): 171; J. G. Kam, *Waar was dat huis in de Warmoesstraat* (Amsterdam Dienst der Publieke Werken, 1968), p. 69; Kistemaker, *Warmoesstraat*, p. 134; Dudok van Heel, "Brouwerijen", p. 56.

② B. J. M. de Bont, *Genealogische en biographische mededeelingen over de voorouders en afstammelingen van Joost Buyck Sybrantsz* (Amsterdam: van Langenhuysen, 1902), pp. 45 - 47.

③ M. van Tielhof, "Handel en politiek in de 16e eeuw", *Holland* 29 (1997), pp. 37 - 52; http://www.historici.nl/Onderzoek/Projecten/WVO/brief/2749 (accessed January 2); E. van Biema, "Eenige bizonderheden omtrent Cornelis Louffs en Engelenburg", *Amsterdamsch Jaarboekje* (1900): 48 - 56.

逃出了该城，很可能是因为他与被推翻的市政府关系密切。① 科斯特并不是一个成功的旅馆老板，他在 1580 年破产。不过，普尔特根旅馆在新主人手中一直兴隆至 17 世纪。

古尔登—汉德旅馆也在叛乱中幸存，不过在 1580 年的一次大火中稍微受损。从 1557 年开始，旅馆老板是彼得·维京霍特（Pieter Wijnholt），一位来自吕贝克（Luebeck）的移民。他将多种商品出口到汉堡和波美拉尼亚（Pomerania），并从英国进口商品。这种多样性意味着他也在贸易中赚取佣金。当时汉堡的客户一般都知道他的旅馆，因为它在约 1 个世纪以前就是汉堡与阿姆斯特丹贸易的中心。他的第二位妻子，一位名叫艾弗根·格瑞兹德尔（Aefgen Gerritsdr）的当地妇女也当过古尔登—汉德旅馆老板。他们的贸易进行得不太好，在 1596 年左右旅馆被强制卖掉。一年后，旅馆在沃尔姆斯特拉特街的一次大火中被烧毁。德里—考文旅馆也在这场大火中被毁。②

迁址与渡船旅馆（Ferry Houses）

诸如 1596 年大火这样的悲剧以及荷兰叛乱动摇了沃尔姆斯特拉特的餐饮业。尽管旅馆被关闭，老板离开了这座城市，但是在 1585 年安特卫普"陷落"后出现的"荷兰黄金时代"中，阿姆斯特丹的旅馆仍是贸易结构中的重要元素。近些年，史家质疑阿姆斯特丹是欧洲市场中枢的图景：对经济繁荣而言，高质量的商品信息是一个比商品的物质实体更重要的一个条件。实际上，只有一小部分商品真正储存在阿姆斯特丹，因为销售通常是根据样品进行的。中心信息市场和新建立的证券交易所和交易银行（exchange bank）刺激了中间贸易。③ "信息市场理论"（information market – theory）似

---

① 摄政者在德·维恩的酒馆就餐，后者还在 1562 年将他的驳船卖给他们，用来为该市的酒厂运输水。P. Scheltema, *Aemstel's oudheid of gedenkwaardigheden van Amsterdam*, vol. 5（Amsterdam, 1863），p. 236；Kistemaker, *Warmoesstraat*, p. 169.

② 19 世纪在古尔登—汉德旅馆的原址有一个小酒馆，1931 年这座房子被拆掉并建起了"伊顿酒店"（Eden Hotel）。Kam, *Warmoesstraat*, p. 27；Wijnman, "*Gulden Hand*," pp. 71 – 77；G. van Tussenbroek, *Amsterdam in 1597: Kroniek wan een crucial jaar*（Amsterdam: Veen, 2009），pp. 141 – 44.

③ C. Lesger, *The rise of Amsterdam market and information exchange: merchants, commercial expansion and change in the spatial economy of the Low Countries*, c. 1550 – 1630（Aldershot, UK: Ashgate, 2010）；J. W. Veluwenkamp, "Afscheid van de stapelmarkt", *Bijdragen en mededelingen betreffende de geschiedenis der Nederlanden*, 118（2003）: pp. 43 – 45.

乎与 17 世纪新建的商业仓库（pakhuizen）大量涌现以及阿姆斯特丹港通常将从更大的商船上卸载的谷物储存在驳船相矛盾。不过，这些储存空间是必要的，原因是阿姆斯特丹有好几种市场：国内市场、荷兰产品的出口和国际运输等。

商品堆放在新建的仓库，它们的总数在 1695 年达到了 1600 种，不过外国商人也将货物存在招待所。例如，1617 年一位德国商人将昂贵的纺织品卖给了许多当地商人。至少有 17 件土耳其格罗格兰姆呢被储存在布兰克—汉姆（Blanke Ham）旅馆，这家旅馆位于鹿特丹渡口（Rotterdam ferre）附近的罗金（Rokin）。① 布兰克—汉姆与位于罗金、卡尔佛斯特拉特（Kalverstraat）和丹姆（Dam）附近的其他旅馆都受益于大量到新交易所的商人。这个交易所位于亨德里克·德·凯泽（Hendrick de Keyser）建造的一座建筑中。1611 年该交易所开业后吸引了来自纽维—布鲁格（Nieuwe Brug）和沃尔姆斯特拉特街的公证员和其他服务商，市政厅之前已经坐落在这个交易所的所在地区。1618 年，商人对旅馆的重要性显而易见。一群交易所附近的酒馆老板抱怨前一年生意恶化。瘟疫的谣言阻止了外国客户和当地商业伙伴来光临这些旅馆。②

除了迁址新的金融区，餐饮业在 17 世纪还出现了其他变化。一些阿姆斯特丹的旅馆得益于空间移动的革命性变化。荷兰共和国新出现的定期通往几乎每个城镇的渡船服务吸引了大量客流。渡船旅馆被战略性地选址在驳船到达和离开的地点，如位于罗金的布兰克—汉姆酒馆和前面提到的位于坎帕斯泰格尔（Kampersteiger）的斯德哥尔摩酒馆。两位老板都为他们的贸易客人提供商业服务。不过，更多的渡船旅馆位于城外，因为旅行者可以避免经过城内的运河以节省时间和省却麻烦。在欧弗图姆（Overtoom）水域的一边，去往莱顿的渡船从霍夫—范—荷兰（Hof van Holland）离开，而在另一边，哈勒姆［Wapen van Haarlem，后来重新命名为邦特—奥斯

---

① J. G. van Dillen, ed., *Bronnen tot de geschiedenis van het bedrijskeven en het gildewezen van Amsterdam*, vol. 2（The Hague：Nijhoff, 1933），p. 244.

② 酒馆老板的申诉由啤酒税的收税官提出，后者必须对令人失望的收入负责。参见 ACA，Archive 5075, inv. no. 381/15 – 19, declaration 12. 1. 1618；L. Noordegraaf and G. Valk, *De gave Gods. De pest in Holland vanaf de late middeleeuwen*（Amsterdam：Bert Bakker, 1996），p. 139。

（Bonte Os）]却充当前往阿尔斯梅尔（Aalsmeer）旅行者的渡船旅馆。[①] 18
世纪初伦敦酒馆也集中在连接周边地区的交通枢纽，虽然这些交通线主要
是马车和运输服务使用的公路。作为"首都的地方中心"（provincial eyes
in the capital），这些酒馆起到交通和商业中心的作用。[②]

少量证据显示集旅馆老板和经纪人于一身的现象在17世纪没有消失。
汉萨商人和他们的旅馆老板—经纪人主导地位结束，因为在17世纪末荷兰
人开始组织大宗谷物出口。一些新来者会在阿姆斯特丹租房或买房。[③] 不
过，那些在阿姆斯特丹没有固定住所的外国商人仍依靠酒馆老板充当贸易
代表。16世纪末，旅馆老板伊斯雷尔·约翰逊（Israel Johnson，荷兰语
Jansz）为从事布匹、木材和其他商品贸易的英国人充当经纪人。[④] 1606年
前后，他在尼斯（Nes）经营了一家旅馆"伦敦交易所"（Beurs van
Londen）。约翰逊为来自自己国家的客户做代理，向当地商人提前预付相
当数量的钱。[⑤] 在荷兰其他城市，旅馆老板兼经纪人的现象也仍存在。例
如，1597～1652年，酒馆业家族塔丁霍夫（Tatinghof）在恩克辉曾（En-
khuizen）的牛贸易中处于中枢地位。酒馆老板兼经纪人彼得·塔丁霍夫
（Pieter Tatinghof）为来自荷尔斯泰因（Holstein）或丹麦的卖家接收货物，
并喂养牛棚里的牛。他也在附近的集市为售卖这些牛充当中介，为外国牛

---

① 邦特—奥斯的建筑保留至今并被翻修［现址，斯洛特特凯德街（Sloterkade）21号］，不过，
内部变得已经无法辨认。参见 R. Meischke，"De herberg de Bonte Os of het Aalsmeerder
Veerhuis"，*Maandblad Amstelodamum* 44（1957）：2 – 15.

② J. A. Chartres，"The Capital's Provincial Eyes：London's Inns in the Early Eighteenth Century"，
London Journal 3（1977）：24 – 39.

③ M. van Tielhof, The "*Mother of all Trades*"：*The Baltic Grain Trade in Amsterdam from the late* 16
th to the Early 19 *th Century*（Leiden：Brill, 2002），pp. 136 – 137；O. Gelderblom, *Cities of
Commerce*：*the Institutional Foundations of International Trade in the Low Countries*，1250 – 1650
（Princeton：Princeton University Press, 2013），p. 60.

④ 伊斯雷尔·约翰逊是位宗教分离主义者，在自己家组织非法布道活动。他曾在1585年在
安特卫普组织赈灾。J. G. van Dillen，*Amsterdam in 1585：het Kohier der Capital Impositie van
1585*（Amsterdam：De Bussy, 1941），p. 68；H. J. Smit，*Bronnen tot de Geschiedenis van den
Handel met Engeland*，*Schotland en Ierland* 1150 – 1585，vol. 2（The Hague：Nijhoff, 1950），
pp. 126，1264；Keith L. Sprunger，*Dutch Puritanism*，*a History of English and Scottish Chur-
ches of the Netherlands in the Sixteenth and Seventeenth Centuries*（Leiden：Brill, 1982），pp.
46 – 48.

⑤ ACA，Archive 5075，NA 106/47 – 48，7. 12. 1606；NA 105/133v；Loterrij 1606，reg. 117/
62，f. 874.

商充当监护人、预付货款和作担保。①

阿姆斯特丹旅馆的老板也不断吸引来自不同地区的客人。17世纪下半期，老教堂外的白心（White Heart）旅馆在不列颠商人中很受欢迎。旅馆老板兼厨师恩布罗西奥斯·伍德（Ambrosius Wood，？－1686）原本是来自英国的一位裁缝，由于菜品好价格合理而受欢迎，不过没有证据显示他从事国际贸易。② 泽尔迪金克（Zeedijk）的"法国大罗伊"（Au Grand Roy de France）是法国商人经常去的旅馆，以餐饮出名。阿姆斯特丹的德国商人有很多旅馆可以选择，大部分位于港区。具有国际知名度的是位于沃尔姆斯特拉特街的科尼格—范—茨威登（Koning van Zweden，现在的46号）。在纽伦堡出版的一本开创性政治杂志《乔装的哥特——伯特·墨丘利》（*Der verkleidete Goetter - Both Mercurius*）的第1期中，记者乔装成商业经纪人来到了其所携带旅行指南推荐的这家旅馆。③

竞争：咖啡馆（Coffee Houses）与旅馆（Lodging Houses）

阿姆斯特丹旅馆仍是交易所交易员重要的聚会场所，因为交易所营业的时间有限，更多的交易是在附近的旅馆完成的。在1636～1637年的"郁金香狂潮"（Tulipmania）中，郁金香贸易大部分在公共酒馆进行，而17世纪后期股票交易员多聚集在金融区中心卡尔夫斯特拉特（Kalverstraat）的旅馆。1672～1678年，一个名为"拍卖者学院"（Collegie van de Actionisten）的交易俱乐部，晚间在卡尔夫斯特拉特的普拉兹—罗亚尔（Plaats Royaal）旅馆活动。交易员的集中让交易员更容易找到商业伙伴，俱乐部丰富的信息降低了交易员的搜索成本。④ 这种优势一直保持到18世纪。1720年的"南海泡沫"（South Sea Bubble）事件中的交易员就聚集在

---

① 1650年前后，牛市从恩克辉曾迁到阿姆斯特丹，荷兰商人通过直接从产地购买牛，开始垄断牛的进出口交易。参见 W. M. Gijsbers, *Kapitale ossen: de international handel in slachtvee in Noordwest - Europa*, 1300 - 1750（Hilversum, Netherlands: Verloren, 1999）, pp. 256 - 271, 476.

② ACA, DTB 464, p. 349［marriage A. Wood］; DTB 1074, p. 341［funeral A. Wood］.

③ *Der verkleidete Goetter - Both Mercurius*, February 1674, pp. 1 - 4; Kumin, *Drinking Matters Public Houses and Social Exchange in Early Modern Central Europe*, p. 127.

④ A. Goldgar, *Tulipmania: Money, Honor, and Knowledge in the Dutch Golden Age*（Chicago: University of Chicago Press, 2007）, pp. 190 - 192; L. O. Petram, "The World's First Stock Exchange, 1602 - 1700", PhD dissertation, University of Amsterdam, 2011, pp. 46 - 48.

丹姆和盖博斯泰格（Gapersteeg）之间的卡尔夫斯特拉特的旅馆。值得注意的是，当时这些交易所之间甚至交易所内部都存在强烈的等级观念：在卡尔斯波姆（Karssboom）有提供给普通交易员和更体面商人的单间，他们允许使用交易所楼上的空间。

1720年最特别的地点是格拉夫—范—荷兰（Graaf van Holland）旅馆和一家著名的咖啡馆昆坎波伊克斯（Quincampoix）。这家咖啡馆和其他咖啡馆的出现影响了阿姆斯特丹的餐饮业。到1700年，阿姆斯特丹至少有32家咖啡馆，主要集中在丹姆广场（Dam square）附近的金融区。一些咖啡馆仿照巴黎和伦敦的时髦设计，吸引富商和知识分子这样的显要客人。一部分交易从旅馆转移到咖啡馆。急于分享这块蛋糕的旅馆老板也开始卖咖啡，而咖啡馆也开始卖酒精饮品。一些嫉妒的旅馆老板甚至将自己的旅馆变成咖啡馆，因此很难区分二者。咖啡馆与更大旅馆的主要区别是前者不提供住宿和仓储空间。玩西洋双陆棋（backgammon）这样的游戏、读报、抽烟和谈论政治是咖啡馆的典型特征，但不是独有的特征。[①]

1720年，南海公司破产后，愤怒的投资者袭击了卡尔夫斯特拉特的昆坎波伊克斯咖啡馆。警察最终阻止了人们对这个建筑的破坏，不过这些骚乱标志着阿姆斯特丹咖啡馆黄金时代的结束；1750年只剩下了17家咖啡馆。一些幸存的咖啡馆设立了单独的社交房，这在一些较大的酒馆已经很常见。[②] 大部分的阿姆斯特丹咖啡馆为了吸引更多消费者而开设了台球房，而一些阿姆斯特丹咖啡馆以音乐会和保龄球（kolfspel）来取悦客人。1792年之后，保龄球衰落，更便宜的台球成为阿姆斯特丹旅馆新的流行游戏。[③] 旅馆不是在与咖啡馆而是和旅店（logementen）、私人住宿

---

① T. Wijsenbeek, "Ernst en Luim: Koffiehuizen tijdens de Republiek", in *Koffie in Nederland: vier eeuwen Cultuurgeschiedenis* (Zutphen, Netherlands: Walburg Pers, 1994), pp. 35 – 54, 203 – 205.

② G. H. Jansen, *De Eeuwige Kroeg: Hoofdstukken uit de Geschiedenis van het Openbaar Lokaal*, pp. 157 – 177.

③ 有关保龄球，参见 A. Janmaat, "Een kolfje naar ieders hand. De Wisselende perceptive van het Kolfspel in de achttiende eeuw", *Skript* 32, no. 4 (2011): pp. 216 – 217; Diederiks, *Verval*, p. 223。有关音乐会，参见 R. Rasch, *Geschiedenis van de Muziek in de Repuliek der Zeven verenigde Nederlanden* 1572 – 1795 (Utrecht/Houten: Rudolf Rasch, 2012)。

竞争。商人们也可以留宿在家人或朋友处，或在旅店中租一间房。在 18 世纪，一位德国法官建议在阿姆斯特丹住很长时间的旅行者从运河边的旅馆租一间房：这比住在招待所要便宜很多。[①]

这种竞争没有损害阿姆斯特丹旅馆作为商业交易中心的声誉：商业交易成交，商人举行会议，旅馆老板提供信用，充当保人，接收汇票，有时为他们的客户保存销售合同。[②] 商人继续在旅馆储存货物，虽然主要是地区和当地贸易的一部分。1705 年，一位阿姆斯特丹女商人在一家旅馆从另一位女商人那里买了一批茶叶。一年后，另一位商人在沃尔姆斯特拉特街的一家旅馆发送了一批胭脂红（颜料），给一位来自汉堡的商人。同年，一位来自弗伦斯堡（Flensburg）的商人在他的旅馆收到一位当地卖家发来的一批加仑果以及香料。因为这种小贸易，旅馆的仓储藏空间总是塞满了商品。1710 年，利兹（Leeds）的一位船长在位于奥德—提尔都茵恩（Oude Teertuinen）的纽维—波特顿（Nieuwe Boterton）旅馆储存了 2000 公斤的软木制品。一位当地商人购买了这批商品却没有检查质量。软木制品堆的中心是湿的，买家要求取消这次交易。旅馆老板还为客人提供交通服务。1709 年，两位来自克罗梅尼的帆布制造商要求纽维—布鲁格（Niewe Brug）附近的一家旅馆老板帮他们代理交易。他从他的旅馆向一个犹太商人家发送了几卷帆布。[③]

旅馆中的拍卖

除了提供运输、仓储和金融服务，阿姆斯特丹旅馆还举行拍卖活动。拍卖是布劳德尔（Braudel）的"商业之轮"之一，促进了近代早期的贸易。自 15 世纪开始，市政府允许某些旅馆主办这样的销售。比实际销售更

---

① J. P. Willebrandt, *Historische Berichte und Practische Anmerk. Auf Reisen in Deutschland und andere landern* (Leipzig im Verlag der Heinsiussischen Buchhandlung, 1769), p. 121.

② 参见 1701 年到 1710 年的公证记录。例如：ACA, Archive 5075, inv. no. 7210/595, insinuation 14.9.1705 [financial settlement]; inv. no. 5559/1359, declaration 16.3.1706 [innkeeper preserves contract after cattle trade]; inv. no. 4996/269, declaration 11.8.1706 [sale of 400 bibles]; inv. no. 4647/1568, insinuation 28.6.1707 [innkeeper as surety for client]; inv. no. 6040/607, declaration 1.8.1708 [assembly of Greek merchants]。

③ ACA, Archive 5075, inv. no. 6872/319, declaration 8.9.1705; inv. no. 7217/1015, declaration 2.12.1706; inv. no. 5903/313, declaration 12.1.1707; inv. no. 6490/819, declaration 4.9.1709; inv. no. 7096/559, insinuation 18.10.1710.

重要的是，有关产品的供给和价格、交易和质量信息，商人可以在拍卖过程中获取它们。[①] 只有位于社会上层的旅馆才被允许组织拍卖。排在出版商腾—霍恩（Ten Hoorn）酒馆排行榜前列的是奥得兹吉兹—贺伦罗吉曼（Oudezijds Herenlogement），这家旅馆恰好就在格里姆布尔格瓦尔（Grimburgwal），与这家出版社隔街相对。这是该城最有名的旅馆，1647年左右建筑师菲利普斯·温布恩斯（Philps Vingboons）对旅馆进行过翻新。市政府在这里招待他们最重要的客人，1653年一位英国旅游者称赞它是"世界上最高贵的酒馆"。[②] 富丽堂皇接待厅的墙壁用金叶装饰，地板用黑白两色的马赛克铺就。在这里和院子内举行贵重物品如油画、珍品和来自东印度商品的拍卖活动。建筑的另一翼则拍卖房屋、庄园和其他类型的不动产。[③] 旅馆老板因公开拍卖和接待显要客人而获利颇丰。第一位承租人是德国啤酒商人阿尔伯特·滕·布林克（Albert en Brinck），他能够轻松支付4400荷兰盾的年租金，因为他从市政府那里获得大量订单。[④]

1657年，在贺伦马克特（Herenmarkt）一幢原属西印度公司的建筑里，设立了第二个住所（herenlogement）。这个名为纽维兹吉兹—贺伦罗吉曼（Nieuwezijds Herenlogement）旅馆的房间豪华到可以接待高级官员，不过这个旅馆还是逊色于奥得兹吉兹—贺伦罗吉曼（Oudezijds Herenlogement）。除了一个大厅，还有一个拍卖室，在这里船、木材或其他商品将被卖给出价最高的人。不过，这些海洋产品的强制拍卖必须在纽维兹吉兹—贺伦罗吉曼进行。这些拍卖对旅馆老板有好处，因为它们可以吸引大量客人。拍卖在晚上6点至9点在院子举行，因此食物和饮料的需求量非常高。富有的商人可以租一个房间，从那里看院内的拍卖活动，并从窗户里

---

① A. Wegener Sleeswijk, "Franse wijn in de Republiek in de 18e eeuw", unpublished PhD dissertation, University of Amsterdam, 2006, pp. 235 – 278; Hermesdorf, *Hergerg*, p. 171.

② J. N. Jacobsen Jensen, *Reizigers te Amsterdam: Beschrijvende lijst van Reizen in Nederland Door Vreemdelingen voor* 1850, vol. 1 (Amsterdam: Genootschap Amstelodamum, 1919), p. 49, note 2.

③ ACA, Archive 5023, inv. no. 3; J. Wagenaar, *Amsterdam in zijne Opkomst, Aanwas, Geschiedenissen, Voorregten, Koophanhel, Gebouwen, Kerkenstaat, Schoolen, Schutterije, Gilden en Regeeringe*, vol. 2 (reprint Alphen a/d Rijn, 1971), pp. 75 – 77.

④ 例如，1657年他因接待法国大使一天就收到6000荷兰盾的报酬。ACA, Archive 5939, inv. no. pp. 139 – 149.

发出竞价。① 另两个高级"拍卖酒馆"是原市自卫队的建筑：位于辛格尔（Singel）的汉德布格多伦（Handboogdoelen）旅馆和位于纽维—多伦斯特拉特（Nieuwe Doelenstraat）的克洛维尼尔斯多伦（*Kloveniersdoelen*）旅馆。珍珠和钻石等珠宝以及家庭财产的拍卖活动在克洛维尼尔斯多伦举行。

纽维—斯塔兹赫尔伯格（Nieuwe Stadsherberg）也有拍卖活动。它是市政府所属的三个旅馆之一。这些市属旅馆（stadshergergen）的客人不如贺伦罗吉曼（herenlogementen）或多伦（doelens）的那么显要。纽维—斯塔兹赫尔伯格是易吉河中建在木桩上的一幢两层高的木房子，建立于 1613 年。这家旅馆接待的是那些港口防务（bomen）关闭之后到达的旅行者。有时船只也在这里售盐。在修建前往沃特兰德（Waterland）的渡口之后，1662 年又建了一座新城市旅馆，还是在易吉河的木桩上。纽维—斯塔兹赫尔伯格最终取代了老旅馆，后者在 1750 年前后被拆毁。该市的司库从旅馆老板那里租下了这个建筑许多年。第三个市政府旅馆也叫纽维—斯塔兹赫尔伯格，于 1688 年建在布兰塔吉区（Plantage）。这家旅馆老板拥有在这个红灯区销售葡萄酒的专属权利，吸引了前来娱乐的市民。布兰塔吉的这家旅馆没有拍卖活动，因为这幢三层的石头建筑离市中心太远了。

除了贺伦罗吉曼、多伦和斯塔兹赫尔伯格，勒·隆（Le Long）在他 18 世纪有关阿姆斯特丹商业的刊物上还提到另有 5 个旅馆，② 可以举办得到市政府官方认可的拍卖活动。葡萄酒和白兰地的拍卖必须在位于卡尔佛斯特拉特的凯泽斯克隆（Keizerskroon）举行，而染料、咖啡、茶叶、香料、油、肥皂、玻璃、皮革、纸张和土豆这样的商品在位于尼斯的布雷克—格隆德（Brakke Grond）拍卖。③ 位于纽文迪吉克（Nieuwendijk）的维特—茨万（Witte Zwaan）则以拍卖木材著称，迪吉克斯特拉特（Dijikstraat）的布尔希特

---

① Wagenaar, *Amsterdam*, vol. 2, p. 76; I. H. van Eeghen, "Het Nieuwezijds Herenlogement", *Maandblad Amstelodamum* 57 (1970), pp. 25 – 33.

② J. le Moine de L' Espine and Isaac le Long, *De koophandel van Amsterdam: naar alle Gewesten des Werelds*, vol. 1 (Amsterdam: By d' Erven van Joh. Ratelband en compag., boekverkopers, 1758), pp. 314 – 319.

③ 在 19 世纪，布雷克—格隆德曾专门从事不动产拍卖，直到 1879 年，同样位于尼斯的原来的娱乐沙龙——弗拉斯卡迪（Frascati）接管了这项业务，布雷克—格隆德才专注于古董拍卖。参见 H. Rau, *Van Brakke Grond tot Cultureel Centrum: zes Eeuwen Geschiedenis van een Gebouw aan de Amsterdamse Nes* (1406 – 1992)（Amsterdam: Stadsuitgeverij Amsterdam, 1992），pp. 23 – 25。

（Burcht）以烟草著称，辛格尔的维特—默伦（Witte Molen）以纸张和油画著称。在荷兰共和国其他城市以及国外，拍卖也在旅馆进行。[①] 在凯泽斯克隆的拍卖中，阿姆斯特丹的旅馆老板们也购买自己用的葡萄酒和白兰地，或者当他们关闭了自己的旅馆后出售自己的存货。[②]

结局和尾声（1800～1914）

阿姆斯特丹旅馆的拍卖和其他经济功能一直持续到近代初期才结束，也就是 1800 年左右。在这期间，旅馆老板迎合了新的需求和不断变化的要求。16 世纪，沃尔姆斯特拉特的一群旅馆老板参加到新兴的国际贸易：他们为汉萨客人做代理人、经纪人，有些自己进行贸易。1610 年后，汉萨"旅馆老板—代理人"从这个舞台消失，而旅馆老板继续帮客户做生意。餐饮业的中心迁址到丹姆附近的新金融区，商人和经纪人成了这里的常客。除了提供仓储和运输、会议室、信贷服务，一些老板在外国商人和当地商人之间充当中间人。阿姆斯特丹旅馆的老板从不断增长的经济、快速增加的人口和不断增强的空间移动性中多有受益，吸引许多参观者到这座城市，其中包括当地没有代理人的外国商人。渡船旅馆战略性地选址在该区的水道附近，就像伦敦酒馆集中在主要的陆路附近一样。尽管面临时尚咖啡馆和廉价旅馆越来越激烈的竞争，但是旅馆仍保持强势地位。他们依靠其服务和设施，成为近代早期贸易结构中不可或缺的一环。同样，旅馆也是政治活动的重要舞台。它们公开或秘密地为持不同政见者的活动提供了平台，如 1784 年的"多里斯滕"（doelisten）与 18 世纪 80 年代的"爱国者"，也为政府提供了支持。虽然咖啡馆常常被认为是知识分子和叛乱分子聚会的地点，但是事实表明，酒馆与咖啡馆的差别并不明显。例如，1795 年革命活动的中心——恩顿酒馆（the Wapen van Emden）是纽文迪吉克（Nieuwendijk）的一家老酒馆。荷兰旅馆政治意义的历史还有待书写。[③]

---

① S. Hart, *Geschrift en getal: een keuze uit de Demografisch -, Economisch - en Social - Historische-Studien op Grond van Amsterdamse en Zaanse Archivalia*, 1600 - 1800 (Dordrecht: Historische Vereniging Holland, 1976), p. 71; Everitt, "English Urban Inn", p. 107.

② A. Wegener Sleeswijk, "Franse wijn in de Republiek in de 18e eeuw", pp. 263, 271.

③ 参见 M. Frank, "Satan's servant or Authorities' Agent? Publicans in Eighteenth Century Germany," in Kumin and Tlusty, eds., *The World of the Tavern*, pp. 12 - 43。

　　尽管很难确定确切时间，但是阿姆斯特丹旅馆的经济功能在 19 世纪消失了。荷兰经济恶化与交通基础设施的变化扰乱了饮食服务业。旅馆变得过时，成为"不具吸引力公共酒馆"① 的代名词和公众酗酒的帮凶。为了防止酗酒，1881 年第一部《许可法》（*Licensing Law*）限制了公共酒馆的数量，幸存的酒馆将它们的名字改成酒店（Hotel）或咖啡馆（Cafe）。② 此后，商人更喜欢私人俱乐部或大酒店，如优雅的克拉斯波尔斯基酒店（Hotel Krasnapolsky）。这是一家有 125 个床位的大型酒店，是那些规模小且常常是家庭运作的近代早期酒馆所无法比拟的。更有可能的是，专业机构如饭馆、拍卖行、社区和交易厅、办公区域、运输公司、金融中心等的出现取代了阿姆斯特丹旅馆。19 世纪，大部分规模大一些的旅馆消失，如奥得兹吉兹—贺伦罗吉曼在 1874 年被拆毁，纽维—斯塔兹赫尔伯格不得不让道给新火车站。凯泽斯克隆在失去了其旅馆功能的五年后，于 1890 年被拆毁。其他旅馆获得了新的功能，如纽维兹吉兹—贺伦罗吉曼于 1825 年变成孤儿院和老人院。

　　一些更大的旅馆努力生存了更长时间，不过根据现代模式转变成酒店，如高级综合性的克洛文尼尔斯多伦（Kloveniersdoelen）。另一个例子是位于沃尔姆斯特拉特的利斯维尔泽—圣经（Liesveldse Bijbel）旅馆。1884 年这家老酒馆被扩大、重新装修成圣经酒店（Bible Hotel），有上百间的时尚客房。这种改造升级成本过于高昂：这座建筑不得不卖给当时恰好在寻找新址的证券交易所开发商。③ 1914 年，新建筑开业［布尔斯普林（Beur-splein）5 号］。商人们再次汇集在近代早期他们交易、交谈、吃饭、喝酒和休息的沃尔姆斯特拉特酒馆附近。

作者：马尔滕·赫尔，荷兰阿姆斯特丹独立学者
译者：许哲娜，天津社会科学院历史研究所
喻满意，天津日报传媒集团《每日新报》

---

① *Woordenboek der Nederlansche Taal*（The Hague：Nijhoff, 1903），entry "herberg".

② G. H. Jansen, *De Eeuwige Kroeg: Hoofdstukken uit de Geschiedenis van het Openbaar Lokaal*, pp. 279 – 283.

③ H. J. M. Roetemeijer, "Bijbel – hotel tussen Beurs – en Warmoesstraat 1647 – 1910", *Ons Amsterdam* 25 (1973)：342 – 347.

韩国新世纪以来天津研究的审视与思考

罗海燕　〔韩〕林常薰

内容提要：伴随着中韩关系的调整以及天津城市的发展，韩国对天津的研究呈现出阶段性特征：汉学时代的天津研究与中国学时代的天津研究。尤其是新世纪以来，韩国政府与学界对天津的关注度迅速提高，出现了大量的研究论著，成果颇丰，但也存在一些问题。现通过文献梳理与比较，对这种研究概况加以审视和思考，以期有助于增加中韩之间以及天津与韩国学界之间的了解与联系，促进中韩两国及其城市之间的交流、合作与发展。

关键词：中国学　韩国　新世纪　天津研究

中韩两国一衣带水，同属儒家文化圈。自古以来，中韩两国及各地区之间的交往就非常密切，无论是政府还是民间层面，其交流与互动一直未曾断绝。天津作为中国北方开放的大城市与重要的国际港口，与韩国仁川等城市隔海近望，故韩国人对天津关注较多，反映在学术上即韩国学者对天津的各个方面均不乏研究成果。但是，迄今为止，尚未有人对韩国的天津研究进行梳理与评介。这不能不说是一个遗憾。实际上，对韩国学界所开展的天津城市研究进行系统梳理与全面审视，将有助于我们了解韩国学界动态，促进中韩之间的政治、经济、文化等多方面的深入交流、合作与发展。

一　新世纪前韩国的天津研究

海外中国学的发展一般可以划分为两个阶段：一是汉学时代；二是中

国学时代。新世纪前韩国的天津研究，也可以据此划分为两大时期，而从研究的实际情况看，可以中韩建交作为分界点：之前属于汉学时代的天津研究，之后属于中国学时代的天津研究。

汉学阶段的天津研究主要有两类：一是朝鲜古、近代士人（主要是来华使者）在"燕行录"中记载有关天津自然风光与人情风俗等情况。其中李海应（1775～1825）《蓟山纪程》、① 李昰应（1820～1898）《大院君天津往还日记》与金允植（1835～1922）《天津谈草》等堪称代表。李海应作为朝鲜使节，用汉字记录了当时在朝鲜汉城、开城、平壤、义州与中国辽宁、河北、天津、北京之间往来的见闻。其中蓟县是朝鲜使者到北京的陆路必经地，故对天津蓟县等地多有记载。李昰应则是朝鲜王朝末期重要的历史人物，曾多次来到天津，其在日记中较为详细地记载了天津当时的政治生态以及与李鸿章等人的交往。金允植曾作为朝鲜"领选使"，率领一支包括38名朝鲜学徒和工匠在内的大规模使团来津，在天津机器制造局展开为期一年的军工制造技术学习活动，其间又与李鸿章等清朝大员就朝美缔约及朝鲜开港等问题多次进行密谈，还目睹了当时中国机器制造工业的发展状况，所著《天津谈草》就是对这段历史的详尽记载。除此之外，尚有金学民《蓟程散考》、洪奭周《登蓟邱记》（《渊泉集》）、丁焕《回还行程》（《桧山集》）等记载蓟州风物传说，崔溥《飘海录》、李民宬《朝天录》（《敬亭集》）等记载天津卫之人事与及军事战略地位等，朴钟完《天津杂咏》、李忔《天津歌》（《雪汀集》）等则以诗歌吟咏天津。二是韩国当代学者对天津历史进行的研究，以尹世哲《天津教案和清朝外交的变容——关于三口通商大臣专设制的废止》（《历史教育》1982年第30～31合集）与宋炳基《金允植、李鸿章的保定、天津会谈——为〈朝美条约〉（1882）的朝清交涉》（《东方学志》1984年第44、45辑）为代表，前者对清同治九年（1870）发生的震惊中外的大事件——天津教案展开研究，并探讨了清朝外交自此而进行调整的情况；后者则对朝鲜与清朝在《朝美

---

① 关于《蓟山纪程》的作者存有争议：或以为是徐长辅，以韩国林继中为代表；或以为是李海应，以韩国车柱环与中国刘顺利为代表；或裁定为无名氏，以韩国古近编译院为代表。今从第二种说法。参见刘顺利《〈蓟山纪程〉所录朝鲜文人的中国文化之旅（1803～1804）》，王晓平主编《东亚诗学与文化互读：川本皓嗣古稀纪念论文集》，中华书局，2009，第422页。

通商条约》签订过程中朝清两国之间的交涉进行了梳理与评论。

在 1992 年中韩正式建交之后，天津研究进入中国学时代。其间主要是韩国智库机构出于政治外交考量而对天津进行调查研究。[①] 代表性专著有韩国贸易协会的《中国主要港湾以及复合运送情况——天津港、上海港》（韩国贸易协会，1991）、金京镐的《天津市投资环境分析》（对外经济政策研究院附设地域情报中心，1992）、大银金融经济研究所的《中国天津地区的开发、投资环境与地区企业的投资扩大方案》（大银金融经济研究所，1995）等。此外，还有一些中国学者在韩国期刊《韩国港湾经济学会志》上发表的单篇论文，如傅政德《港湾效应及天津港口经济优势》（1991 年第 7 期）、孙明华《天津港和天津以及周边地区的经济开发》（1991 年第 7 期）、魏炳坤与李笑一《利用和开发天津港研究》（1992 年第 8 期）、周连有《天津港与天津市》（1993 年第 9 期）、鹿鹤松《环渤海经济区的港口建设——兼谈天津港在环渤海港口链中的地位及其发展战略目标》（1993 年第 9 期）、陈晓明《天津港在中国对外经济贸易中的地位与作用》（1995 年第 11 期）、王增栋《天津港背后地开发对外贸易货物来源的战略》（1996 年第 12 期）、蒋传林《关于天津港和背后地间的集散运输研究》（1996 年第 12 期）等，主要围绕天津港的开发利用等情况进行介绍与研讨。

二 近十五年来韩国的天津研究

21 世纪之前的天津研究，相对较为单薄：汉学时代的研究多零乱，散见于古、近代人之别集与笔记；中韩建交之后中国学时代的研究多单一，主要集中于经济方面。而在进入 21 世纪后，伴随着中国综合国力不断增强，继提出并实施环渤海经济圈构想后，又加入世界贸易组织（WTO），并成功申办奥运会等，越来越多的韩国人对中国产生了浓厚兴趣，到中国

---

① 此外，还有 3 篇有关天津文学方面的论文：张松建的《穆旦诗的现代性》（《中国人文科学》1995 年第 14 期）与《充实与空虚之间：40 年代的穆旦诗》（《中国现代文学》1999 年第 17 期）、金人喆《冯骥才〈啊!〉》（《中国人文科学》1999 年第 18 期）等；还有 1 篇关于天津历史的论文，林地换《清末民国初天津钱庄的发展》（《全北史学》1997 年第 19～20 合集）。

进行学术文化交流和留学的韩国人呈直线上升趋势。据教育部2014年统计显示，韩国来华留学生占据第一位，达62923人，而在接纳留学生的城市排名中，天津继北京、上海之后，位居第三。在这种"汉风"和"韩流"日渐频繁、深入的交互影响中，韩国有关天津的研究在20世纪末的基础上接续发展，研究格局趋于开放，论著数量和质量逐年增加和提高，我们称之为新中国学时代。据韩国国会图书馆、DBpia、Riss检索统计，自2000至2014年，[①] 其间以天津为专门研究对象的论著达百余篇（部）（既包括韩国学者也包括中国及其他国家学者），涉及经济贸易、历史文化、文学艺术、社会政治及教育等不同专业领域。又根据相关度，汰除重复，尚余101篇（部）论著，我们在此基础上建立数据样本进行分析。兹主要以具体的研究主题与方向为划分标准，归纳出如下几类。

（一）历史文化类

中韩两国在历史文化方面多有相同之处，又因为天津在中国近代史上占据了重要地位，故近代天津的工业史、银行史、商会史、盐业史、报刊史、移民史、城市史、中韩交流史及新闻传播、文化交流等方面尤为韩国学界所关注，如有文明奇《清末新政期天津商会的活动及其性格》（《历史文化研究》2001年第15期）、丘凡真《天津的行盐制度与清末新政期的改革》（《中国近现代史研究》2003年第20期）与《1911年中国天津的洋债风潮与长芦盐政引岸官办方案的成立及其性格》（《史林》2014年第50期）、高艳林《从"卫"到"府、县"：天津的人口特点变化》（《大东文化研究》2004年第45期）、徐行《前后华北地区韩侨的安置与送还——以天津韩侨的管理与送还为中心》（《韩国近现代史研究》2004年第28期）、曹桂泰《天津韩国不变团的组织与活动》（《韩国独立运动史研究》2004年第23期）、郑惠仲《辛亥革命以前天津的山西票号和天津银号的金融活动》（《明清史研究》2005年第24期）、李永洙《关于天津日本租界的设置与管理机构的研究》（汉阳大学硕士学位论文，2006）、刘海岩《清末民初天津城市空间的变化》（《中国史研究》2006年第40期）、薛理勇《中外天津条约与上海市的发展》（《中国史研究》2006年第44期）、吉瑞

---

① 其中也包括2015年初发表的3篇论文。

姆·布朗（Jeremy Brown）《城市里的村庄——1950 年代天津的农村移民》（《中国史研究》2006 年第 40 期）、韩哲昊《韩国近代驻津大员的派遣和管理（1883～1894）》（《东学研究》2007 年第 23 期）、黄妙熙《侵略战争时期天津的亲日韩人组织研究》（《韩国独立运动史研究》2007 年第 28 期）、权赫秀《"两截体制"与 19 世纪末朝鲜王朝的对中外交——以初任驻札督理通商事务南延哲的活动为中心》（《韩国民族运动史研究》2007 年第 51 期）、金美善《关于殖民时期朝鲜女性在日本帝国内移民的经验研究——以梁忠子（中国天津）和李钟秀（伪满洲国安东）的口述为中心》（《女性与历史》2009 年第 11 期）、朱英《清末民初商会的地方性发展与变化——以上海、苏州、天津商会为例》（《史林》2010 年第 37 期）、朴尚洙与任吉东《近代中国都市史研究的回顾与展望——兼论天津都市史研究》（《都市研究》2010 年第 4 期）、任云兰《开埠以后天津城市文化的变迁》（《仁川学研究》2011 年第 14 期）、于晨《1885 年清日天津条约的再次检讨》（《明清史研究》2015 年第 43 期）与《1885 年清日天津条约的性格》（成均馆大学硕士学位论文，2014）、李艺智《从 1880 年代天津海关来看朝清关系》（釜庆大学硕士学位论文，2012）、林绪武《新政学系与南开和〈大公报〉的文化渊源》（《中国史研究》2011 第 27 期）、张世润《20 世纪初中国主要媒体对韩国独立运动的认识——以香港〈华字日报〉、天津〈大公报〉、上海〈时报〉与〈申报〉为中心》（《韩国民族运动史研究》2013 年第 75 期）、辛太甲《从〈益世报·宗教丛谈〉来看雷鸣远神父的传教活动（1916～1928）》（《中国史研究》2013 年第 87 期）、高慧莲《关于天津皇会〈行会图〉的考察》（《历史与境界》2010 年第 75 期）、王春雪与陈全家等《中国天津地区旧石器遗存的新发现与研究》（《中国史研究》2014 年第 91 期）等。

其中有四位学者的研究最为突出，分别是韩国的姜京洛、孙在贤、林地换与中国的梁志善。姜京洛博士毕业于高丽大学，现任江南大学教授，主要研究中国近现代史，博士论文为《1930 年代华北农村社会的结构与变化：以河北、山东为中心》（1998）。他先后发表的论文有：《二十世纪前天津与华北农村以及农村手工业》（《中国学报》2004 年第 50 期）、《从贸易商品结构的变化来看近代天津贸易——以第一次世界大战前后时期为中心》（《亚细亚研究》2007 年第 50 期）、《从近代中国的对外贸易看中国经济——近代贸易对天津及其内地市场所产生的影响》(《中国近现代史研究》2008 年第 37 期)、《20 世纪前半期天津的近代贸易与农产品市场》(《中国近现代史研究》2010 年第 45 期)、《近代贸易和天津的工业》(《中国近现代史研究》2012 年第 53 期)、《20 世纪前半期天津工业的发展与局限》(《中国近现代史研究》2014 年第 61 期) 等。孙在贤为庆北大学讲师,主要研究 20 世纪初中国区域史,著有《北洋政府时期 (1912~1928) 天津近代工业和军阀官僚》(《中国史研究》2000 年第 10 期)、《反对法国侵占租界地的天津市民的对应——以 1916 年 "老西开事件" 为中心》(《大邱史学》2004 年第 76 期)、《清末列强侵占天津和城市的变化——以天津都统衙门的统治为中心》(《大邱史学》2005 年第 79 期)、《中华人民共和国成立时期的经济建设与天津权利基础的确立》(《中国史研究》2009 年第 59 期) 等。林地换现为全北大学教授,主要研究中国明清史,其撰有《第一次世界大战后天津市的工商业发展与金融市场》(《全北史学》2012 年第 40 期)、《1930 年代天津钱庄》(《历史学研究》2014 年第 54 期)、《1920 年代天津金融市场和华商银行的发展》(《历史学研究》2015 年第 57 期)、《1920 年代天津市的工业发展》(《全北史学》2013 年第 6 期) 等。梁志善的系列研究则有《天津朝鲜大独立党筹备会的组织与活动》(《韩国独立运动史研究》(2011 年第 40 期)、《天津地区韩人的附日化与天津朝鲜人民会的组织》(《韩国民族运动史研究》2012 年第 71 期)、《张伯苓的天津地区韩国独立运动支援活动》(《韩国近现代史研究》2013 年第 67 期)、《中国天津地区韩人的移民与定居》(《韩国独立运动史研究》2014 年第 48 期)、《1930 年代中国天津地区韩人教育状况与战时动员体制》(《东洋学》2014 年第 57 期) 等。而申真范与黄熙贞合著的《仁川市和姊妹友好城市之间青少年观光交流促进方案:以仁川市与天津市为中心》(仁川发展研究院,2007) 则是唯一以专著形式对天津与仁川两个友好城市青少年旅游发展方面所做的专门研究。

(二) 经济贸易类

韩国学界对天津港、滨海经济技术开发区、中国 (天津) 自由贸易区、天津消费市场等最为关注,在研究成果中,这类论著占绝大多数。韩国政府与智库部门曾对天津经济方面做过集中研究,如京畿地方中小企业厅编著《中国省、市经济资料集 2——北京直辖市、天津直辖市、河北省、山西省、内蒙古自治区》（京畿地方中小企业厅出口支援中心，2004），而驻中韩国大使馆经济部则就天津滨海新区进行专门研究并出版《天津市滨海新区：中国第三增长中心》（驻中韩国大使馆经济部，2009）。中外大城市的发展实践表明，要迅速发展城市经济，就必须参与国际经济的合作与竞争，就需要有一个合作与竞争的通道和窗口——港口。从这个意义上来说，天津市最大的特点在于有天津港，天津市最大的优势也在于天津港。韩国学界也因此非常重视天津港的调查与研究。这类研究有金哲焕《海洋雷达：釜山港最大交易港湾是天津港》（《海洋韩国》2007 年第 11 期）、贾月伟《关于中国北方三个港湾（青岛、天津、大连）的合并及其港湾效率分析研究》（忠南大学硕士学位论文，2008）、肖琳《关于中国天津港港湾物流的发展方案研究》（培材大学硕士学位论文，2010）、金香《关于产业集群建设与天津港发展方案研究》（中央大学硕士学位论文，2012）、尹香《关于中国北方主要港湾的国际竞争力研究》（培材大学硕士学位论文，2012）、宋晓明《关于中国天津港竞争力的强化方案研究》（韩国海洋大学硕士学位论文，2013）、张腾《环渤海圈主要港湾（青岛、天津、大连）之间合作竞争战略》（全北大学硕士学位论文，2013）、宋宜晨《关于中国天津港湾物流的问题与改善方案研究》（全北大学硕士学位论文，2013）、王曼《关于天津港集装箱铁路多式联运的发展方案研究》（中央大学硕士学位论文，2014）、金庆《开港初期（1861～1869）天津的贸易统计考究》（《人文学研究》2014 年第 26 期）、申汉元《关于中国天津港竞争力强化方案研究》（《水产海洋教育研究》2014 年第 26 期）等。对于滨海新区及自由贸易区的研究，以安在燮《关于中国天津经济技术开发区的空间特点研究》（首尔大学博士学位论文，2000）为代表，这是韩国第一篇专门研究滨海经济技术开发区的博士学位论文。安在燮还发表了《中国天津经济技术开发区的本土机构与外资企业》（《地理学研究》2001 年第 35 期）等文章。此外，相关论著则有金尚旭《韩国直接投资对中国天津地区经济发展的影响》（《东北亚经济研究》2008 年第 3 期）、张美娟《天津滨海新区与仁川经济自由区域的发展战略比较研究》（仁川大学硕士学位论文，2010）、任杰《韩中经济特区的引资战略研究——以新万金、群山经济自由区域与天津滨海新区为中心》（群山大学硕士学位论文，2011）、赵舒婷

《关于中国保税区的运营与发展战略研究——以天津保税区自由贸易地区发展为中心》（新罗大学硕士学位论文，2012）等。天津是韩国企业的重要投资地和韩国民众消费巨大的市场，故韩国学界对天津市场的各个方面多有调查与分析，如郑范植《韩国企业进军中国市场的战略事例研究——以进军上海、天津、北京韩国企业的合资法人为中心》（延世大学硕士学位论文，2001）、朴贤正《韩中城市青少年对名牌消费行为比较研究——以中国北京市与天津市青少年调查为借鉴》（成均馆大学硕士学位论文，2009）、崔玲义《关于中国天津市房屋价格的决定因素研究》（建国大学硕士学位论文，2009）、金尚旭《在天津韩国直接投资企业的产业机构与空间机构》（《中国学论丛》2011 年第 34 辑）、曾莹《对天津市民对绿色旅游的意识以及体验活动的好感程度的研究》（东国大学硕士学位论文，2012）、徐长飞《关于进军将中国市场的大型超市服务质量与各科满意度研究》（汉城大学硕士学位论文，2013）、程成《关于中国人的饮食习惯类型与选择饮料研究——以天津地区为中心》（淑明女子大学硕士学位论文，2013）、石达浩《关于黄海商人的贸易方式研究——以仁川天津之间客船天仁号为中心》（岭南大学硕士学位论文，2013）、金宝仁与李春秀《中国员工对公司经营管理方式的认识给组织承诺的影响实证研究——以天津、青岛、上海、沈阳为中心》（《人力资源管理研究》2013 年第 20 期）、吴琨《关于访问天津市韩国游客的特点、满意度、忠诚度研究》（培材大学硕士学位论文，2014）、程成与朴永一等《关于中国人的饮食习惯类型与选择饮料的属性研究——以天津地区为中心》（《韩国食品营养学会志》2014 年第 27 期）等。

（三）文学艺术类

学者、翻译家、诗人、散文家穆旦，生于天津，自 20 世纪 50 年代起又在南开大学任教，在国际上颇有影响，在天津作家中，韩国学界对穆旦的研究最为集中，其次为冯骥才。李仙玉《穆旦诗歌的主题：旷野中受伤的野兽》（《中国现代文学》2001 年第 11 期）、吴允淑《穆旦诗歌中的基督教因素》（《中国学论丛》2003 年第 15 辑）、朴正元《20 世纪中国诗歌的国际性：以穆旦为考察中心》（《外国文学研究》2005 年第 21 期），以及张松建的系列论文，如《穆旦与美学现代性的悖论》（《中国现代文学》

2004 年第 28 期）、《追忆散文：穆旦的〈探险队〉》（《中国语文论丛》
2011 年第 50 辑）、《穆旦后期诗作中的文革书写与自我认同》（《中国学论
丛》2012 年第 38 辑）等，均围绕穆旦的诗歌与散文展开研究。而李贞淑
《冯骥才〈啊！〉研究》（圆光大学硕士学位论文，2002）、李承熙与王文
兴《论天津文学中表现出的地方性——以冯骥才和林希等作家的"津味"
小说为例》（《中国学论丛》2012 年第 36 辑）则是对冯骥才等"津味"小
说加以评论。张元卿《近现代天津与京沪通俗小说论》（《中国学论丛》
2003 年第 16 辑）与金鲜《吕碧城的欧美旅行与海外词》（《中国学报》
2007 年第 56 期）则是对近现代天津予以观照。此外，刘顺利先生致力于
发掘韩国文献中有关天津的文学史料，颇有成就，曾发表《朝鲜领选使金
允植的天津歌咏》（《中国语文论译丛刊》2004 年第 13 辑）与《朝鲜王朝
使节笔下的天津》（《中国语文论译丛刊》2005 年第 16 辑）等。天津绘画
艺术以杨柳青年画最为突出，也最引人瞩目，截止到目前，相关研究有蒲
松年与文贞姬《精工富丽的杨柳青年画》（《美术史论坛》2007 年第 24
辑）、赵正来《中国民间年画的艺术特性研究》（《文化史学》2007 年第 27
期）与《清代风俗年画的造型艺术和唯美意识：以天津杨柳青年画为考察
中心》（《亚洲文化》2010 年第 26 期）等。此外，辛广姬《中国河北省独
乐寺的观音壁画》①（《佛教艺术史学》2014 年第 18 期）则探讨了蓟县独
乐寺的壁画。

（四）社会政治与教育类

除上述三类外，韩国学界对天津的社会政治与语言教育等方面也有所
关注，其中有关妇女的家庭婚姻研究最多，如江沛《天津娼业改造问题述
论：1949~1957》（《中国近现代史研究》2003 年第 17 期）、李净昉《战
争、性别与家民族主义——以〈益世报·妇女周刊〉为例》（《石堂论丛》
2011 年第 51 辑）、李如峰与李凡《中国改革开放与女性的婚外关系——以
北京、上海、天津地区中年在职女性为例》（《中国学研究》2012 年第 59
期）、崔珍海《跨国婚姻的朝鲜族女性生活经验研究——以在中国天津市
居住的跨国婚姻朝鲜族女性为中心》（《在外韩人研究》2013 年第 29 期）

---

① 该文作者误将天津直辖市划归河北省。

等。而金尚旭《关于中国高等人才的潜在性流动因素研究——以天津市为例》（《现代中国研究》2008 年第 10 期）、朴祥寿与李政奂等《对中国四大直辖市地区意识的考察》（《中国学论丛》2011 年第 31 辑）则是对天津市的人才流动情况以及天津人区域认同进行调查与分析。此外，付新营与刘静宜《循环识字法与天津市低年级识字教学》（《汉字汉文教育》2013 年第 30 期）、杨春侠《关于中国大学教育服务质量、教育性以及忠诚度之间的关系研究——以中国天津地区大学为中心》（圆光大学硕士学位论文，2015）是专门就语言教学与人才教育问题进行的研究。

三 韩国新世纪以来天津研究的整体特征

对自 2000 年以来韩国有关天津的研究论著进行统计分析，新世纪以来韩国的天津研究在整体上呈现出以下几大特征。

其一，研究成果数量逐年增加，尤其是 2014 年达到历史的最高峰值。以 5 年为一时段，数量递增情况如下：2000 年至 2004 年为 19 篇（含专著，下同）；2005 年至 2009 年为 27 篇；2010 年至 2014 年为篇 52 篇。2015 年初为 3 篇。其中单篇论文有 74 篇，研究生学位论文 25 篇（含博士学位论文 1 篇），专著 2 部。

其二，研究类型中基础研究与应用研究比例相当，其中基础研究 63 篇（部），约占总数的 63%，而应用研究 38 篇（部），约占总数的 37%。需要指出的是，1992 至 2000 年中国学时代的天津研究中，应用研究所占总数比例曾高达 75%。相对而言，近十年来应用研究比例有所下降。

其三，研究者包括三大人群，即韩国学者、中国学者及其他国家学者。其中韩国研究者约 37 人，中国研究者约 39 人，其他国家研究者 1 人。中国研究者数量多于韩国学者。

其四，研究内容以历史文化方面为主，约占总数的 46%；经济贸易方面次之，约占总数的 31%，文学艺术方面又次之，约占总数的 17%，社会政治方面相对较少，约占总数的 6%。另外，值得注意的是，在所有学位论文中，以经济贸易为研究内容者占绝对多数，其中仅有 2 篇是关于历史与教育方面的研究。

四　研究现状的当下启示及其未来发展走向

尽管韩国对天津所进行的调查与研究仍存有一些不足，如研究对象尚有拓展空间、研究队伍有待壮大等，但是总体看来，其成果比较显著，在整个韩国中国学研究中也占有较大比重。这既折射出新世纪以来中韩两国的交流合作越来越深入、越来越广泛，同时也从某种程度上也凸显了天津在中韩关系发展中充当着不可替代的重要角色。对韩国新世纪以来天津研究情况加以审视与思考，再反观中国国内的研究，无疑会获得一些重要启示。

其一，韩国学者的天津研究多以应用为主，即使是历史文化方面，也侧重于商业经济，整体上属于实用性的外向型研究。其最大的特点就是以学术研究为政府及企业提供可靠的决策参考。如驻中韩国大使馆经济部《天津市滨海新区：中国第三增长中心》与安在燮《关于中国天津经济技术开发区的空间特点研究》等，都是对中国市场进行考察分析，目的是让韩国企业更好地进入中国。相对而言，中国的韩国学则更多是属于引进借鉴性质的研究，尚未摆脱"拿来主义"的思维惯性，与"走出去"策略尚有一定差距。韩国学者的"进入"与中国学者的"回拉"，促成了当前中韩学界"一边倒"的研究趋势，并会进一步导致"人在我眼中朦朦胧胧，而我在人前如同裸奔"的局面。这一现象值得我们认真思考并找出对策。

其二，以天津研究为例，韩国学者在数量上少于中国学者，多是中国人研究中国的成果公开发表于韩国，如贾月伟《关于中国北方三个港湾（青岛、天津、大连）的合并及其港湾效率分析研究》与程成等《关于中国人的饮食习惯类型与选择饮料的属性研究——以天津地区为中心》等，都是在韩中国留学生所做的研究。尽管这于韩国方面而言，不一定是优势，但是对于中国而言，韩国大胆借助外国人进行其所在国或地区的研究策略值得中国学者学习，我们的政府及相关研究机构，也应该以一种更为开放的胸怀为外国人研究外国的历史与现状提供制度、资金、平台及其他方面的支持。

其三，按期刊及研究机构比例而言，实际上韩国的天津研究，乃至韩国的中国学研究要高于国内的韩国学研究。韩国研究中国的学会有：中国语言研究会、岭南中国语文学会、中国现代文学学会、峤南汉文学会、韩国中国学会、韩国中语中文学会、忠清中国学会、韩国中国语教育学会、中国学研究会、韩国中国戏曲研究会、高大中国语研究会、中国人文学研究会、中国人文科学研究会、中国文学理论研究会、中国小说研究会、韩国道教学会、高丽大学汉文学会、成均馆大学汉文学会、庆尚大学汉文学会、启明大学汉文学会、岭南大学汉文学会、江原大学汉文学会、建国大学汉文学会、东亚大学汉文学会、安东大学汉文学会、建国大学中国问题研究所等。刊物则有：《中国语文学》《中国语文论丛》《中国人文文学》《中国学论丛》《中国学报》《中国学志》《中国现代文学》《中国学研究》《中国文学》《中国文学理论研究会报》《中国学报》《中国小说研究会报》《中国语言学》《中语中文学》《中国文学研究》《东亚文化》《古典研究》《中国人文科学》《汉文研究》《民间文学论坛》《中外文学》《古代文学理论研究》《历史研究》《语文研究》《中国语文》《中国语言研究》《文镜》《中国小说论丛》《中国文化研究》《中国戏曲》等。学术研究的深入开展，离不开专门的机构与期刊平台，故中国在这方面还应该有所调整并加强。

毫无疑问，在中韩两国交流越来越频繁的形势下，韩国的天津研究还会进一步深入，并向着更广的空间拓展。论其未来的研究趋势，可能会朝以下两个方向发展：一是，交互合作式的研究会越来越多。由于语言障碍以及中韩两国学科分类的不一致，造成天津研究乃至整个韩国中国学研究难以畅达。故目前中韩学者合作研究的案例越来越多，逐步实现交互合作式研究，如朴尚洙（韩）与任吉东（中）的《近代中国都市史研究的回顾与展望——兼论天津都市史研究》、程成（中）与朴永一（韩）的《关于中国人的饮食习惯类型与选择饮料的属性研究——以天津地区为中心》等论著可为代表。这种类型的研究应该会越来越多。二是，在大力发展应用研究的基础上，有关天津历史文化文学（尤其是古代、近代文学）方面的研究会成为新的学术热点。应用研究是韩国学界占主导地位的研究，故之后仍然会保持强劲态势，又因为韩国在近代之前都以汉字作为主要的书写工具，且中韩两国关系极为密切，现今两国文献资源不断地得到整理开发，这无疑会进一步推动中韩学者对天津历史、文化、文学方面的研究，而这也关乎到天津国际形象的重塑及其在全世界范围内的接受程度与影响。

作者：罗海燕，天津社会科学院助理研究员

林常薰，韩国圆光大学韩中历史文化研究所

口述史在新城市史学中的地位与作用

许哲娜

内容提要:"自下而上"的视角,"完整""连续"的叙事,对"人"的回归与对现实的关怀,已经成为当前城市史研究的主要诉求。而这些诉求的实现在很大程度上有赖于口述史的发展。口述资料为填补城市史研究的空白与加强薄弱环节提供了丰富素材。口述主体与城市史研究者在历史价值判断上的互动,对解构传统城市史观发挥了重要作用。口述史作为专业城市史研究与公众史学共享资源、分享理念、积极互动的重要媒介,为专业城市史研究成果产生社会影响提供了可能性。

关键词:口述史 城市史 自下而上 公众史学

最早的人类学或历史人类学重点关注的是乡村社会与乡村生活。近年来,学界逐渐意识到历史人类学方法在城市史研究中大有可为的施展空间,从而开始将从一部分精力从乡村研究分流给城市研究。历史人类学一贯主张的"自下而上"的视角,"完整""连续"的叙事,对"人"的回归与对现实的关怀,已经成为当前城市史研究的主要诉求。而这些诉求的实现在很大程度上有赖于口述史的发展。在海内外中国城市史研究领域中,许多专家学者已经对口述方法进行了成功的实践。本文将结合这些具有示范性的研究成果,尝试对口述史发展与城市史研究深化的关系与意义做进一步的梳理。

一 "完整""连续"的城市史需要口述

如果从历史人类学的眼光来看，"片面"与"断裂"恐怕是以往城市史研究最大的症结所在。口述史的发展则为填补城市历史的缺失环节提供了重要的素材来源。

在区域比较研究风靡一时的背景下，中山大学历史人类学研究群体曾经分享了在区域历史研究中的一个体会，那就是一个区域的特点不是用一两个词语就能概括的，而必须通过讲故事的形式将之呈现出来。即便是像上海、天津这样的后发城市，其在近代发展中所呈现出来的新旧互渗、中西驳杂的复杂面相，使得我们很难仅仅用几个词语就可凝练其城市精神，更遑论北京、南京、杭州等从数百甚至数千年前开始文化血脉就绵延不绝的古都旧城。金光耀指出，在目前的研究中，"主流意识形态在对历史事件的叙述中起着决定的关键性的作用，从而出现了对历史的宏大叙事的传统。但在这样背景下形成的历史记忆显然是不够全面的"。可以说前几年曾盛行一时的"城市精神"的表述仍然没有脱离"宏大叙事"的思想框架。如果这种表述作为一种政府宣传策略尚有一定的可取之处，那么其对于学术研究而言就未免失之粗率了。"就上海而言，如果只有在宏大叙事框架下的历史记忆，那么这座在中国现代化进程中成长起来的城市将失去许多关于她自身的有别于其他城市的独特记忆。"① 何祚欢则对武汉文化的认知现状提出了批评，指出很多人"一提到武汉，就说武汉是个码头城市，武汉的文化是码头文化"。在他看来，"这个说法是不全面的。说武汉，如果不谈它的商业，那这座城市的魂都没有了"。② 由此可见，对城市精神的提炼其实反而可能是对城市精神的阉割或者是断章取义。

以记录重大历史事件为取向的官方文书所能呈现的城市历史往往是"断裂的"。在这些历史片断之间就需要通过"故事"来连接，这是中山大学历史人类学研究群体的另一个感悟。而搜集这些故事的主要途径之

---

① 金光耀：《口述历史与城市记忆》，《文汇报》2011年10月13日。
② 《何祚欢口述史 抢救城市记忆》，《中国青年报》2015年6月8日。

一就是口述访谈。

在城市发展过程中，市民"一直占据着绝大多数人口，这些市民的日常生活、社会习俗、行为方式、价值观念是这个城市的记忆不可或缺的重要组成部分"。① 更重要的是，他们的思想动态与行为选择在一定程度上可以影响一个城市的发展方向。因此有必要对他们的日常生活及文化模式进行更加深入的解读。然而历史上日常生活的细节往往很难在书面文献中觅其踪迹。这就需要通过口述访谈加以弥补。美国历史学家贺萧从饮食、家庭结构、家庭生活、公共卫生与健康、婚丧礼仪、节日风俗等方面，全方位展现 1949 年之前天津工人日常生活的历史场景，甚至包括女性所要面临的"额外的卫生问题"——月经。如此生动、丰富、细腻的"深描"正是得益于她在天津做实地调查期间对许多老工人的口述访谈。胡俊修在撰写博士论文《"东方芝加哥"背后的庸常——民国中后期武汉下层民众日常生活研究》过程中，通过对居住在养老院、福利院、老年大学和旧街区的 40 位在 1949 年前生活于武汉三镇城区的老武汉人进行"深度访谈"，搜集到有关"老武汉的衣食住行用、工作、娱乐、人际交往、心理"等方面的口述资料，从而较为完整、全面地勾勒出了 1949 年前武汉下层社会的"人生百态"。②

随着对日常生活的"深究"，城市的"隐痛"也开始慢慢浮现出来。而出于禁忌、羞愧等社会心理或文化传统方面的原因，这些隐痛通常被文字、文书有意或无意地回避、忽视和遗漏。贺萧在《天津工人，1900～1949》中探讨的诸多问题就触及了天津这座在近现代历史上曾被誉为"小上海"的繁华城市中挣扎在"霓虹灯外"的下层社会中种种不为人知的痛楚：女工相较于男工而言，不但会遭遇到与男工相同的困难，且在薪酬方面受到低于男工的不公平待遇，以及另一种难以启齿的压力——性暴力，其中包括男工的性骚扰以及工头作为惩罚措施的性虐待。近代天津纱厂普遍存在由工头把持招工、培训、分配工种以及执行工厂纪律的"潜规则"，因此工人在求职以及工作过程中不得不忍受工头的欺凌与盘剥；此外，天

---

① 金光耀：《口述历史与城市记忆》，《文汇报》2011 年 10 月 13 日。
② 参见胡俊修《"东方芝加哥"背后的庸常——民国中后期武汉下层民众日常生活研究》，华中师范大学博士学位论文，2007；《口述史：武汉城市社会研究的"活材料"》，《江汉大学学报》2007 年第 4 期。

津工人又在工头的默许或配合下，通过"泡蘑菇"（消极怠工）反抗恶劣的工作条件，通过偷盗原料或产品等方式来抗议并弥补过低的薪水等。正是由于有了口述访谈的资料支持，才得以对这些涉及禁忌、隐私的话题进行充分的揭示与深入的探讨，也使研究者和读者得以窥见一个超乎想象的、惊心动魄的却一直以来鲜为人知的近代天津工人世界。正如该书作者自己表述的，"随着我的研究的进展，研究范围变得包罗万象，与我的初衷大相径庭"。①

"边缘"是人类学从诞生之初就热衷追逐的研究对象。受此影响，城市史研究也将目光投向了城市的"边缘"，与"主流"一起构成"完整""连续"的城市史所不可或缺的组成部分。然而，在现实生活中被"边缘化"的人群或现象在书面文献中往往也同样被"边缘化"。口述访谈就成为进入边缘领域的非常重要有时甚至是唯一的"钥匙"。定宜庄在花费十年时间对近百位老北京人进行的口述访谈中，对区域和访谈对象的选择上重点关注了两个"边缘"。一个是边缘族群，包括满族以及回族、蒙古族等少数族群。定宜庄认为，在北京史研究中，20世纪初辛亥革命和冯玉祥逼宫以来打击、歧视满族人，满族人被迫隐瞒民族身份，内城的满族文化因此不断被"边缘化"，与之形成鲜明对比的是把外城汉人文化置于"城市的中心"，将以前门外的天桥和宣武门外的会馆作为北京文化的代表，从而未能充分认识"清以来几百年间少数民族在京城的地位和作用"，造成了诸多研究误区。有鉴于此，她希望通过对旗人的北京城记忆的重新构建，来使人们认识到"京味"文化在很大程度指的是旗人的生活，包括"经济活动、社会交往、民间信仰、年节习俗以及娱乐"等。另一个则是边缘地带，即"为数甚多的由京郊和河北等省迁移来京的移民"在北京城市与乡村之间的聚居地。她希望口述访谈能够使人们意识到北京外城移民的贫穷与以往学界所津津乐道的"宣南的文化和前门外的繁华"是"同样重要的主题"。②

---

① 参见贺萧（Gail Hershatter）《天津工人，1900～1949》（*The Workers of Tianjin*，1900～1949），加利福尼亚：斯坦福大学出版社，1986（Calif. : Stanford University Press，1986），第7页。

② 定宜庄：《天子脚下的"百姓生涯"——关于〈老北京人的口述〉》，《博览群书》2010年第2期。

二 “自下而上”视角的城市史需要口述

口述史的发展为城市史研究视角的真正转向提供了“必需条件”。尽管早在 100 多年前梁启超呼吁“新史学”的时代，中国的史学研究就开始从帝王将相的谱牒转向百姓的日常生活。然而，由于一直习惯于在官方文献与精英话语中爬梳资料，这种转向似乎并不那么彻底。

在“现代化”“城市化”的宏大叙事中，在革命史的话语中，下层民众常常被置于“现代化”“城市化”的对立面，被固化为或是因为保守封闭而需要被改造的落后形象，或是贫困悲惨而需要被救助的弱势群体。他们的梦想被贬低，他们的贡献被漠视，他们的价值被低估。以城市工人阶级为例，这一群体的形成是中国近现代史上城市发展过程中的重要产物，他们的意识、行为以及社会网络、文化模式反过来又对城市发展进程产生举足轻重的影响，是城市史研究中不可忽视的研究对象。然而贺萧发现，“工人们获得关注大多是当他们与反对帝国主义或革命抗议的大规模全国性运动发生关联的时候，就如同他们在 20 世纪 20 年代中期和 40 年代后期那样。在政治沉寂期，他们的活动被不被关注，一直被中国历史学者的研究所忽略，只是作为主要事件模糊的旁观者”。①

在研究“触角”不断向底层探索的过程中，史学工作者越来越感觉到“眼光向下”已经不能满足史学突破的需求，而要进一步追求“自下而上”。“眼光向下”指的是在底层社会发掘研究对象，在方法和立场上仍然带有“居高临下”的心态，“自下而上”则反映了史学工作者研究视角与立场的转换。越来越多的学者意识到“以我们研究者的思想文化观念去解读民众的精神世界，往往是不够的”，并自觉地认识到“研究者鉴于自身认识论模式的缺陷而展开的观念层面的历史的探索及对被研究历史观念的吸纳”的重要性。尤其是在近现代城市发展过程中，市民已经成为一支举足轻重的力量，从市民的视角重新书写城市历史是深化城市史研究的主要路径之一。因此史学工作者更加需要通过“深入到当地特殊的社会文化处境中”去解读与把握民众意识，具体而言就是需要“学会被研究者的生活

---

① 参见贺萧《天津工人，1900～1949》，第 5 页。

方式与话语方式", 需要 "社会行动者或者被研究者的历史观念本身", 以及 "学者与非学术民间历史观念体系" 之间的积极互动。①

而口述访谈恰恰是这种互动过程必不可少的重要媒介之一, 对于研究者 "先验化" 历史意识的解构与重构具有不可忽视的重要作用。宋瑞芝指出, "口述史学可以反映提供史料者的历史意识, 影响历史认识者的历史意识。被采访者是历史实际的亲历者或见证人, 不管他以何种历史意识口述, 采访者都会从他的叙述中受到感染, 以至影响采访者的历史意识"。② 定宜庄正是在对老北京人的长期访谈之后深切体会到: "只有在寻找到并访问了相当数量的旗人后裔、回民与蒙古人之后, 我才比较能够想象和理解昔日的那个北京, 那个既不是城市规划者、政府部门的社会学家眼里的抽象的北京, 也不是一些学者根据北京的现在想象出来的所谓 '民间' 和 '市井' 的北京。"③ 由此可见口述访谈对于改变城市史史观非同寻常的意义。

在口述史基础上形成的 "自下而上" 视角有助于从 "失语群体" "弱势群体" 的价值立场出发, 探求城市社会变迁的另一种逻辑, 从而对 "民族—国家" 话语框架下的传统城市史史观有所补充, 有所修正, 甚至完全颠覆。贺萧关于天津工人的研究过程就是一个非常典型的案例。在英国历史学家汤普森的工人阶级形成理论影响下, 她在研究天津劳工史的过程中特别关注了从工人价值判断出发, 也就是从工人阶级自身出发, "更仔细地考察意识、组织和行为之间的关联", 从而使得天津劳工运动历史呈现出更加立体和复杂的面相。不但将劳工史研究推向了一个更加具体、细致入微的全新境界, 还从工人阶层文化的角度丰富和深化了对天津城市历史文化的研究。

在这部著作中, 贺萧充分论证了 "流动性、短期性和农村保守性" 对工人阶级战斗性的 "双刃剑" 效应: 有可能 "使工人们更不适应城市条

---

① 参见侯杰《试论历史人类学与中国近代史研究中的几个问题》,《史学月刊》2005 年第 9 期。王铭铭:《逝去的繁荣——一座老城的历史人类学考察》, 浙江人民出版社, 1999, 第 9 页。

② 宋瑞芝:《口述史学在史学研究中的功用》,《史学理论研究》1995 年第 5 期。

③ 定宜庄:《天子脚下的 "百姓生涯" ——关于〈老北京人的口述〉》,《博览群书》2010 年第 2 期。

件"从而削弱其"战斗性"，但在乡村社交网络被带进工厂并加以重塑的情况下，也能增加战斗性。她更进一步研究了"工人们如何在特定的历史时间和地点运用他们的乡村关系纽带"。细致详尽的研究有助于对"劳工斗争"的多种模式形成更全面的认识，并将这些斗争模式看作是对"正规"工人阶级行为的延伸而非传统观点所认为的"突然决裂"，从而改变了传统劳工史将罢工作为工人阶级意识唯一可靠的标志的固有认识。这也是《天津工人》能够成为新劳工史经典著作的至关重要的原因之一。

而这些全新的价值判断有很大一部分恐怕是在她对天津老工人的口述访谈基础上形成的。比如传统劳工史将工人在工厂里建立在共同工作经历而非籍贯或家族地位基础上的新关系作为衡量工人阶级觉悟标准。然而，该书作者通过口述访谈了解到近代天津纱厂男工参加青帮或其他结盟兄弟团体、女工结拜姐妹或参加宗教团体的情况，发现纱厂内部"存在着血缘关系、地域网络与帮会关系的交集"。这一发现帮助她形成了"纱工里的关系形成的方式是建立在旧有关系之上的，并因后者而得到巩固和受到限制"的全新认识。再如她从以节日和庆典为主题的口述访谈中发现，正是工人生活中的节日和庆典"为城市工人阶层文化的出现提供了关键的线索"，"当工人们为了能按照乡村的风俗习惯过节的权利而斗争时，重大节日也就成了工人阶层在工作场所采取明显的和有组织的方式发泄不满的时候。乡村的传统以及城市中的社会关系和工作场所的压力，促进了工人阶层抗议形式的构成"。①

受到天津工人研究相关问题的启发，贺萧开始关注近现代城市中另一个突出问题——娼妓。根据社会局的统计资料，她发现天津的性工作者人数远远多于纱厂女工。不过由于上海的资料更为完整，最终她选择了上海作为都市性工作者研究的区域案例，撰写了都市妓女问题的经典之作《危险的愉悦——上海的娼妓问题与现代性》。略有遗憾的是，在研究过程中，由于口述工作推动的困难，"这些性工作者的邻居和子女都不了解她们的过去（笔者认为，既有可能是当事人耻于向其他人包括邻居和子女叙述自己作为性工作者的经历，也有可能是这些人的邻居和子女的一种托词），或者是不愿意向外国人讲述这些事情"，因此贺萧在此书的序言中承认很

①　参见贺萧《天津工人，1900～1949》，第6～8页。

难搜寻到"未受到任何中介影响"的"妓女本人的声音",很难"复原"她们的"日常生活""挣扎"乃至"自我观照"。[①] 而杨念群在评介该书时也指出,尽管作者试图从大量罕见史料中寻觅、拼接直至复原上海妓女游丝般的声音,但是"真正的妓女的声音并没有从中被剥离出来"。[②] 无论如何,这是一种"不得已"[③]的缺憾,也从反面印证了口述访谈在城市史研究中举足轻重的作用。

在口述史基础上形成的"自下而上"视角也是重新认识城市发展"非均质化""不平衡性"的重要切入点。"差异"是人类学关注的永恒主题。正如王铭铭不断地提醒社会科学工作者与人类学者应该承认多元性,而非以民族国家概念或现代化进程来抹杀这种差异性,城市史的研究也应当对"差异性"给予充分的关注。尽管差异是一种客观存在,尤其是在中国近现代历史上城市发生急剧变化的时期,不同区域与人群应对外部世界行为选择及其结果的不平衡性,会导致这种差异更加凸显,然而,无论哪届政府还是哪个时期的文化精英,通常都是以弥合差异、使文化标准化为己任。在官方文书、精英话语中,很多差异或是被抹杀、被调和,或是被作为背离"现代化""城市化"标准的"非主流"事物和现象,被排斥在主流之外。因此在很多情况下,只有从"自下而上"的视角才能窥见差异的存在,才能对差异的合理性和存在价值形成更加客观的认识。以天津为例,在天津民间俗语中一度流传着"北门贵,东门富,南门贫,西门贱""破河东,烂河西,破铜烂铁红桥区"等对天津城市内部不同区域差异的表述。[④] 这种差异一方面来源于地理环境、政治格局、经济结构等"看得见摸得着"的实质因素;另一方面也来源于普通市民基于某种社会心理和文化心态对不同地域的"想象"和"虚构"。如果说前者可以从官方文书、书面文献中找到答案,那么后者则更多地需要依靠大量的口述访谈资料,从中梳理普通市民特有的文化思维与表达逻辑。

---

① 参见贺萧《危险的愉悦——上海的娼妓问题与现代性》,韩敏中、盛宁译,江苏人民出版社,2003,第4页。

② 杨念群:《女人会说话吗》,氏著《梧桐三味》,北京大学出版社,2006,第153页。

③ 当然,从人类学研究的伦理道德立场出发,我们不必过于介怀,也不应过于苛求历史真相未能得到充分揭示,毕竟在历史人类学研究工作中首先要保护被研究者的隐私与权益,任何研究成果都不应该建立在被研究者痛苦的基础之上,这是人类学研究伦理的底线。

④ 参见张利民主编《解读天津六百年》,天津人民出版社,2003,第67页。

三　具有现实关怀的城市史需要口述

远离公众是当前史学研究的通病之一。这也导致了史学无用论的广泛传播。孟宪实对这一现象进行了比较深入的剖析。他指出，20世纪新史学的学科建设及其发展，使得史学研究虽然有了长足的进步，但在社会影响方面失去了与传统史学相抗衡的能力。这是因为传统史学以"政治借鉴"和"道德评价"为核心原则，而小说、电视剧的重心则在于"消费"历史，"通过历史故事感悟人生，理解文化，传扬民族精神"。二者存在深厚的联姻基础，而新史学的"实事求是"与"客观评价"使得不同学者的研究成果缺乏统一立场、统一包装，对于消费者的专业要求也较高，导致其与公众史学之间产生深深的隔阂。①

时至今日，口述史的升温终于为这道鸿沟架起了一座桥梁。口述访谈成为新史学与公众史学共同的热点，尤其是在城市历史方面。这也使专业城市史研究有可能率先获得与公众史学"联姻"的机会。

虽然中国城市已经有了数千年的发展历史，但是在近百年来才真正出现了高速的集中的城镇化进程。在城镇化水平远远落后于发达国家的中国，城市对于很多人而言仍是一种新鲜的事物和现象。面对城市，仍有诸多问题亟待厘清和解决。作为将利用历史知识与技能在"公共事务"（包括政府和社区决策）中发挥作用作为主要职责之一②的新兴学科，公众史学在解决城市文化问题方面发挥了不可或缺的重要作用。而口述访谈作为公众史学最主要的研究方式，更有其独特的贡献。

问题之一，如何树立城市的文化品牌？

政府与媒体联手开展口述访谈项目，着眼于城市精神的挖掘与城市文化品牌的树立。如深圳市政协与《深圳晚报》共同策划推出以讲述"深圳梦"、挖掘"深圳特质""深圳精神"为主题的"深圳口述史"活动，致

---

① 孟宪实：《传统史学、新史学和公众史学的"三国鼎立"——以武则天研究为例》，《中国图书评论》2008年第12期。

② 王希：《谁拥有历史——美国公众史学的起源、发展与挑战》，《历史研究》2010年第3期。

力于将其打造成"值得全国人民期待"的城市文化范本。① 杭州市民盟、上海政协相继提出将口述资源品牌化的设想。杭州市民盟提出要注意提升"品牌意识",通过品牌建设,使"作为文化名城、文化强市的杭州"得以"在'城市记忆—口述历史'资源体系建设方面走在全国前列"。② 上海政协委员吴建中在提交政协会议的提案中希望"成立专门的协作组织,深入开展口述史资源普查,同时建立口述史资源数据库,注重口述史品牌开发利用"。③ 东莞市市长安镇同样是把"长安口述史"项目作为该市当年重要的文化品牌之一。④

问题之二,如何推动新市民对城市文化的认同与归属。

在集中力量推进城镇化的同时,从学界到政府都形成了城市化的本质是"人的城市化"的共识。而"人的城市化"除了户籍、职业、住所等的"城市化",最根本的还是对城市文化的认同感与归属感。口述访谈作为一种语言与情感交流的方式,成了培育城市文化认同感与归属感的重要途径。

如在深圳口述史项目中一位出租车司机的感触就是典型的例子。作为该项目的访谈对象,他叙述了自己1997年"从老家湖南省株洲市攸县跟随着的哥大潮涌向深圳"之后,17年间"开着出租车见证城市的变化"的历程,其中一条重要的叙述线索就是从最开始"觉得这座城市人情冷漠","害怕交流"到靠自己克服了"冷漠感"、不把自己当作外地人的心理变化过程,从"想着熬过这阵子就离开深圳了"到"越来越接近这座城市的内核"的情感变迁过程,"这17年结下的情缘无法脱离,这里的环境、人文、地理和气候我已十分熟悉,便觉得自己彻底与这座城市融为一体了"。最终他甚至成为家乡与深圳之间人口流动与经济流通的重要纽带——"的哥们的家人也开始走出家门来深圳谋生,攸县人涵盖了修理、商业、饮食等各个行业。大家赚了钱后又将钱寄回攸县,在那里消费,从

---

① 《口述史传递的深圳精神是最好的公民教育读本》,《深圳特区报》2015年1月8日。

② 《统筹构建"城市记忆 口述历史"资源体系》,杭州政协新闻网。

③ 《吴建中委员:开发"口述史"资源 打造上海城市文化名片》,《东方早报》2015年1月28日。

④ 《长安口述史抢救城市记忆》,《东莞日报》2012年5月22日。

而推动了当地的经济发展"。①

借助城市认同故事的分享引起城市移民的情感共鸣，显然可以在一定程度上对鼓励他们融入城市发挥积极的示范效应。

问题之三，如何抚慰城市居民的文化乡愁？

在城市发展速度几乎可以用"日新月异"来形容的今天，城市传统文化失落的速度也是惊人的，这势必导致一部分有怀旧情结的市民在心理上产生严重的不适应。而口述正在成为民间历史文化爱好者及志愿者团队基于乡愁与怀旧进行文化寻根的主要活动方式。

在天津，以冯骥才为代表的民间志愿者一直致力于对天津民间文化遗产以及各类历史遗迹的保护。在天津大学举办的皇会文化展上，"很多观众都在留言簿上写下了自己的观后感，大家积极参与进言献策，从不同角度讲述了对天津皇会的认知和情感"，特别是有一个小孩提到在皇会的照片上找到了自己的爷爷，这给了冯骥才很大的触动，这让他再次感受到普通市民是民间传统文化保护与传承不可或缺的力量，从而萌发了通过"集体口述史"保护天津皇会的设想。②

在丽江，《古城记忆——丽江古城口述史》的出版正是在"旅游业的迅速发展，受到外来强势文化的冲击"的背景下，出于对"古城发生了很大变化，传统民族文化面临困境"的深切忧虑，为"抢救和保护古城民族文化，保存古城真实的历史之脉和非物质文化遗产，给世人留下一个鲜活生动，真实可信的历史记忆"而做出的决定。

在襄阳，由"热爱襄阳历史、文化的专家、作家、摄影师、志愿者"组成的"口述襄阳工作团队"，旨在"用你我的记忆拼接襄阳的过去"。③

在内蒙古呼和浩特某书友会发起的"一座城市和 TA 的记忆"口述主题活动中，其宣传语更是试图以煽情的话语勾起市民对城市往事的独特记忆："还记得百灵，联营，工人文化宫吗？还记得满都海公园以前是收费的吗？还记得青城公园以前是有动物的吗？"

可以说，口述是普通市民寻找自己在城市历史中的位置的一种独特方式，也将为其投身于城市文化创造与传扬提供重要的精神动力。

---

① 《谭继华：17 年开着出租车见证城市的变化》，《深圳晚报》2014 年 8 月 8 日。
② 《"合影"留存皇会民间记忆》，《渤海早报》2013 年 10 月 20 日。
③ 《口述历史：用你我的记忆拼接襄阳的过去》，《襄阳晚报》2014 年 11 月 18 日。

问题之四，如何兑现"城市让生活更美好"的承诺？

城市公益事业的完善，为提高城市居民生活质量提供切实保障，是解决这一问题的重要途径之一。有不少民间口述史工作的计划往往是在社会公益事业推进过程中形成的。比如在广东佛山，关注外来工维权的公益机构负责人何晓波就是多年来"接触到了大量外来人群遭遇工伤的故事"，产生了"为这群背井离乡、辛苦打拼的人们做一部口述史的念头"。何晓波希望借助这些口述资料改变以往"单纯地抨击企业的无良"的偏激立场，"站在更中立、更宏观的视野"来分析这个问题背后的"国家政策、社会观念等诸多原因"。这样的口述资料显然可以成为完善行政法规、维护工伤者权利的重要参考资源。①

随着中国进入老龄化社会，在老年人当中开展口述访谈工作，不但是保留历史资料的需要，而且体现了尊重老人、关爱老人，为其提供"老有所为"的一种社会福利、社会公益工作方式。在何祚欢主持的武汉工商业口述工程中，就有老人"讲完后专门打电话来表示感谢，说谢谢你让我在能讲的时候讲出来了"。② 上海绿梧桐公益促进中心也开展了一项以"口述家史记录城市变迁中的民间记忆"为主题的公益行动，为50位老人收集整理家史、家谱及家训，希望"通过对城市变迁中普通居民家史的收集、整理和传承，着重突出城市变迁与家庭发展的内在关系"，使得老人在"倡导建设小家、关注大家、服务国家的理念"工作中也能有所贡献。

公众领域中的口述史学热切关注城市发展，为其"不会迷失发展方向"提供各种历史资源和借鉴，其根本归宿还是关注"人"在城市中的发展。与此同时，正如上文提到的，专业城市史研究也开始将目光转向"日常"，归根到底也是对"人"的回归。加上口述工作方法介入研究之后，由于叙述者强烈的主体性，以及叙述个体之间鲜明的差异性，使得城市史研究者很大一部分注意力被"人"所吸引。因此，在保持"实事求是""客观评价"的基础上，新城市史研究更关注普通人在城市生活中的行为选择与适应策略、情感流动与心灵变化。这一转变，使得专业城市史研究与公众史学在共同的兴趣点上有了对话的可能，在追求历史的"在场化"

---

① 《口述史：给后人一个交代》，《羊城晚报》2014年2月18日。
② 《何祚欢口述史 抢救城市记忆》，《中国青年报》2015年6月8日。

与"情境化"方面"不谋而合"等。这些都为二者共享资源、分享理念、积极互动、密切合作提供了基本条件。

专业史学研究应向公众史学取长补短。由于公众史学没有专业史学"重文献、轻口述"的成见，在口述工作的开展规模上可以说已经远远胜于专业城市史研究。他们不仅已经形成了具有一定数量人员参与和资金支持的团队，在口述资料占有量上比起专业研究者甚至略胜一筹，更重要的是他们对现实的关切，对公众的审美情趣、市场需求有更加清楚的认识，因此在选题等方面更容易引起公众的关注，获得公众的响应，从而为口述访谈工作的顺利开展创造更多便利条件。

但是，不可否认的是，不少媒体人士与民间志愿者往往缺乏规范的史学训练和自觉的学术立场，在很多历史问题的认识上存在偏差，有时候甚至过于迎合公众和市场而表现出"媚俗"的负面倾向。因此，公众史学的发展也需要专业历史研究的"学术滋养"。在武汉、东莞等城市的口述历史工程，就都采取了政府部门、民间志愿者与高校研究机构联合协作的方式。如"长安口述史"就是广东东莞市长安镇与中国人民大学新闻学院、公共传播研究所合作的一个文化项目。而"城市记忆工程——武汉工商业家族口述史"项目则是由在口述史研究方面颇有建树的江汉大学与武汉市政府决策咨询委员会、武汉市商务局、武汉市文史馆、何祚欢工作室共同主办。

从佛山志愿者团队的体会来看，专业史学工作者的指导对于提高口述访谈工作水平的作用是比较明显和比较积极的。据一位志愿者讲述，刚开始做口述的时候，"大家只是四处走了走，拍了一两部短片就散了，很难有整体的了解和更深的反思"，甚至"那时他还没有意识到自己正在做的就是口述史"，直到后来"一位毕业于中山大学历史系、曾经担任学校口述史协会会长的志愿者加入了团队"，才让他们"开始从专业理论的视角关注口述史"，后来又有一位中山大学博士加入，"团队开始带着问题意识，根据相关知识，有目的地走访和拍摄"。在这位志愿者看来，这两位接受过专业训练的口述史工作者对志愿者团队"有很大影响"。

口述，是由现在的人讲述过去的历史，因此口述也可以看作是联结历史与现实的重要纽带。口述史工作方法日益广泛的运用将成为专业城市史研究与公众史学、与城市发展现实加强互动的重要基础。

四　余论

综上所述，口述史的发展，在一定程度上促成了城市史研究的人类学转向，不仅充实、完善了城市史研究，更赋予了其关怀现实的能力。但反过来，城市史研究的进一步深化也将对口述史料的数量和质量提出更高的要求。然而目前口述史工作仍处在较为粗放的阶段：一是对其史料价值认识不足、对其属性界定不清，工作方法上的系统性、规范性严重不足；二是很多口述资料由于没有出版渠道，未能得到妥善收藏和保存，造成一些花费很多精力和时间"抢救"搜集的珍贵史料"二次流失"；三是在城市化进程不断提速的今天，历史遗址、文化遗迹在迅速消失，更加凸显了口述资料的珍贵与抢救口述资料的紧迫性。虽然，专业与志愿的口述史工作者正在为此积极奔走呼吁，并初步形成了以对口述史具有强烈兴趣为基础的学术共同体，但是口述史工作的推进，在很大程度上还需要专业史学工作者改变"重文献，轻口述"的成见，对口述资料的史料价值有更为充分和明确的认识，尽快养成文献与口述并重的工作方式，从而形成推动口述史发展的自觉意识与强烈意愿，这样才有可能为口述史的发展提供更多专业支持。

作者：许哲娜，天津社会科学院历史研究所

近代中国民间市政参与研究述论

方秋梅

内容提要：民间市政参与研究是近代中国城市史研究的一个新生点，其成果主要集中在以下几个方面：不同民间组织的市政参与、民间市政参与与市政体制的变动、民间市政参与的制度化、合法性及参与限度问题，以及民间市政参与的类型、方式与模式等。既有研究存在一些不足，今后的研究应该在研究内容、史料及方法方面加以完善。

关键词：近代中国　民间市政参与　研究概况

"公众参与"和"市政参与"的话题在网络上并不少见，而"市民市政参与"方面的国内学术会议，也早已引来国际学术机构的襄助和国际学术界的关注，[①] 成为世界性话题。随着改革的深入，中国社会民主化的推进，公众参与和市民市政参与问题还会继续受到关注。事实上，民间参与市政早已不是新现象，近代中国就曾有多彩多姿的民间市政参与。当然，与近代中国城市相比，当代中国城市发展所面临的形势已有很大的变化。但是，今天的城市毕竟是由近代城市演变而来的，不管它们如何演变，城市事务的处理，归根结底，还是应以为市民谋幸福为宗旨，不能回避民间市政参与问题。因此，研究近代中国民间市政参与问题，无疑可以为当下中国城市的民间市政参与提供借鉴。遗憾的是，史学界对该领域的研究状况仍缺乏初步的梳理。有鉴于此，本文拟对近代中国民间市政参与研究领域的相关学术状况，进行回顾，并稍参末议，以为研究同好抛砖引玉。

---

① 潘长勇：《"市民市政参与"国际学术会议》，《国际学术动态》2010 年第 4 期。

一 近代中国民间市政参与研究的主要成果

20 世纪 80 年代以后，国内的中国近代城市史研究蓬勃发展，其重要标志是上海、天津、武汉、重庆的近代城市史研究成为"七五"期间国家级研究课题，① 继而，"八五""九五"等与近代城市史研究有关的国家级项目成果②及上海、北京、武汉等城市通史论著纷纷面世。在这样的大趋势下，有学者呼吁近代城市史研究者应关注市民自治，以及市民对城市政治参与的广度与深度，钩稽清理市政建设与市政管理中有关政府与民间组织之间关系的史料，从市民与政府尤其是市民与城市关系角度，进一步探讨市民的公共观念、自治意识、民主意识。③事实上，在此期间，相关研究如近代中国民间市政参与方面的研究，已悄然成为近代中国城市史研究的一个新生点，并可能发展成为一个新生面。到目前为止，有关近代中国民间市政参与的研究成果主要集中在以下几个方面。

（一）不同民间组织的市政参与

近代中国民间市政参与的主体有两大类，即群体与组织性的民间市政参与和个体性市政参与。其中，群体与组织性的民间市政参与对近代中国市政的影响较个体市政参与要大，相应的对于这类市政参与的研究成果也较多。而目前受到研究者关注的参与市政的近代民间组织和群体主要有商人及商会（商界）、民间消防组织、民间慈善组织等。

1. 商人及商会（商界）的市政参与

江浙商界的市政活动较多地受到学界关注，有关江浙商界的研究成

---

① 其结题成果主要有：张仲礼主编《近代上海城市研究》，上海人民出版社，1990；罗澍伟主编《近代天津城市史》，中国社会科学出版社，1993；隗瀛涛主编《近代重庆城市史》，四川大学出版社，1991；皮明庥主编《近代武汉城市史》，中国社会科学出版社，1993。

② 成果主要有张仲礼、熊月之、沈祖炜主编《长江沿岸城市与中国近代化》，上海人民出版社，2002；张仲礼主编《东南沿海城市与中国近代化》，上海人民出版社，1996；隗瀛涛主编《中国近代不同类型城市综合研究》，四川大学出版社，1998；何一民主编《近代中国城市发展与社会变迁（1840～1949）》，科学出版社，2004；等等。

③ 涂文学：《开展中国近代市政史研究的思考——以 1930 年代的汉口为中心》，《城市史研究》第 28 辑，天津社会科学院出版社，2010。

果或多或少地涉及民间市政参与问题。朱英运用市民社会的理论，论述了清末民初上海、苏州等城市的商办自治团体，其主体意识觉醒及其参与市政的情形和影响，认为商办自治团体的成立，使市民社会的自治权利在商会的原有自治基础上，得到了进一步扩大。其具体表现在：不但使市民社会在很大程度上掌握了市政的建设与管理权，而且承担了包括学务、卫生、治安、户籍管理、道路工程、农工商务、公共事业、善举、财政税收，以及其他循例归地方绅董办理的所有事宜；其势力和影响层层渗透到城市生活的各个领域，成为城市社会生活中最具影响的在野社会力量，比较迅速地推动了城市的近代化发展。① 这是国内较早揭示地方自治与民间市政参与关系的研究成果。王恩重论述了上海绅商如何建立民办市政机构及其对城区建设的影响，认为闸北、南市绅商主动建立市政机构的行为，与公共租界华人掀起的参政运动，同样反映了民族主义的高涨。②张海林在探讨苏州现代市政建设时，论述了苏州商人等社会力量在城市消防和卫生管理方面的作用，认为商办消防队和卫生机构的建立，借鉴了西方市政经验，它们属于现代市政组织形态，它们的出现标志着苏州城朝现代化方向迈进。③ 孙京指出，镇江商会在市政建设的过程中积极为市政建设经费筹措资金。④ 沈松平、张颖对宁波商人1920～1937年在改善城市交通、加快公用设施建设、发展卫生事业、优化城市生态环境、加强社会控制，开展社会救济等方面的市政参与进行了比较详细的论述。⑤

周松青探讨了清末民初上海的地方精英——多数是商界头面人物，在参与地方自治运动的时候，如何组织市政机构，在道路、交通、教育、社会保障诸方面如何作为，以及他们组织的地方自治机关如何与地方政府处理关系和如何争取市政自主及以失败告终等。⑥ 他还深入探讨了民国中期和末期，以商界为主的上海各界精英，在实践地方自治的过程中，

---

① 朱英：《转型时期的社会与国家——以近代中国商会为主体的历史透视》，华中师范大学出版社，1997。
② 王恩重：《近代上海绅商与闸北城区建设》，《历史教学问题》1996 年第 4 期。
③ 张海林：《苏州早期现代化研究》，南京大学出版社，1999。
④ 孙京：《民国镇江市政建设研究（1929～1937）》，南京师范大学硕士学位论文，2013。
⑤ 沈松平、张颖：《宁波商人与宁波近代市政》，《宁波党校学报》2004 年第 3 期。
⑥ 周松青：《上海地方自治研究（1905～1927）》，上海社会科学院出版社，2005。

是如何通过民意机构参与市政的。他对民意机构的参政效果总体评价是相当积极的。①这样的研究虽然没有直接探讨上海商界的市政参与，但是，由于地方自治落实到城市时，其基本内容就是市政，因此，周松青对于近代上海地方自治问题的深入探究，实际上是目前有关上海商人或商界市政参与的最重要成果之一。

宋美云对天津商会参与整治城市公共环境的论述，比较深入地涉及市政参与问题。她指出天津商会创办了天津防疫保卫医院，成立了维持市政会、街市研究会等组织，它们从三个层面参与了天津城市环境的整治，即协助政府参与整治、主动与政府取得联系、向政府建议并亲自主持整治工作。她认为"商会的参与方式和参与程度，将决定政府目标实现的进程。……城市公益事业最重要的内容之一是公众的积极参与，使他们拥有知情权、参与权和监督权，从而有效地维护自己的利益。同时，由于商界的参与和介入，从根本上保证了政府政策的有效性和持久性"。在此基础上，她以性质为标准将天津商会的市政参与方式进行了区分。② 宋美云对近代天津商会市政参与的论述，对于我们从整体上审视近代中国商界的市政参与具有启发意义。韩占领则对中国纳税人公会和保管团积极参与天津英租界市政管理的情况进行了论述，认为民间市政参与一定程度上维护了租界居民的权益，使英租界的市政制度具有民主色彩。③宋瑞琴在探讨天津商会对清末民初天津城市社会生活的影响时，论及市政参与对城市社会的影响。④

山东开埠城市商人及商会的市政参与活动也受到学界关注。聂家华论述了开埠之后济南消防发展情形及商办水会对市政的影响，指出济南消防形成了官主民辅两方面结合格局，消防力量得以强化，水会从组织形式和整体功能上已由传统的社区互助框架下的民间互助组织，转变为城市现代市政组织的组成部分。⑤ 桂晓亮则在论述济南商埠商会时指出，商办市政一般来说主要指的是一些工程量少，技术难度小，与商民关系非常密切的

①　周松青：《整合主义的挑战：上海地方自治研究（1927～1949）》，上海交通大学出版社，2011。

②　宋美云：《论城市公共环境整治中的非政府组织参与——以近代天津商会为例》，朱英、郑成林：《商会与近代中国》，华中师范大学出版社，2005。

③　韩占领：《1929～1941年天津英租界市政管理研究》，天津师范大学硕士学位论文，2013。

④　宋瑞琴：《天津商会与清末民初天津城市社会生活》，河北师范大学硕士学位论文，2006。

⑤　聂家华：《开埠与济南早期城市现代化（1904～1937）》，浙江大学博士学位论文，2004。

工程建设，最为典型的就是水会的建立。水会的出现弥补了政府消防行政的缺陷，保护了商民，对商埠建设发挥了重要作用。此外，济南商会还积极关注城市卫生和交通运输。[①] 这些有关商办市政的论述，显然属于商会（商界）市政参与的范围。曲春梅对烟台、青岛和威海卫三地商人参与市政管理的情况进行了比较研究，认为近代胶东商人通过商会组织，积极参与市政管理等地方公共事务，促进了地方社会的进步与发展。但是由于市政无统一管理机构，且政府行政管理力量缺失，烟台商会不仅要在市政管理方面承担起治安与卫生管理以及市政工程建设的重要职能，还直接负责基层政府机关的行政管理，甚至还要支付当地政府机构的行政费用。其参与市政管理的程度远远超出其职能范围，在市政管理方面起到的作用相当重要。而青岛华商通过负责华人事务的中华商务公局推出了四位董事，由他们列席参事会，代表市民参与市政。威海卫商埠商会也积极参与了英国殖民政府治下的地方市政建设与管理活动。但威海卫和青岛商人及其商会，在参与市政管理的深度与广度上，都远远不及烟台商会。[②]像这样就一定区域内不同城市的民间市政参与进行的比较研究，在当前学界实不多见。

周子峰指出，20 世纪 20 年代，地方商绅、侨商与厦门海军官僚共同参与了厦门市政建设，形成了厦门市政建设运动，构成了厦门市政运动的主要内容。[③] 何其颖论述了侨商积极投身厦门的市政建设，指出侨商对促进厦门城市建设和经济发展起了重要作用。[④] 此外，曾祥祯指出，抗战时期泰和商民自愿或被迫为市政建设提供的资金，成为泰和市政建设资金的重要来源。[⑤] 此外，方秋梅论述了民初汉口商界的市政参与活动，并探寻这些市政参与活动与辛亥革命之间的关联，梳理出辛亥革命给民初汉口商

① 桂晓亮：《济南商埠研究（1911~1928）——以商埠商会为例》，山东师范大学硕士学位论文，2007。

② 曲春梅：《近代胶东商人与地方公共领域——以商会为主体的考察》，《东岳论丛》2009年第 4 期。

③ 周子峰：《近代厦门市政建设运动及其影响（1920~1937）》，《中国社会经济史研究》2004 年第 2 期。

④ 何其颖：《鼓浪屿租界与近代厦门经济与市政建设的发展》，《中国社会经济史研究》2005年第 4 期。

⑤ 曾祥祯：《抗战时期泰和市政建设与管理研究（1939 - 1944）》，江西师范大学硕士学位论文，2010。

界带来的积极影响。①

2. 消防组织的市政参与

消防组织的市政参与是目前学界频频关注的研究领域。上海和汉口的民办消防分别是全国和内地民办消防中力量最强的，其市政参与也较为突出。

小浜正子论述了清末民国时期以商人为基本主体、以上海救火联合会为主的上海民间消防组织及其活动，剖析了该组织与上海市政府的关系，从而揭示了在不同时段，尤其在清末民初，上海各救火会参与消防市政的基本情形，以及这种参与对近代上海公共性所产生的影响，由此从一个侧面揭示出国家与社会之间在公共领域内进一步相互渗透的关系。②方秋梅则以上海救火联合会为中心，探讨了清末民初上海商界市政主体意识觉醒及市政参与，认为上海救火联合会的成立、发展及其市政参与，是上海商界市政参与的成功范例，对市政建设与市政管理做出了积极贡献。上海商界市政参与所产生的示范效应，增进了中国城市尤其是江浙地区各城市的现代性。关注这种通过区域性社团交流网络产生的示范效应，对于我们深入研究中国城市的现代性问题，探求近代中国城市史研究的新路向，均有积极的意义。③

学界对近代汉口民办消防给予了关注，并较好地揭示了近代汉口民间消防市政参与的历史轨迹，以及与此相应的消防领域中官民力量的消长和两种类型消防之间的关系。陈新立论述了清代汉口善堂等民间组织参与消防的情形，认为罗威廉高估了民间消防市政参与的地位与作用，而低估了官府和国家在城市消防中的地位与作用。④方秋梅将民初汉口各联合会为主的民办消防置于商人自治型市政的范畴内，进行了深入细致的分析，认为汉口民办消防组织在民国中期以后，失去了此前在城市消防管理中的主导地位，变成了官办消防的附属组织。胡启扬论述了 1927～1937 年汉口保安

---

① 方秋梅：《从民间市政参与看辛亥革命对民初汉口商界的积极影响》，《湖北大学学报（哲学社会科学版）》2011 年第 2 期。

② 〔日〕小浜正子：《近代上海的公共性与国家》，葛涛译，上海古籍出版社，2003。

③ 方秋梅：《清末民初上海商界的市政参与及其示范效应研究——以上海救火联合会为中心》，2014 年"江南城市史研究高端论坛"会议论文。

④ 陈新立：《清代汉口的火灾研究》，武汉大学硕士学位论文，2006。

公益会参与城市消防的情形，指出改组保安公益会之后，民间消防力量在整体上得到提升，并继续在汉口城市消防中发挥着主要作用。同时，政府通过制定大量的城市管理和消防法规，对整个城市消防力量和应灾机制进行规范，并不断强化官办消防机构及政府对市政消防事务的直接参与。民间虽然保持了在汉口城市消防中的实际主导地位，但这种地位不断被削弱，民间因之由城市近代化事业的主动推进者转变为被动参与者，官办机构则日益取代民间组织在管理城市公共事务中的地位，民间力量已难以对其形成有效制衡，市政管理因之偏离了城市近代化的方向。①刘琼对民国末期汉口消防的研究认为，在抗战以后汉口消防双轨制中，官办消防警察占主导地位，但民间消防组织起着主力作用，二者互相配合，均对稳定城市社会，保障城市安全和促进城市近代化做出重要贡献。②

学界还对广州、南昌等城市的民办消防进行了专门研究。陈享冬认为整个民国时期广州的消防体制始终是一种混合消防体制，广州的民办消防与官办消防之间的关系处于不断变动之中：民初两者各自为政，既协作配合，又存在矛盾；民国中期之后，随着近代市政体制的确立并不断完善，公安局逐步加强了对各种民间消防组织的控制，并最终将其置于严格控制之下；民国末期，随着政府对城市近代化资源的控制及对整个城市社会影响的日益加深，民间消防组织受官办警察的绝对支配，缺乏自主权利，市民逐渐成为被动的、不自觉的参与者，而未能积极主动地发挥作用。③彭志军对民国时期南昌消防事业的论述，清晰地展现了南昌民办消防尤其是商会救火会与商团、商会的关系及相应的组织变化，认为民办和官办消防力量都有一定程度的发展，而商办消防组织的性质，随着商会性质的演变发生了改变，最后变成了半官半民的消防组织。④

3. 善堂善会的市政参与

中国近代的善堂善会也曾参与市政，而在这方面的研究成果中，以梁

---

① 胡启扬：《民国时期的汉口火灾与城市消防（1927～1937）》，华中师范大学博士学位论文，2012。
② 刘琼：《1945年8月至1949年5月武汉消防事业研究》，华中师范大学硕士学位论文，2009。
③ 陈享冬：《民国时期的广州消防研究》，广州大学硕士学位论文，2006。
④ 彭志军：《民国时期南昌消防事业研究》，南昌大学硕士学位论文，2008。

元生对清末善堂善会与市政之间关系的论述，最为深刻，也最有说服力。他的研究揭示了清末上海商界积极投身慈善事业从而参与市政的缘由，清末许多善堂处理的事务已经不仅限于救济范围，而且牵涉到地方公益乃至市政事务，慈善事业因而与社会公众事务或市政相糅合，变成了整个社会的公众事务，与市政有千丝万缕的关系，故善堂组织和慈善事业实际上为商人提供了一个管理公众事务甚至厕身市政（即参与市政）的机会，以及与地方官员士绅共议联治的场所。也就是说，商人之所以愿意参与善堂善会事务，投身慈善事业从而参与市政，很大程度上是其出于争取社会地位和声誉和在地方资源分配及权力运用方面处于有利地位的考量。①

小浜正子对近代上海民间慈善事业发展演变的梳理，在一定程度上揭示出近代上海慈善事业与市政的关系，实际上也涉及善堂善会的市政参与问题。她指出，在19世纪，上海的同仁辅元堂参与了与市政相关的事业，清末地方自治运动中，同仁辅元堂将市政工作交给上海城厢内外总工程局办理，由此善举成为市政的起点，并开始被纳入社会事业中。②

此外，相关民间协会的市政参与也开始进入研究者的视野。方秋梅梳理了20世纪20年代初至30年代前期中华全国道路建设协会市政参与的主要表现和影响，并分析了该组织成功参与市政的原因。她指出，近代中国城市与国家现代性的获得，很大程度上就是通过民间力量的市政参与实现的。③

（二）民间市政参与与市政体制的变动

民间市政参与的情况与市政体制的发展变化密切相关，因此，有关民间市政参与与市政体制变动之间的关系问题，是近代城市史研究领域一个比较重要的问题，也是应该受到关注的问题。

罗威廉运用公共领域的理论，深入考察了张之洞督鄂之前汉口的商业

---

① 梁元生：《慈惠与市政：清末上海的"堂"》，《晚清上海：一个城市的历史记忆》，香港中文大学出版社，2000。

② 〔日〕小浜正子：《近代上海的公共性与国家》。

③ 方秋梅：《中华全国道路建设协会的市政参与与近代中国城市化研究——一个以道路月刊为中心的考察》，《江汉大学学报（人文科学版）》2014年第6期；《果与因：中华全国道路建设协会的市政参与与近代中国市政发展研究——一个以道路月刊为中心的考察》，《江汉论坛》2014年第12期。

与行会，认为 19 世纪的汉口已开始了最具近代性的变化进程，明确的城市意识的兴起，自我觉醒的阶级差别的出现，基于行会的商人集体自治从经济领域向非经济领域扩展，即行会参与消防、道路建设、治安、福利、教育等领域，逐渐形成了一个以行会为中心的、实质的市政管理机构。它表明 19 世纪的中国已出现实质上的城市自治，而这是代表中国城市本土化发展达到最高水平的地方——汉口城市社会演变的结果，自治性的市政管理机构在 1911 年的辛亥革命中得到全面的发展。① 罗威廉还着重论述了汉口的善堂、水龙局等民间慈善、公益组织的发展演变及其所发挥的社会功能，诸如参与或主导城市消防、治安、道路建设、社会福利等公益活动或市政改良活动，使得 19 世纪汉口的非官方公共领域逐步扩展，形成民众福利领域中全城范围的社会自治体系。而中央政府在城市管理中所起的作用实际上是间接的，从而进一步论证了他有关汉口在 19 世纪已经实现了城市自治的观点。② 在论述的过程中，罗威廉并未将"市政"存在的标准局限于是否具有"市"的建制，同时又承认中央政府不可能以法律的形式来确认汉口自治，而是认定汉口实质上已经被官府作为一个独立的行政管理单位，汉口居民在那个时段已经形成了地方认同感，行会、善堂等日渐发展的城市社会内部力量的市政参与，实际已将既有的官治市政管理体制，改变成了商业社会自身主导的城市自治。显然，罗威廉极力想通过论析民间市政参与活动导致的非官方公共领域扩展来证明 19 世纪汉口市政体制变化，以及 20 世纪初辛亥革命爆发动因的内生性。他的观点既得到了中国近代市政史研究领域学者的积极呼应，也受到了尖锐的批评。

涂文学以 1930 年代汉口市政改革为中心，在探讨城市早期现代化时对汉口商人的市政参与给予了特别关注。他认为汉口在前现代具有深厚的市民自治传统，汉口市政直到民初一直由民间主导，而民国中期以后的市政体制变革，导致政府与商人角色发生转换，汉口商人丧失了对城市事务的参与权利和话语权，汉口市政由民间主导转变为政府主导，官僚治市取代了商人自治。他的论述在很大程度上认同了罗威廉的观点。同时，他批评

---

① 〔美〕罗威廉：《汉口：一个中国城市的商业和社会（1796～1889）》，江溶、鲁西奇译，彭雨新、鲁西奇校，中国人民大学出版社，2005。

② 〔美〕罗威廉：《汉口：一个中国城市的冲突与社区（1796～1895）》，鲁西奇、罗杜芳译，中国人民大学出版社，2008。

国内市政史研究西化的痕迹太重。①

方秋梅则对罗威廉的观点提出了商榷，认为民间市政力量在汉口的兴起是官府与民间互动的结果，日趋积极的民间市政参与未必导致罗威廉所说的那种转变——城市自治取代官治。其所力图论证的 19 世纪汉口乃至中国存在着实质性城市自治不过是虚像；罗威廉并未从根本上摆脱西方中心史观，国内学者应关注城市史研究理论的本土化问题。她还探讨了民国时期商界市政参与的变化与近代汉口市政体制变动之间的关系，认为民初汉口市政处于商人自治与官治并行的过渡状态，民国中期之后市政府借助国家的社团立法与市政立法，确立了市政主导权。市政府的官治挤压了商人自治：汉口商人组织被迫重组，商人的市政参与逐渐丧失自主权和主动性，商人自治型市政发生了蜕变，民间在消防、社会救济等领域，主要是以一种服从的辅助者身份来参与，或扮演的是仆从的角色，而不是像民初那样以相对独立的市政主体参与市政，从而丧失了当初在该领域的主导地位。②

张利民对清末上海与天津地方自治和城市管理机制的比较研究，也涉及民间市政参与与市政体制变动关系的问题。他将清末上海和天津的城市管理的模式分别概括为民办和官治，认为天津地方自治的开展是官治的结果，上海地方自治的开始是民间积极参与市政和官方支持的结果，上海的自治机构可以视为具有一定近代性质的以城市为单位的行政管理机构的雏形。③ 他的比较研究让我们看到，上海与天津两种城市管理模式的区别，实际上既是不同城市的官府赋予各自民间力量以不同的市政参与权所产生的结果，也展现了不同市政体制下民间市政参与的差异。

市民的市政参与意识与市政体制变革有着密不可分的关系，少数研究成果对市政参与意识与市政体制变革之间的关系也进行了探讨。孙颖分析了近代广州市政主体意识觉醒的原因，认为清末地方自治开展以后，广州

① 涂文学：《城市早期现代化的黄金时代——1930 年代汉口的市政改革》，中国社会科学出版社，2009。

② 方秋梅：《近代汉口市政研究（1861~1949）》，武汉大学博士学位论文，2008；方秋梅：《湖北新政前夕汉口的民间市政参与问题研究——兼论罗威廉的"19 世纪汉口自治说"》，《江汉大学学报（人文科学版）》2011 年第 5 期。

③ 张利民：《艰难的起步——中国近代城市行政管理机制研究》，天津社会科学院出版社，2008；《清末天津与上海地方自治的比较——从近代城市管理机构建立的角度》，《史林》2009 年第 1 期。

出现了一批热心研究自治、提倡自治和进行市政改革的社会群体，他们撒下了市政观念的种子，相当一部分市民对市政有了一个初步的概念或者认识。到 20 世纪二三十年代，市政体制的根本性变革促进了市民市政意识的觉醒。① 邱红梅对近代汉口市民的市政主体性意识的形成、表现及其作用进行了初步探讨，认为汉口市民的市政主体性意识的形成，经历了一个由开明绅商觉醒，发展到各种市民团体觉醒，再到市民群体觉醒的渐变过程。而市民的市政主体性意识是汉口市政建设的基石，也是政治民主化和城市现代化的表现，它在汉口的市政建设中发挥了巨大的推进作用。② 张德美认为，绝大多数市民的主体意识——民主意识尚未觉醒，这是 1922 年北京城市自治运动失败的主要原因。③

近代中国租界华人争取市政参与权的参政运动，也是近代中国民间市政参与的重要组成部分。这场运动的目标，就是要打破洋人对租界市政管理权的垄断，维护华人的权益。其实质就是华人要求变革租界市政体制。近代上海租界华人的实力最强，华人参政运动影响最大，其市政主体意识亦十分浓烈。学界对近代租界华人参政运动的探讨，主要集中于上海租界的华人参政运动。民国人蒯世勋简明扼要地回顾了租界华人的参政运动。④卢汉超指出华人参政运动是上海人民对租界制度抵制和斗争的一个重要组成部分。华人参政是指租界内的中国居民要求对租界事务拥有发言权，争取在租界的行政机构中设有自己的代表。⑤ 小浜正子认为，上海租界华人参政运动旨在争取华人得以享受同等的行政服务，并创立能够代表华人利益的制度。最终，1930 年代的上海公共租界中，华人不论作为都市行政的主体还是客体，都大大加重了分量，而工部局只能做出让步和改变。⑥

（三）民间市政参与的制度化、合法性及参与限度问题

近代中国民间市政参与既然与市政体制变动息息相关，那么，在民间

---

① 孙颖：《民国时期广州市政体制演变研究》，广州大学硕士学位论文，2005。
② 邱红梅：《试论近代汉口市民的市政主体性意识》，《湖北社会科学》2007 年第 8 期。
③ 张德美：《1922 年的北京自治潮》，《中国政法大学学报》2011 年第 4 期。
④ 蒯世勋：《上海公共租界华人参政运动的回顾》，《播音二周刊》第 26 期，1937。
⑤ 卢汉超：《上海租界华人参政运动述论》，唐振常、沈恒春：《上海史研究》（二编），学林出版社，1988。
⑥ 〔日〕小浜正子：《近代上海的公共性与国家》。

市政参与的过程中，既有的国家法制和市政制度，是否为民间参与市政提供制度性保障？是否赋予民间以参与的合法性？又在多大程度允许民间参与市政？这些都是值得探讨的问题。

何一民在探讨近代中国城市管理现代化趋势时，对近代中国市民阶层参政议政兴起与发展的经过进行了梳理，认为清末民初是以地方绅商为代表的早期市民阶层参政议政，清末立宪自治运动之后，部分城市居民有了选民资格，各城市市民已开始参政议政的实践。民国以后，城市公民资格得以确立，市民有了更多的参政权利。南京国民政府正式确立市民具有"选举、罢免、创制、复决"诸权。而近代合议制度的初步形成，是近代城市行政早期现代化历程中的一个明显进步。何一民对近代中国民间市政参与制度化问题的论述，侧重于法律文本的分析。①

刘春林纵向梳理了青岛近代市政建设的历程，论述了市政当局对促进民间市政参与及其制度化所做的努力。德占时期，青岛商界的市政参与主要由1902 年成立的华人议事会——中华商务公局作为代表实现。沈鸿烈执政青岛时期，以市长为首的市政府，在促进民间参与市政方面，进行了制度化的安排，如资助专门的市政研究机构和团体，使之发挥城市智囊团的作用；设立经济讨论会、卫生事务讨论会、编纂委员会等，使市民得以参议市政。在市政当局的积极推动与鼓励下，官商之间就参与市政经费的筹措和市政工程建设，构成了较好的协作关系。②

王云骏对 1927～1937 年南京市民的政治参与进行了探讨，认为南京市民组织与政府的合作，构成了市民参与的主要方面。而市民组织与政府的抗争，则试图建立一种社会权力的制衡，体现了市民组织的现代意义。但是，近代中国始终未能实现国家政治制度与经济制度的根本变革，无法对市民社会的扩展提供真正的制度性保障，本属自愿结合的市民组织，最后成为国家政权实行社会控制的工具，这是整个民国时期社团组织贯穿始终的一个特点。③也就是说，

① 何一民主编《近代中国城市发展与社会变迁（1840～1949）》；何一民：《简论民国时期城市行政民主化与法制化的发展趋势》，《西南民族学院学报（哲学社会科学版）》2003 年第 1期。

② 刘春林：《青岛近代市政建设研究（1898～1949）》，吉林大学博士学位论文，2010。

③ 王云骏：《民国时期城市市民参政意识刍议——以南京城市社团组织为个案（1927～1937 年）》，《江苏社会科学》2002 年第 1 期。

市民参与的制度化缺陷，是市民直接参与市政的愿望难以实现的真正原因。王煦、李在全则指出，由于现实政治并没有为近代中国市民直接参与市政决策提供空间，故而民间市政建议行为只能是一种个别的而非制度化的现象。① 佟银霞对刘纪文主政南京市政时期（1927～1930）南京市民参政的论述，也涉及近代中国民间市政参与的制度化、合法性问题。她认为南京市民参与市政的权限得到了扩大，市政参与意识也有所增强。市民通过市参事会加入市政机关，通过市民团体诸如工会、商业协会参与市政、监督市政。市政体制的变动，市政改革的推行，使市民在享受宽敞马路带来的舒适中达到对新的市政参与的认同，开始通过团体形式积极参与，并担负起建设市政的责任。同时，南京商民的觉悟也在实践中不断提高，不断以合理合法的方式提出意见建议，主动地参与市政、监督市政。②

　　黄海波通过对1905～1909年上海城厢内外总工程局的地方自治实践进行梳理，指出该局成为官方权力以外的民间权力中心，体现上海华界地区市政管理体制的大胆创新。不过，从严格意义上说，该局的这一地位并未得到法律的确认，它只是一个"非法"的民间市政管理机构。③白华山深入分析了上海市民是如何通过体制内组织，如建设讨论委员会、财政讨论委员会、上海市临时参议会——参与市政的，指出中小商人的缺席和失语，充分表明了市民参政的有限性和参政市民的有选择性，真正意义上的市民参政在近代中国是不可能存在的。而上海临时市参议会的设立，实则为上海市地方协会与市政府的合作提供了可能，上海工商界通过临时市参议会，成功地实现了与政府的合作，一定程度上达到了参政的目的。然而，在国民党政府的强力干预下，上海临时市参议会在上海政治生活中的影响逐渐减弱。④ 安克强则将市政纳入地方与中央关系的视野中进行研究，分析了上海市参议会为什么没有成为城市居民参与市政的理想组织，并提出恰恰是1930年国家颁布的《市组织法》剥夺了城市居民参与和指导的权

---

① 王煦、李在全：《20世纪20至30年代北京民间市政建议和计划》，陈乐人主编《北京档案史料》第3辑，新华出版社，2008。

② 佟银霞：《刘纪文与民国时期南京市政建设及管理（1927～1930）》，东北师范大学硕士学位论文，2007。

③ 黄海波：《权威及其限制：1905～1909年上海城厢内外总工程局的地方自治实践》，上海大学硕士学位论文，2003。

④ 白华山：《上海政商互动研究（1927～1937）》，上海辞书出版社，2009。

力，其根源在于国民党政权不想再看到在大城市出现任何对其权力的挑战和反抗。①

学界对近代中国民间市政参与制度化、合法性及限度问题的探讨，深化了我们对近代民间市政参与与市政体制变动关系问题的认识。

（四）民间市政参与的类型、方式与模式

有关近代中国民间市政参与的类型与方式问题，只有少数研究成果对此给予了关注。方秋梅按照市政主体的不同，将市政类型划分为官办型、商人自治型、商营型三大类。其中，商人自治型、商营型实际上就是民间市政参与的两大类型。②宋美云以性质为标准，将天津商会的市政参与分为三种方式，即：组织性参与、政策性参与及组织间合作。这对于从整体上审视近代中国商界的市政参与具有一定的启发意义。③罗桂林按城市公共产品的不同供应方式，将 1927～1937 年福州市政分为"官办"、"商办"、"公办"与"官民合办"四种。市政工程为"官办"方式，电气事业为"商办"化，消防事业为"公办"传统，救济事业为"官民合办"。④而陈常妹则将商人经营南昌水电公用事业的管理模式分为两种，即商办官督和官办商协。⑤

此外，部分研究成果论述了民间市政参与与城市规划之间的关系。郭文毅、吴宏岐对民间学者季平有关西京（即西安）的城市规划建议进行了评议，认为季平的西京市区规划方案，是目前所见有关西安的最早的具有现代科学意义的城市规划设计方案，但其可操作性不强。⑥ 王煦、李在全则对 20 世纪二三十年代北京民间的城市规划建议和方案进行了研究，认为

---

① 〔法〕安克强：《1927～1937 年的上海——市政权、地方性和现代化》，上海古籍出版社，2004。

② 方秋梅：《近代汉口市政研究 1861～1949》。

③ 宋美云：《论城市公共环境整治中的非政府组织参与——以近代天津商会为例》，朱英、郑成林：《商会与近代中国》。

④ 罗桂林：《现代城市的建构——1927～1937 年福州的市政管理与公共事业》，厦门大学博士学位论文，2006。

⑤ 陈常妹：《民国时期城市公用事业管理模式研究——以南昌水电管理为例》，南昌大学硕士学位论文，2007。

⑥ 郭文毅、吴宏岐：《抗战时期陪都西京 3 种规划方案的比较研究》，《西北大学学报》（自然科学版）2002 年第 5 期。

它们在相当程度上反映了民意，具有明显的公共性、全局性和专业性的特征，有相当的进步意义，为市政当局规划城市提供了参考。①张文宁对宁波近代城市规划历史分期的论述，则论及绅商组织的路政工程局参与城市的规划建设。②邹东则梳理广州城市规划实施过程中的民间市政参与，包括：民间对政府市政规划和建设工作的批评；《时事日报》媒体参与规划建设的大型工程项目；市民以行政诉讼的方式参与市政等。③

还有个别成果则比较综合地论述了个体城市市政发展过程中的民间市政参与问题。如：王煦对民国时期北京市政建设中的民间参与因素进行了比较深入的解析，既梳理了北京市政发展过程中各个方面的民间参与市政，又对民间参与因素对北京市政建设及其现代化带来的影响——积极促进作用与消极制约作用，进行了评估，并指出民间参与因素具有多样性和复杂性的特征。④

二　既有研究存在的不足

近代中国民间市政参与研究虽然产生了一些成果，但是由于研究尚处于起步阶段，难免存在这样或那样的不足。具体而言，主要表现在以下几个方面不足。

第一，学界对近代中国民间市政参与问题尚未形成充分自觉探求的领域意识。

目前，有意识地就近代中国民间市政参与展开论述的成果很少。不但专著付诸阙如，而且专文亦为数寥寥。如前所述，专文仅见卢汉超有关上海租界华人参政运动的述论，宋美云有关天津商会参与城市公共环境整治的论述，王煦、李在全对于20世纪二三十年代北京民间市政建议和计划的研究，以及民间参与因素的梳理与论析，邱红梅对于近代汉口市民市政主

---

① 王煦、李在全：《二十世纪二三十年代北京民间市政建议和计划》，陈乐人主编《北京档案史料》第3辑。

② 张文宁：《宁波近代城市规划历史研究（1844～1949）》，武汉理工大学硕士学位论文，2008。

③ 邹东：《民国时期广州城市规划建设研究》，华南理工大学博士学位论文，2012。

④ 王煦：《民国时期北京市政建设中的民间参与因素（1912～1937）》，北京师范大学硕士学位论文，2007。

体性意识及王云骏对于民国时期南京市民参政意识的研讨，以及方秋梅对于近代汉口商界、上海商界以及中华全国道路建设协会的市政参与的探讨。专文数量少，反映出自觉研究近代中国民间市政参与问题的学者仍为数寥寥，具有明确的领域意识的历史研究者，更属凤毛麟角。

即便是专文论述，有的也对近代中国民间市政参与缺乏充分自觉的认识。有的专文仅仅将民间参与市政作为影响市政发展的因素，而非将其作为影响市政发展的另一个重要方面——唯一的相对于官办市政的重要方面。换句话说，研究者对于民间市政参与还只有初步的认识，还没有充分地认识到近代中国民间市政参与的独特性及其在近代中国市政发展史上的重要性。有的专文在内容上实际论述的是民间市政参与，但在概念上却缺少明确的表述，如论述天津的民间（主要是商会）市政参与时使用的是"非政府组织参与"这个概念。关键概念使用上的差别，实际上反映出研究者对于民间市政参与问题有所认识，但又未形成充分自觉的研究状态。

相关研究成果并不少见。众多的民间市政参与相关研究，散见于大量研究善堂善会、商会及救火会之类的社团组织的成果中。但民间的市政参与往往被置于地方自治、公益事业、公共事务、公共领域的范畴内，缺乏研究领域的独立性。这固然与研究者既定研究的对象不同有关，但也从一个侧面反映出学界对近代中国民间市政参与问题缺乏自觉探求的领域意识。

第二，研究尚处于一种散在的状态，缺少整体观照。

起步阶段的近代中国民间市政参与研究，其所涉及的民间市政参与主体，主要是商界，民间组织主要有商会、水会（消防会）、善堂商会等。与此相对应，所论及民间参与的市政领域，主要集中于消防、社会救济、道路修筑以及与基于地方自治的市政管理，其他方面的论述则极为零散。

所涉及的个体城市主要有首都北京及上海、汉口、天津、苏州、济南、广州、南京、青岛、厦门、宁波等开埠城市。所涉及的城市区域主要是江浙、山东、津—京、福建等沿海与沿江的部分相对发达的地区。

相关理论性问题的探讨主要包括民间市政参与的制度化与合法性问题、民间市政参与的类型、方式与模式问题，另外还涉及市政参与与城市现代化、城市现代性问题。

总体说来，学界对近代中国民间市政参与问题的研究还处于一种散在的状态。这种散在的起步状态，是中国近代城市史研究还没有足够深入的结果。应该说，就近代中国民间市政参与研究整体而言，这些散在的研究也都是十分必要的，它们一起构成了该研究领域的基础。但是，作为与市政官办相对而言的民间市政参与，其研究所涉及的市政领域、个体城市、城市区域以及理论问题，及相应产生的研究成果，与既有的官办市政研究相比，简直是小巫见大巫。这样的研究境态，与前述的缺少研究该领域的充分自觉意识一起，决定了既有的研究不可能对近代中国民间市政参与进行整体观照。

对近代中国民间市政参与研究缺少整体观照，在很大程度上也意味着，我们既有的官办市政研究缺少也是最不应该忽视的学术参照。没有了这样的学术参照，我们的近代中国市政史研究就很难具有真正的整体性。

第三，在史料利用方面尚需拓展。

既有的近代中国民间市政参与相关研究成果，其所利用的史料主要包括：商会档案、慈善组织及救火组织的档案与活动报告等，官方文书如政府公报尤其是市政府的公报、市政府各部门的工作报告、官修地方志等，政府机关档案、资料汇编，部分民国时人的市政著作，以及市政专刊。只有少数研究成果比较深入地挖掘了近代报纸中的资料。不难看出，绝大多数相关研究所利用的史料，与近代中国城市史内其他领域，例如近代中国城市建设史尤其是近代中国市政史研究，所利用的史料，并没有太大的差异，甚至还要窄许多。应该说，这是近代中国民间市政参与研究起步阶段在史料利用方面存在的一个明显的不足。

事实上，随着近代中国城市史研究领域内子领域的不断分化，相关子领域所能利用的研究资料应该更加广阔，而不是更加狭窄。并且，不同的子研究领域，因其研究领域各具特殊性，故而某一子研究领域所利用的史料，一般而言应该与其他子研究领域存在分异或侧重不同。例如，近代中国民间市政参与研究与近代官办市政研究，是近代市政史研究领域内的两个子领域，它们所运用的史料就应该有一定的分异：后者更多地要利用与市政相关的官方文书，尤其是市政府公报、市政府机关的工作报告、资料汇编等。而前者则不能如此，因为这些官方文书中，往往极少记载民间参与市政方面的信息。这就需要我们在史料利用方面努力拓新。

第四，相对于整个中国近代史研究而言，在理论的运用和研究方法的使用上，没有取得明显的突破。

所有近代中国民间市政参与方面的相关研究，其所涉及的主要理论，不外乎现代化理论、国家与社会理论、市民社会理论、公共领域理论。这种状况自然与近代中国民间市政参与研究主要胎息于近代中国史研究腹中不无关系，同时又是近代中国民间市政参与领域的研究尚处于起步阶段的结果。个别专文在论证时，虽然具有了现代性的理论意识，也较好地做到由史到论，但是论证中理论基础的相对欠缺，制约了史论结合的充分展开。此外，个别相关研究成果虽然借用了整合主义的理论框架，这在近代中国城市史研究领域也许算得上有所突破，但是这种理论框架是否适用于专门性的民间市政参与研究，尚有待实证。

同时，其使用的研究方法主要是史学的实证法，少数成果使用了比较的方法，如有的将近代青岛与烟台、威海卫进行比较，所得出的结论，给人留下了深刻的印象。这说明了研究时合理使用比较方法的有效性。显然，在研究方法上，还有待丰富。

因此，从根本上讲，既有的近代中国民间市政参与相关研究成果，在理论的运用和研究方法的使用上，并没有明显突破。在理论的本土化方面，亟待探索。

第五，由于在概念上存在分歧，导致民间市政参与在研究范围上存在很大的差异。

"市政"是有关研究近代中国民间市政参与时必定涉及的一个概念。在既有的近代中国民间市政参与相关研究成果中，研究者所持的"市政"概念，存在着严重分歧，有的局限在市政工程建设方面；有的则相对宽泛，不仅包括了具体的市政工程建设，还包括了市政管理；有的从行政学的角度看待市政；有的则从更为宽泛的政治学的角度看待市政。因此所涉及的民间市政参与的范围自然就有窄有宽，差异很大。

此外，我们的研究视野还不够开阔；我们的论述基本上局限于近代中国的民间市政参与本身。

三　有关深化近代中国民间市政参与研究的一点思考

如果要深化近代中国民间市政参与问题的研究，笔者认为至少需要在以下方面有所作为。

第一，我们的研究应该在广义的市政层面展开。

在学术界，"市政"是一个充满分歧的概念。如果我们的研究只需要就非常具体的某个局部的市政领域展开，那么，即便是最狭窄的市政概念也无可厚非。但是，就民间市政参与这个研究领域而言，它注定了需要在宏观的市政视野下展开，因为"民间"的存在或出现，相对的就是政府。如果以民间属于社会，官府属于国家的话，那么，我们对于民间市政参与的研究，势必涉及国家与社会的关系问题。即便是将国家也视为社会的一部分，我们在论证的过程中，也将涉及民间与国家之间的互动，以及这种互动对社会产生的影响的问题。因此，我们的论证都必将涉及宏观的政治问题，对于"市政"的界定，不能局限于管理学或行政学的范围，而应该是属于政治学的范围。换句话说，我们应取广义的"市政"概念。

第二，在研究内容的拓展与深化方面，要进行整体性研讨，实行重点突破。

如前所述，目前近代中国民间市政参与研究处于未充分自觉的散在研究状态，这种状态势必影响我们对于市政发展乃至近代中国城市发展全貌的认识。为了尽快促进对民间市政参与问题的研究，笔者认为，在研究内容方面，我们可以采取以下两方面的措施进行拓展与深化：一是要开展整体性探讨，对民间市政参与主体及其市政作为进行全面梳理。就学理而言，市政不仅仅是城市地方当局、市政当局或市政府单方面的事情，还是所有城市人或市民的事情。因此，市政研究不应只关注官方的市政作为，还应该给予民间的市政参与以充分的关照，这样的市政研究才算是比较完整的市政研究。

就事实而言，民间力量或民间人士也确曾参与市政。如果我们对民间市政参与视而不见或不予关注，那么，我们对近代中国市政史或近代中国城市史的研究，必定在完整性上大打折扣。

不过，从既有的中国近代城市史的研究成果来看，过去我们主要关注政府是如何办市政的，而且很多研究成果将其作为唯一的市政主体，很少有意识地关注市政发展过程中民间社会力量或市民的参与；即便是有所关注，也通常是作为被控制或被治理的对象而存在，从而容易使研究失之偏颇、浮泛，同时也容易使研究陷于模式化。实际上，任何时段的研究都应该有着丰富的"社会"内容，不论是我们将国家视为社会的相对存在，还是认为国家存在于社会之中，市政史的研究，最终都应该是丰富多彩的社会史研究。而离开了城市社会的基本主体——市民及其组成的各种社团、组织去研究城市，这样的研究注定了将是残缺不全的，是缺少立体感或整体性的。

而要清楚地了解近代中国民间市政参与的整体情况，我们就必须对近代中国民间市政参与的主体进行全面的梳理。从总体上看，近代中国民间市政参与的主体，除了个体之外，就是社会团体和社会群体。前述的商会、水会、善堂商会等均属于社会团体之列，商人属于群体之列，也就是说，主要涉及商界。事实上，近代中国的民间组织众多，界别也绝非只有商界，近代中国的学术团体、宗教社团等非职业的团体及其个体或群体，还有学界、新闻界等，均曾参与市政。所以，我们研究近代中国市政史，还应该对这些参与市政的民间主体及其市政作为，进行梳理。这样我们才能做到全面梳理近代中国的民间市政参与。

整体性探讨即是指要对近代中国民间市政参与的发展进程与历史影响进行全面评估。

既有的研究主要对商界的市政参与及其作用进行一定程度的探讨，但是由于主要局限于商界，且因缺少进行专门性研究的意识而对商界的市政参与尚未有一个系统的梳理。在这种情况下，也不可能对民间市政参与进行综合评价。因此，我们需要在比较、系统梳理参与主体及其市政作为的基础上，对民间市政参与所产生的社会影响做出全面的评估，包括：民间市政参与在整个市政发展乃至城市发展进程中所起的作用，在市政演进和城市化、城市现代化进程中所处的地位，民间市政参与过程中官民关系的演变，民间市政参与存在地域差异，不同时段的民间市政参与的变化，等等。

二是要实行重点突破。我们应对某些民间组织或群体的市政参与活动进行专门研究。不同类别的民间市政参与主体中，有的以革新市政为职志，有的以争取市政管理权为圭臬，有的则并非自觉的市政参与主体，因而他们对于近代中国市政发展产生的影响是各不相同的。大体说来，积极主动或自觉介入市政发展进程的民间组织或群体带来的影响应该更值得关注。因此，对于这样的民间组织或群体的市政参与活动，我们应该展开专门研究。

当然，我们的专门研究，不应该只局限于近代中国市政史本身，还应该置于近代中国城市发展乃至近代中国历史发展的宏大进程中。因为只有如此，方可以使我们对近代中国民间市政参与的整体研究得到充实和深化，也才可能使我们的研究在具体历史研究的基础上获得理论上的提升。

第三，积极挖掘新史料。

由于民间市政参与研究从官方市政资料文本里获得信息有限，因此，我们在收集史料时，除了应该从官方文书、政府机关档案、资料汇编中获取信息，还应该关注民国时人的市政著作，以及市政专刊。

同时，我们还必须发掘近代报纸和市政专刊之外的相关期刊。近代报刊中相当一部分既有官办市政的信息，又有民间市政参与方面的信息，并且往往会反映重大市政举措之后，民间的反应及官民互动方面的信息，以及给城市社会发展带来的影响。一些参与市政的近代中国民间组织的档案资料，现在发掘的主要还只是少数城市的商会、救火会的档案资料，此外还有一些其他民间市政组织的档案资料藏在深闺之中，也是需要我们去发掘。外文资料中也有很多反映近代中国民间市政参与和市政发展方面的宝贵信息，这也是我们今后应该注意发掘的一个重要方面。

笔者相信，随着近代史研究数据库的开发与不断完善，档案史料的开放及其利用率的提升，研究视野的不断开阔，近代中国民间市政参与研究领域所利用的史料，一定会得到很大的拓展。

第四，在研究视野、研究理论与方法方面，应同时注重研究视野的全球化，研究理论的本土化，研究方法的灵活运用。

近代中国市政的发展与世界市政发展息息相关，且深受外力影响，这就决定了我们对近代中国市政史，不能闭目塞听，而是应该熟知近代中外关系史、城市对外交涉史，以及世界近代民主化浪潮对近代中国民间市政参与的影响，注意关照世界市政发展及对近代中国市政发展的影响，同时注意分辨本土因素与非本土因素。

我们在本土理论比较匮乏的情况下，借鉴国外的史学研究理论固然十分必要，同时我们还应该注意避免从国外研究理论或"洋概念"出发，去研究近代中国民间市政参与问题。更重要的是，我们应该注重相关史料的爬梳，寻找史料背后的近代中国民间市政参与的历史逻辑，抽绎出共性。

在这样的基础上，进行研究理论的总结，逐渐形成可以合理解析近代中国民间市政参与问题的研究理论，从而实现研究理论的本土化。也就是说，研究理论的本土化尚需时日，但理论的形成必须基于近代中国民间市政参与发展的内在逻辑。

第五，适度观照现实。

民间市政参与问题，实际上是一个贯穿近代和当代的重要问题。就城市发展而言，尽管一个时代有一个时代的发展侧重点，有不同的现实社会基础或背景，但是有的方面仍然具有相似性。例如：近代以来的中国城市发展过程中，势必涉及土地征用、房屋拆迁、棚户区改造等市政与民生问题，当民间力量参与其中后，不可避免地出现了官民矛盾甚至冲突，或者不同民间市政参与主体之间的矛盾甚至冲突。从这个角度而言，我们对民间市政参与问题研究，应该可以为当下更好地解决类似问题提供借鉴。

作者：方秋梅，江汉大学城市研究所

"路径选择与商帮演变"学术研讨会综述

张 博 成艳萍

2014 年 12 月 13 日至 14 日，山西大学晋商学研究所与山西省晋商文化研究会联合主办，由山西大学晋商学研究所承办的题为"路径选择与商帮演变"的学术研讨会在太原召开，来自韩国仁川大学、香港科技大学、中国人民大学、北京大学、南开大学、河北大学、中南财经政法大学、河北大学、安徽师范大学、南京大学、西南大学、江西财经大学、山西财经大学、山西大学、中国社科院、天津市社科院、北京市社科院、山西省社科院等数十所高校、科研机构的学者，以及山西省晋商文化研究会的理事，总计 100 余人出席了研讨会。与会学者从不同视角出发，围绕商人商帮史研究的重要命题及区域经济和城市经济发展的相关内容展开了热烈的讨论，本文兹就上述内容做一简要述评。

一 商人商帮史研究取得新突破

作为明清以降的重要经济力量，晋商的研究始终是经济史学界关注的热点问题，本次研讨会上，关于晋商的论文明显多于其他商帮的论文。

在本次研讨会上，与会学者围绕晋商的兴衰问题，从不同角度加以诠释。张舒、张正明指出，清后期，中国经过两次鸦片战争已沦为半殖民地半封建社会，国势衰微，帝国主义的侵略，使中国商人生存极为艰难，以致晋商、徽商、陕商、江右商、山东商等传统商人逐渐衰落，失去了当年的辉煌，而宁波商、洞庭商、广东商、福建商或充当买办，或出海经商，极力变通，得以发展。曹晓玲从晋商内部管理的角度分析晋商的管理方式、对主要社会关系的处理等问题，从而分析晋商兴衰成败的原因。兰日旭指出，晚清原有官僚体系的崩溃，也成为晋商衰微的一个主要因素。李麒指出，晋商的伦理基础在晋商创造经营奇迹和财富神话的历史中起到了重要作用。成艳萍指出，在明清晋商的经营活动中，茶叶贸易一度是支撑其驰骋商场赢得国内外市场和巨大利润的大宗商品。该文作者对晋商茶帮何以能够借助其他地区的资源优势，获得高额利润，以及这种舍弃本地资源优势发展贸易的路径对中国近代化产生了何种影响进行分析，探讨晋商与中国前近代内生性资本主义迟滞发展的某种内在关联。杨德才、杨乐坤指出，独特的身股制是山西票号繁盛的基础，但该制度与生俱来的缺陷及其不能随外界环境变化而适时进行调整，又是票号后来衰败的决定性原因。张亚兰的研究发现，社会断层发展的时代背景对票号衰亡有更大的影响，这个论点与已有的研究，即认为是票号保守顽固导致失败的结论有所不同。高春平指出，明代前中期中法等一系列惠商措施的实施使山西商人一跃而起、称雄商界，与此同时，封建专制体系内部利益集团的固化、滋生腐败土壤的硬化、寻租行为的常态化格局很难打破，看不见的手和看得见的手博弈的结局是盐业市场再度走向盐政纲法垄断，市场难以发挥基础性作用。

与会学者还将晋商与徽商进行比较，对晋商在异地经商问题进行梳理，有学者对晋商的概念重新加以梳理。林柏指出，晋、徽商的"企业"产权制度是影响其经营管理模式的关键因素。王瑞芬从活动范围、经营业务、资本规模等三个方面对西典与徽典兴盛状况进行比较分析，并从内因与外因两个方面对两大典的兴盛原因做了进一步的探讨。王泽民从民族学理论视角出发，对明清边关贸易的历史意义和社会影响进行分析，探讨了明清时期山西商人在北方民族地区经济贸易活动，对民族关系的传承、民族经济的发展和民族文化的交流等方面起到积极的作用。刘成虎、高宇指出，以东北沈阳和营口为例，探讨山西商民进入东北的途径及其从营口开港到1910年代支持和参与东北商业贸易发展的过程。王智庆、李存华指出，"山西商办全省保晋矿务有限公司"（简称"保晋公司"）作为山西近代史上最大的民营工矿企业，其创建、发展及兴衰，是封建晋商转型的典型缩影与真实写照。杨波指出，民国时期高平商人主要分布在河北中部，河南东北部和南部，湖北和安徽北部等地。以商人和商号为纽带，商人故里和行商区域相互补充，这种"一个主体，两个区域"的研究模式对于商业金融史、会馆、区域社会史、区域文化等研究来说都是一种新的有益的尝试。殷俊玲指出，所谓晋商，是对明隆正年间茶马互市后，特别是入清后迄至民国，涌现出来的以旅蒙商为主导的，以众多中小商人为主体的，并创造了"汇通天下"商业史话的山西商人的总称。

与会学者还就其他商帮的发展进行了深入的探讨。戴建兵、靳志雄指出，冀商有着悠久的历史，是中国最早的地域商帮之一。近代以来，尤其是清末民初，冀商作为一支重要的经济力量活跃在商业经济的舞台之上。但同时也必须承认，冀商在影响力和业绩方面尚不及晋商、徽商等商帮。张喜琴、刘建生的文章通过对清代中外大量史料的搜集、整理和研究，认为有清一代，在中俄边境贸易中形成了恰克图、新疆、东北三大主要市场。在这三大市场中活跃着很多来自山西、山东、北京、天津、河北、陕西、甘肃等北方各地的商人，其中尤以山西商人为重。在恰克图市场，商人主体主要为山西商人和俄商；新疆市场上，从事中俄贸易的商人以俄商为主，其次为新疆土著商人，再次，有燕、晋、湘、鄂、豫等八大商帮；在东北市场，以山西、山东商人最著。此外，还有直隶、江浙等地的商人。刘秋根运用《江西商人信范》等新史料，对江西商人经营方式、与牙行的关系、帮会组织和所利用的交通运输业等几个研究尚薄弱的问题做了探讨。陆兴龙指出，从地理和人口来说，浙江是个幅员狭窄、自然资源有限的小省。浙江既没有自然资源优势，也没有国家扶持资金和倾斜政策，但是浙江的商品经济发展有强劲的活力，创造出许多经济奇迹，现代浙商的兴起也折射出浙江地区商人活动的历史渊源、地域文化和经营思想等，这些都值得我们进行更深入的研究。张丽在论文中把 16~18 世纪欧洲、日本和美洲新大陆对中国产品需求的大规模增加与中国国内长途贸易的扩展和诸商帮的兴起联系起来和把 19~20 世纪中国商人和中国产品在国际贸易中市场份额的丧失与中国诸商帮的衰落联系起来分析，认为明清商帮的兴衰不仅是国内经济发展和商帮自身经营的产物，且其与全球经济的发展变化之间存在十分紧密的联系。

二　区域和城市经济史的研究成果丰硕

在本次研讨会上，与会学者除了对商帮史研究方面展开深入讨论外，一些与会学者还就城市经济史和区域经济史问题进行探讨。

丰若非指出，清代的杀虎口、张家口、左翼、右翼和山海关等小差税关所共有的一个特征是其关税盈余不经户部稽核，须直接解送内务府，成为固定的皇室特供，来呈现出清代小差税关对于皇室财政贡献的历史演进。罗畅利用清代粮价清单中开封府、太原府的小麦价格数据，用谱分析的方法，得出了乾隆至宣统年间的经济周期。孙承希以大连油坊业为个案，指出华商与日商之间的竞争关系、中国政府与关东厅（1919 年前为关东都督府）的竞争关系、中国人与南满洲铁道株式会社（以下简称"满铁"）的关系等。温锐指出，清末民初，地处东南沿海腹地省际山区的江西寻乌县，呈现出鲜明的农业山乡商品经济发展路径，既构成了寻乌传统农业山乡商品经济、具省际山乡特色的发展之路，也展示了传统农业经济社会随着现代化进程正向前迈进。李欢从近代化和区域市场两个视角，对中国近代城市史研究的核心问题、理论支撑和具体研究进行系统归纳，发现当前从近代化标志到特征、从个案到区域再到国家的研究趋势，为近代城市史研究不断深化提供借鉴和参考。梁四宝、侯成丽指出，随着外来人口增长和农业发展，归绥道是在农耕区形成之后，交通要道上兴起的重要城镇。

在区域经济史方面，乔南指出，产业结构是以往经济增长的结果和未来经济增长的基础，明清时期，潞泽地区的产业结构发生了从明代以潞绸业为主到清代以铁货业为主的变动，这种产业结构变动不仅改变了彼时潞泽地区的支柱产业，而且促进了该地区域经济的发展。李格格指出，清代沁河流域自然灾害发生频繁，影响沿岸各县的农业发展。论者通过统计分析沁河流域九县的具体受灾次数与粮食产量的相关性，进而探讨其影响耕畜以及人口数量的变化，以此来研究清代沁河流域自然灾害对农业的影响。

三 近代经济史的其他相关领域新意迭出

与会学者还就近代经济史上的其他相关内容展开了探讨，并集中推出一批新的研究成果。

王玉茹、龚宁借助消费者理论和生产者理论分析了近代菲律宾消费者无差异曲线和华侨经济生产的可能性边界，并通过构建一个包括消费者领域、生产者领域和对外贸易领域在内的微观经济模型，分析了由于世界市场对初级产品需求增加所导致的贸易条件改善，对消费者和生产者均衡的影响。李正熙指出，旅居朝鲜的中国纺织品进口商不仅以京城及仁川为据点，铺开了日本大阪等地的进口贸易之路，并且兼有将购入的日本纺织品向中国再出口的销售渠道。

李玉指出，晚清"师夷长技"经历了由引进"西器""西艺"到采用"西制""西政"的过程，可大致分为设备、技术引进与政策、法制学习两个阶段。其间，洋务派官员和晚清政府充当了经济变革路径选择的主体。不过，民族资产阶级的推动作用也在不断提升。姚清铁以信任和权威这两个家族的家族性的关键因素为切入点，以中间性组织的视角分析家族联号企业的兴起、运营与衰败，认为高社会分工是家族联号企业形成的前提条件，高普遍信任和权威是家族联号企业兴起与维系的重要变量。

马建华对国内汇兑市场中重要商埠的主要汇兑关系进行梳理，大体描绘了以上海为中心，以天津、汉口、镇江等次级汇兑中心为节点，连接次级商埠和基层市场而逐步形成的立体型的汇兑层级体系。马长伟指出，1912~1936年中国政府的内债发行规模不断增大，并引起了3次债务整理案，最终导致政府财政破产，债务整理的必然发生。

张朋、张翠萍的文章从政府选择和社会选择两个方面，对清初河东盐业的重大政治与经济改革的演化路径进行分析。高新伟、孙建国指出，中国近代公司形态的演变方面，明显表现出从国退民进到国进民退的反复。这是在外来压力的作用下，中国政府与商人非均衡博弈的结果。赵国壮指出，战时川省井盐业的融资环境得到优化，盐业融资手段也得到丰富，实现了产业资本、商业资本及金融资本的进一步融合，其中借贷资本在盐业资本中占据主导地位，盐业利润多表现为利息的余额，进一步凸显了井盐业发展的困境。

作者：张博，天津社会科学院历史研究所

成艳萍，山西大学晋商学研究所

第三届中国近代交通社会史国际
学术研讨会综述

熊亚平

2014 年 12 月 12 日至 15 日，由苏州大学社会学院主办的第三届中国近代交通社会史国际学术研讨会在江苏苏州召开。来自上海、北京、江苏、天津、安徽、河南、四川、吉林等省高等院校和科研院所以及韩国仁川大学的 70 余位专家学者参加了本次会议，提交论文 60 余篇。与会学者围绕近代中国路建设及相关问题、铁路与近代中国社会变迁、与铁路相关的人物、群体与事件等方面展开深入研讨，在多个研究领域取得了新进展。

一　关于近代中国路建设及相关问题的研究

正如铁路史专家陈晖所言，"凡是对中国近百年史有点常识的人，都知道中国经济之有趋于现代化的倾向，是外铄的势力造成的。这种影响是由两条不同的途径表现出来的，一条是强力地压迫中国接受资本主义的物质文明，如帝国主义者的强制输入资本于中国；一条是潜力地感化中国自动地去模仿西洋的文化，如清末以来的所谓'中学为体，西学为用'的富国强兵运动。中国的铁路建设就是由这内外交压的潮流冲击出来的"。因此，中国铁路建设中的线路选择、建设过程以及围绕路权而进行的侵略与反侵略斗争，以及与此相关的政治、经济、外交活动，就成为铁路交通社会史研究中的一个重要议题。

在本次会议上，与会学者关于这一主题的探讨主要从两个方面展开：一是一些学者对近代中国铁路建设中的选线、建设、运营、管理等问题进行了更为深入的研究，提出了一些有价值的见解。有学者指出，在津浦铁路的线路选定过程中，晚清政府始终起着相对的主导作用；国际力量强势影响到线路的最终确定；地方和民间力量作为民意的反应，对线路具体走向影响明显；铁路与社会间的相互影响，在线路选定阶段已经开始。有学者认为，北洋时期中国铁路建设的速度其实并不低，自主率在不断提高；运力不断增强，实绩亦在提高，只是这种运输的实绩和效益是不具有可持续性的。有学者认为在当时技术条件下，黄河山东段适宜建桥的位置稀少，铁路工程方面计划将桥梁建于济南附近的泺口，但遭到地方当局的反对，其真正原因主要是地方当局企图迫使铁路改道，以避免德国人按之前的条约侵占铁路沿线的矿产。有学者强调近代铁路建设和土地制度设计的关系是近代中国经济体制转型过程中的典型例子，从微观层面见证了西方经济制度在中国本土化的特点。有学者提出，传统的"短时段—政治事件—大人物—精英史观"的单一研究维度使这一研究产生平面化现象，掩盖了华侨参与近代中国铁路建设的宏大且深层性的史实，运用社会史的研究范式，采用"长时段—日常—民众—共同体—平民史观"的研究维度，则有助于在多维度、整体性、比较式的考察中，寻得近代侨资铁路的"同质"与"异象"。还有学者指出安奉铁路交涉的结局在一定程度上反映了中央与地方在事关铁路的外交上的无序与矛盾。

二是，一些学者在此前研究基础上进一步扩大研究视野，拓展研究对象。有学者指出大英图书馆藏的"火烟车路规例"涉及英国铁路及在英华人等方面的信息，认为对此进行分析将有助于窥探此时期的中英关系。有学者认为20世纪初沪宁铁路建成通车后，《申报》中的相关广告不仅揭示了沪宁铁路在运营初期具有信息直观化、消费对象大众化、售票方式便利化等特征，而且折射出了其对沿线城市及周边地区的影响。有学者认为1918年京汉铁路局为应对鼠疫，加强对旅客、货运的检疫工作，促进了防疫工作的开展，有效控制了疫情，积累了宝贵的经验。还有学者指出，1933~1935年的全国铁路沿线产品展览会在一定程度上实现了铁路沿线产、运、销的结合，更利于政府对铁路沿线基本经济情况的调查与掌握，显示了其独特的价值与意义。

总之，以上学者的研究表明，近代中国路建设及相关问题研究这一传统领域仍有较大的拓展空间。

二　关于铁路与近代中国社会变迁的探讨

铁路与近代中国社会变迁即是本次学术研讨会的主题，也是随着铁路史、社会史、区域史和城市史研究的深化而出现的一个重要研究方向。在本次会议上，学者主要从铁路与区域交通运输变革及交通政策、铁路与区域市场演变及产业发展、城市空间演变与城镇发展、社会观念、社会心理和习俗变迁等方面展开讨论。

在铁路与区域交通运输变革及交通政策方面，有学者认为近代东北的铁路修建给道路运输、河运造成了巨大的冲击，铁路与其他运输方式的竞争与合作，导致了传统交通体系的巨大变化，形成了以铁路为主导、以河运和道路运输为辅助、以港口为铁路终点指向的新的交通体系。有学者指出，交通与社会经济变革的互动关系，受制于沿海和内陆省区近代交通条件及其与传统运输方式衔接的具体差异等，从一个侧面折射出包括黄河流域在内的近代中国经济社会演进的步履艰难。有学者认为新式交通的兴起，特别是铁路的通行，对传统交通运输方式产生极大的冲击，导致皖北地区的商路由传统的以淮河干支流为主体的商品运输路线，逐渐向以津浦铁路、淮南铁路为主导的商品运输路线转变，淮河干支流水路运输则成为铁路集聚货源的补充方式。有学者一方面认为日本占领青岛期间制定的《以青岛为中心的交通对策》反映了日本妄图进一步侵占华北、掠夺华北丰富资源的野心；另一方面又提出，《对策》对于当今青岛以及山东的交通规划是否具有借鉴意义，是一个值得探讨的问题。

在铁路与区域市场演变及产业发展方面，有学者从物流流通网的形成与运用角度，探讨了安奉铁路所产生的影响和意义，认为日本推行的相关政策最终使日本牢牢地控制了中国东北的进口市场。有学者强调，中东铁路的建成通车一方面使松花江流域森林资源被进一步开发利用；另一方面随之而来的过度采伐导致森林资源大幅度削减，对生态环境造成了破坏。有学者认为全天候、大规模、长距离、低运价的铁路交通不仅刺激了华北内地煤矿生产方式由传统土法开采向机器生产转变，而且促使其生产规模和生产管理逐步由分散的传统小煤窑向统一集中的现代煤炭企业转型。有学者认为铁路事业的发展，使安徽的交通格局产生变化，从而极大地促进了安徽农业品种的改良和推广，一定程度上增加了农业的产量、改善了农民的生活条件。也有学者指出，梳理近代上海转运业兴衰与铁路运输业之间的关系，可以加深对近代上海贸易发展的认识。还有学者认为随着近代陇海铁路西段铁路潼西段的通车，铁路成为联系陕西与东部地区大都市的重要交通纽带，陕西近代旅游业在其推动下得以萌发并有所发展。

在城市空间演变与城镇发展方面，有学者认为平汉、陇海铁路相继筑通并在郑州交会，为郑州的成长提供了前所未有的历史机遇及新生动力机制，城市的发展态势、空间结构、外在景观及城市功能均发生转变。有学者提出江南地区铁路路线布置的复杂过程对上海城市空间结构所产生的正负效应是探讨"工程性影响"的绝佳案例，历史事实说明铁路路线往往阻碍了城市空间结构的拓展，从而淡化了火车站的积极影响。有学者认为1881～1937年，华北铁路站厂的"差序化设置"这一特征不仅与设站集镇交通运输业的"差异化发展"之间有不同程度的关联性，而且促成了以铁路站厂为中心的交通社区的"差异化发展"，影响了设站集镇的工商业和人口规模变动，从而进一步强化了华北地区集镇的"差异化发展"格局。有学者认为三线铁路网的强大聚集和辐射能力显著带动了各铁路干线区域经济的较快发展。还有学者认为南京机动化公共交通的持续进步，已与生活空间、日常流动、时间观念、市民意识等城市生活方式的各个方面，展现出良性交互的关系，进而为城市生活方式的深刻革新，提供关键助力。

在社会观念、社会心理和习俗变迁方面，有学者认为杭江铁路建成揭橥穷干、苦干、实干、快干之精神，一改国人对铁路建设的观感。有学者指出，丰子恺《车厢社会》《病车》等作品中的科技观，反映了铁路、火车等现代科技发展与民众心理的密切相关性。还有学者强调，随着时间的推移，铁路作为现代科技文明的标志之一，为国家带来了难以估量的现实价值，关于铁路修筑对风水破坏的争论逐渐被人所遗忘，风水观念在近代化进程的转型社会中也渐渐被淡漠。

此外，还有学者考察了铁路与近代湖南社会经济变迁，铁路与山西社会变迁等。与前一个议题相比，关于铁路与近代中国社会变迁的研究，因与方兴未艾的城市史、区域史、社会史联系更加密切而受到越来越多学者的关注。其中关于铁路与区域产业发展、城镇兴衰以及社会观念、文化习俗嬗变的研究，既是这一研究领域的重点，也是值得学者投入更多精力进行耕耘的园地。

三 关于与铁路相关的人物、群体与事件的考察

长期以来，关于与铁路建设相关的人物、群体与事件的研究，一直受到众多研究者的关注。与此前的研究以李鸿章、张之洞、孙中山等少数历史人物不同，参加本次会议的学者，将更多的目光投向了刘锡鸿、金士宣、锡良、"邬纲"等英雄人物以及工程师、铁路工人、货车车厢里的人群等。

在与铁路建设相关的人物研究方面，有学者指出，晚清外交官刘锡鸿之于铁路的态度只是近代中国对于西方新知"接收而不接受"的案例之一，如果从学理上探讨，则会发现近代西方新知被国人的接收与接受，不是一个简单的引进与学习过程，西方的新知只有与中国社会形成耦合，才会在中国落地生根。有学者指出，金士宣作为中国铁路运输学科的奠基者和铁路运输管理的实践者，较早地提出了铁路运输管理商业化的思想，其思想及实践有着鲜明的进步性和实用性，值得认真加以研究。有学者认为，抗战爆发前十年安徽铁路建设所取得的明显成效，与建设委员会领导人张静江的努力密不可分。有学者认为，锦瑗铁路计划的推进过程一方面展示了锡良等人为维护东三省主权而做的艰苦卓绝的努力；另一方面也揭示了地方督抚在面对强邻侵略时无法与清政府达成一致，最终无所作为。有学者梳理了"殉路英雄""邬纲"传说的兴起和流变，一方面指出邬纲英雄故事成为"信史"证明了近代史研究中，某些历史事件和历史人物的研究确存在着层累造史的现象；另一方面提出，近代铁路史研究应引入社会史和民俗学等坐标系加以考量，进而拓宽传统铁路史研究的视野，改变以往仅局限于政治史、经济史等。

在与铁路相关的群体方面，有学者指出，在胶济铁路建设过程中，德国工程师发挥了重要作用，中国铁路工程师培养的滞后使铁路工程技术未能实现本土化，而铁路维护和运营管理方面实现了本土化。有学者认为，1931～1937年的铁路职工识字教育取得了显著成效，提高了职工识字率，迈开了整个铁路职工教育计划的第一步，传播了现代文化知识和基本道德规范，实际上是对中国铁路事业发展根基的培育与改良。还有学者试图重

建车厢中近代男女主导的另类社交的历史场景，剖析其产生原因，并考量"车厢—社会—人生"之间的关系。

此外，还有学者对邓中夏和二七大罢工中的京汉铁路工人群体等发表了自己的研究心得。学者的研究表明，随着社会史研究的深入，铁路史与社会史的结合与融通已成重要趋势。在此过程中，与铁路相关的人物和群体研究，仍大有可为。

四　小结

限于篇幅和主题，本文仅就提交此次会议的论文在研究视角、研究方法和研究内容上对城市史、区域史研究有所启发和借鉴者，进行了简要的总结。由于本次会议以"铁路与近代中国社会变迁"为主题，因此与会学者提交的论文选题相对集中，交流也较为深入，取得了良好成效。尤其值得一提的是，无论是对于相对"老旧"的选题，还是比较新颖的选题，学者们都力求在研究视角和方法上有所创新，尤其是注重交通史、城市史、区域史和社会史的有机结合，使中国近代交通社会史研究不断推向前进。

当然，由于会议主题及学者们的研究兴趣所限，本次研讨会也表明，中国近代交通社会史研究中还有一些值得进一步思考的问题。就管见所及，比较突出者有二：一是虽然有学者在理论方法方面做了一些有益探索，但与研究具体问题的热情相比，还存在明显差距。作为交通史和社会史等研究领域中的一个交叉学科，交通社会史要取得更丰硕的研究成果，就必须从相邻学科汲取养分，在理论方法上有所建树。二是由于研究主题限于"铁路与近代中国社会变迁"，学者们对铁路的作用给予充分重视，但因此相对忽视了水运、公路等其他交通方式，而未能将铁路至于整个交通体系中加以探讨。这不仅无助于更客观地评价铁路在社会变迁中的作用，而且也不利于铁路史、城市史和区域史研究的相互结合。

总之，学者们在本次会议上发表的与城市史和区域史相关的见解，尤其是提倡多学科交叉与结合的研究方法、视角和思路，对城市史研究的进一步开展，具有重要的借鉴意义。其留下的有待进一步思考的问题，也值得城市史研究者深思。

作者：熊亚平，天津社会科学院历史研究所

"宜居之城：20 世纪中国的城市史研究" 国际学术研讨会综述

袁家刚

由英国学术院（British Academy）、上海社会科学院城市史学科创新团队、上海社会科学院国际合作处共同主办的"宜居之城：20 世纪中国的城市史研究"国际学术研讨会于 2015 年 7 月 4 日在上海社会科学院社科国际创新基地召开。

参加本次会议的学者，除上海社会科学院城市史学科创新团队之外，还有来自英国莱斯特大学、曼彻斯特大学、爱丁堡大学、艾伯丁大学、利物浦大学，美国洪堡州立大学、加州大学圣地亚哥分校、昆山杜克大学，荷兰埃因霍温科技大学，日本上智大学，台湾"中央研究院"、香港中文大学、上海华东师范大学和同济大学等 20 多位专家学者。会议以"宜居城市"主题，希冀重新审视 20 世纪中国的城市史研究，共有三组专题学术讨论和 9 场学术报告。

开幕式由上海社会科学院城市史学科创新团队的徐涛博士主持。会议首先由中国史学会副会长、城市史学会会长熊月之致辞，他指出宜居城市有很多定义，但归根结底，都是以人为出发点、以人为核心的居住环境理念，是一种人本主义的理念。所谓宜居是分层次的，有生存、健康、发展、审美四个层次，是由低向高、依次递进的阶梯，前者比后者更为根本，后者则涵盖前者。健康涵盖生存，发展涵盖生存与健康，审美涵盖生存、健康与发展。当然，对于不同的个人与群体，因其需要的主要对象或需要对象的主要方面有所不同，对于宜居层次的侧重也会有所不同。宜居城市，在今天的学术语境中，更多地被使用在城市规划、城市建设领域，但是，宜居作为人类的一种理性考量，则古已有之，内容丰富。本次讨论

271

会，以"宜居城市"作为主题词，很有创意，也很有道理。本次会议请了多位优秀的学者，从众多方面对此展开讨论，很有意思，并提出但愿这仅仅是一个良好的开端，希望以后还可以就此问题一次又一次地讨论下去。上海社科院副院长、历史研究所的黄仁伟所长和王健副所长也对会议的成功举办表示祝贺，并谈了各自对"宜居城市"的认识和看法。

本次国际学术研讨会缘于三年前英国莱斯特大学城市史研究中心 Toby Lincoln 博士和上海社会科学院历史研究所徐涛博士作为合作双方共同申请的题为"宜居之城：全球化语境下的中国城市史研究"（The Habitable City：Chinese Urban History in a Global Context）的英国学术院国际合作项目，意图以国际化的视野从不同的角度进入中国城市内部，重新审视近代以来中国的城市发展，以中国经验来丰富、发展"都市化"理论，希冀从空间而非时间维度阐释一个城市中国。2013 年 4 月 12～14 日，在英国莱斯特大学举办了首场国际学术研讨会，本次会议是双方联合主办该系列研讨会的第二场。

作为项目负责人之一，Toby Lincoln 博士向与会者做了项目介绍，并为会议做开场发言。之后，与会学者就"宜居城市"的概念定义、语义源流、阶级属性、城市类型，以及"宜居城市"究竟服务于哪些群体，建设"宜居城市"的责任应该由谁来承担等问题进行了初步讨论。有学者引用简·雅各布斯（Jane Jacobs）的理论，讨论了对于"宜居城市"的发展应该遵循城市发展的自身逻辑还是总体规划的布局要求。

第一场分组讨论的主题是"城市与安全"，由熊月之研究员主持，爱丁堡大学黄雪蕾博士担任评论人。

曼彻斯特大学 Aaron Moore 博士的报告，题为"昆明之梦：青年自传中的希望、变化与战争"，综合已刊、未刊的各种稿本自传、日记、书信等史料，聚焦战时中国昆明的五华学院，由青年儿童的视角审视 20 世纪上半叶中国社会动荡所引起的价值观念、政治理想、社会角色、阶级意识、教育状况、家庭组成等各方面变化。一方面，电气化、大型服务业的出现、高速的交通、时髦的购物等诸多城市现代化因素，吸引着城市移民中的年轻一代迅速接受新兴事物。另一方面，城市的负面观感和战争的冲击与传统中国诗歌、绘画所描绘田园生活的意象形成的鲜明对比，又强烈吸引着渴望脱离现代规训制度束缚的年轻人，于是居住于城市中的他们，不断地用布尔乔亚式的浪漫主义与文学怀旧来建构自己的田园幻想。

日本上智大学 Christian Hess 教授，做了题为"保卫国家与卫戍城市：旅顺和大连的城市发展与军事化进程，1895～1955 年"的报告。作者认为，整个 20 世纪，位于辽东半岛的旅顺与大连，始终是中国最为城市化与军事化的空间之一。报告意图探究这两个城市长期的军事化进程对于城市生活的影响及其与城市发展的联系，以及中、俄、日三种制度其民族国家的构建计划如何实施，不同的制度又如何运用军事化手段来统治这一区域，并对后来的工业与经济发展产生深远影响。就日常生活而言，准军事化的生活环境，意味着受限制的活动、纷乱的军事演习、定量配给的食物与资源。军事化进程贯穿 1930 年代至 1960 年代这两座城市的历史，将劳动制度与地缘政治安全及军事保护等问题联系起来。新中国收回这两处前殖民地的方式，也与东亚冷战秩序形成中的地缘政治意义有关。

上海社会科学院历史研究所徐涛博士，以战争与城市安全体系为研究出发点，提交"上海万国商团中华员群体研究"报告。报告从档案记录的一顿晚宴讲起，梳理上海万国商团的组织结构、形成过程与其在城市安全体系结构中的位置，追溯华员加入商团的历史背景与意义，分析回答了上海万国商团中华人的身份、职责、因何加入商团、如何融入商团等问题。其中，报告将华人加入万国商团的原因概括为三点，即保护华商利益、维护地方治安的需要；近代尚武精神的影响；调和华洋矛盾。

第二场分组讨论的主题是"城市与消费"，由华东师范大学姜进教授主持，昆山杜克大学 Andrew Field 博士担任评论人。

爱丁堡大学 Felix Boecking 博士的报告题为"物价、工资和生活水平：上海与中国其他城市的定量比较研究，1928～1937 年"。该报告旨在以南京政府时期（1928～1937）的社会调查数据为依据，对上海与中国其他城市的物价、工资和生活水平的体量差异给予量化与比较分析。民国时期的中国经济史，对于上海的偏重，或许程度上不及同时期的社会史与文化史，但上海经验与中国其他城市之间的差异仍然存在，认识这种差异对于理解民国经济史颇具意义。此类量化比较，同时指向 20 世纪中国经济史的另一个重要问题，即中国是如何发展统一的国民经济以替代各自为政的地方经济。另外，量化比较不同城市间的物价、工资差异，也为研究都市消费文化的兴起，提供了新的视野。

台湾"中央研究院"张宁副研究员提交的报告为"看与被看：上海的赛马与都市娱乐"，是其民国时期上海与休闲消费研究项目的成果之一。报告指出，伴随近代中国迅速的城市化与商业化进程，口岸城市的租界内，西方的市政管理和城市基础设施被移植至此，这些变化重塑了传统中国的城市形态，不仅将人群从乡村吸引到城市，同时扩张了城市的空间。作者认为，城市人口的增长带来消费需求的扩大，尤其是休闲娱乐。上海的繁荣为中产阶级的兴起提供了物质基础，旧有的声色娱乐之外，新兴中产阶级要求一种与新时代身份相适应的休闲娱乐方式。民国时期出现的诸种新型娱乐形式，正是对这种需求的回应，原来从属于少数精英的休闲方式开始向其他阶层普及，1930年代流行的赛马、赛狗、回力球等为城市居住者提供了多样化的娱乐项目。以赛马为例，此项运动的引入，在凝聚外人社区集体认同的同时，创造了参与—观看、竞赛—博彩、节日—日常、看—被看的双重维度，出席者在观看赛马运动的同时，享受视觉愉悦，满足消费需求，构建阶层意识。

美国洪堡州立大学 Robert Cliver 副教授的报告为"二等工人：革命时代中国因性别、工业、属地而不同的工人福利研究"，则将视野调整到上海之外的其他社会阶层。报告以长江三角洲，主要是无锡的缫丝工人在新中国成立初期的劳工状况作为研究对象，基于档案挖掘与口述史料，揭示革命时代来临之后，工人阶级因性别、工业、地域、劳动力特征的差异所面临的多样化遭遇。根据作者的研究，新中国成立初期上海的纺织工人，得益于此前近30年由共产党领导的城市工人运动的基础，新中国成立后收入与待遇普遍提高。与此相反，无锡、湖州等地的缫丝工人大多为女工与童工，50年代初期她们在提高福利津贴、改善工作环境、免受监工虐待压迫等方面没有明显的改变。作者认为，通过对比无锡与上海两地纺织工人的境遇，揭示了革命年代对于工业生产的强调，未能使不同性别、工业、地域、劳动力特征的工人阶级平等得益，究竟是谁享有"宜居城市"的权益，仍然问题重重。

第三场分组讨论的主题是"城市与环境"，由上海社会科学院历史所王敏研究员主持，香港中文大学的何若书博士担任评论人。

英国艾伯丁大学 Isabella Jackson 博士的报告题为"中国口岸城市的宜居性：上海和天津"。作者质疑一种由来已久的假说，即条约口岸时期，上海公共租界被认为是中国各地租界市政管理的典范。"模范租界"的概念，意味着通过有效的市政规划尽量优化城市的"宜居"标准，包括清洁的水源、卫生系统、电力供应、交通设施、适宜活动的绿地空间与公园等，这些"宜居"城市的指标多沿袭英美国家城市发展的理路。用这些指标作为衡量标准，上海通常被认为是亚洲最为现代化的城市，并经常用来与其他西方城市比较。然而作者通过与天津英租界工部局市政管理的比较，发现天津租界的市政管理比上海工部局的"自由放任"似乎更为有效，以最主要的"宜居"标准净水供应为例，天津可以说是领先于有"模范租界"之称的上海。同样，在绿地空间的使用上，对比上海声名狼藉的公园禁令，天津租界对此也开放得多。作者在报告中强调了都市"宜居"概念本身固有的阶级差异，上海与天津不同的政治结构与殖民地结构，解释了究竟谁有权享用"宜居"的都市环境。

英国利物浦大学的 Leon Rocha 博士因故未能出席本次会议，其提交的报告"都市规划与花园城市"由 Toby Lincoln 代为宣读。报告指出，当代中国的城市规划，被诸如"花园城市""城市美化""城乡合一"这样的话语所支配，大连、深圳、广州、松江等地无不争相贴上"绿色城市"的标签。报告回顾了"花园城市"概念在中国的知识谱系与传播进程，将中国对于绿色城市运动的接受和挪用，追溯到民国时期。"绿色城市"理念的引入，可以从民国时期知识分子潘公展、张竞生的著述中找到来源。早在 1924 年潘公展即翻译了 William Ravenscroft Hughes 的著作《新城镇》。同时"性学博士"张竞生在 20 年代出版的《美的人身观》与《美的社会组织法》两部著作中，勾勒了由其制定的"美的中国"的乌托邦蓝图，使得其绿色城市运动为时人知晓。1930 年代的媒体，如《东方杂志》《市政评论》《市政期刊》，包括一些城市规划的手册，都开始从"美的"观点出发讨论城乡合一的可能。

Toby Lincoln 的报告题为"20 世纪中国的城市化和自然"。报告指出，整个 20 世纪，中国的城市化进程，在扩张城市的同时也改造了乡村，原先的绿地空间被改建为工厂、住宅、公路、铁路、机场，使得乡村几乎无异于城市。处于城市迅速扩张包围之中的规划师、官员、当地居民，意图通过兴建公园、种植树木、划定景区保护自然环境，然而这仍然意味着牺牲乡村来维护城市的"宜居"属性。报告聚焦于素称"江南胜地"的无锡太湖区域，利用相关的游记、导游手册、城市规划书等材料，回顾该地区不同时代的"宜居"特征，揭示了不断扩张的城市化进程与维护自然环境的良好意愿之间的冲突与张力。

因为本次与会者论文结集已与英国麦克米伦出版社签署出版合同，如何整合诸位论文，并对"宜居城市"概念做更多挖掘和应用，本次研讨会在分组讨论之后续加圆桌会议集思广益。圆桌会议由加州大学圣地亚哥分校的 Karl Gerth 教授担任主持，与会学者就"宜居城市"的指标，"宜居"概念的阶层属性，"宜居"观念与本土现实之间的落差，中国人自身对于"宜居城市"这个外来概念的理解，各种描述"宜居城市"的文本（包括文字、照片、地图）如何被制造、释读等问题，展开热烈讨论。王敏研究员指出，本次会议讨论涉及的城市包括上海、昆明、大连、旅顺、无锡、天津等地，不同的族群、阶层对于"宜居城市"怀有不同的向往与设想，"宜居城市"的标准在近代中国各个历史阶段中也存在明显的变化，从安全、安定到舒适、发展，城市的吸引力始终在于使人能获得更好与更高质量的生活。

作者：袁家刚，上海社会科学院城市史学科创新团队

城市人文遗产的世界·世界的城市人文遗产

——"国际视野中的都市人文遗产研究与保护"
国际学术研讨会综述

邹　怡

中国，正经历着前所未有的快速城市化时期。城市建成区大幅扩展，旧有的街道坊巷翻新改造。在此过程中，经济效率和文化保护发生着激烈的冲突。城市空间的改造、经济效率的提升一定要以城市历史的遗忘、人文遗产的破坏为代价吗？随着城市化的快速推进、千城一面现象的出现，人们日益认识到，城市历史和人文遗产才是一座城市独特魅力的扎实根基、后劲动力的持续来源。传承城市文脉、彰显地域特色、提升文化实力，对于城市的长久永续发展而言，无疑具有重要的战略意义。如何妥善处理城市经济发展、老旧街区改造与城市人文遗产保护之间的紧张关系，化矛盾为共赢，已经成为当前中国城市发展亟须解决的一个重要课题。2014 年，国家主席习近平在北京考察工作时就强调："历史文化是城市的灵魂，要像爱惜自己的生命一样保护好城市历史文化遗产。"当前中国的城市化，正发生于一个全球化的背景之中。中外之间经济、文化等多方面的交流，在城市空间中留下了历史的足迹。城市的发展，已不能忽视跨越国界的国际因素。同时，城市更新中人文遗产的保护，也是各国面临的共同课题。"他山之石，可以攻玉"，中国城市人文遗产的保护，也需要借鉴来自世界的有益经验。

有鉴于此，2015 年 7 月 4 ~ 5 日，"国际视野中的都市人文遗产研究与保护"国际学术研讨会在上海社会科学院召开。此次研讨会由上海社会科学院历史研究所马学强教授主持的"城市人文遗产研究"创新团队发起、承办，上海音像资料馆协办。会议旨在打开国际视野，挖掘城市历史发展进程中的国际因素，交流各国城市人文遗产研究与保护的方法和进展，推动国内尤其是上海都市人文遗产研究与保护事业的国际化发展。

研讨会在一段首次公开的珍贵历史影像中开幕。上海音像资料馆、上海社会科学院"城市人文遗产研究"创新团队，利用上海音像资料馆珍藏的外滩早期视频影像，联合制作了一部纪实短片《世界的外滩》。短片中包括一段摄制于1898年的外滩影像，此时距离电影技术在欧洲诞生仅仅3年，是目前已知最早的外滩影像。短片中还披露了一段淞沪抗战时外滩遭受日军炮火袭击的影片，这是上海音像资料馆最近收集、修复，并首次公开的抗战时期外滩影像，弥足珍贵。纪实短片《世界的外滩》，令与会学者身临其境地感受到外滩的发展历史。

会议开幕式由上海社会科学院历史研究所副所长王健研究员主持。上海社会科学院副院长王振、上海文化广播影视集团有限公司技术总监汪建强、上海市档案馆副馆长邢建榕分别致辞，对研讨会的召开表示祝贺。随后，神奈川大学工学部建筑学科的内田青藏教授和美国南加州大学东亚系主任史瀚波（Brett Sheehan）教授作为海外学者代表致辞，高度赞赏了此次研讨会的国际化视野。

两天的会议共分为五大专题。第一个专题为"他山之石：国际都市人文遗产的研究与保护"。首个报告为来自英国格拉斯哥大学社会与政治学院 Rebecca Madgin 教授的"英国城市遗产的价值转换：回顾与展望"。在英国，人们对城市人文遗产价值的认识，经历了三个阶段。第一个阶段，将城市人文遗产视为改善城市环境的一种景观；第二个阶段，开始认识到城市人文遗产能增加城市魅力，为城市带来经济上的溢价；第三个阶段，对城市人文遗产的认识开始超越单纯的经济考量，发现其在城市更新过程中具有融合地方社群、凝聚社区精神的独特社会效用。目前，英国的城市人文遗产保护工作，将更多适配社区发展的需要，发挥其在社会凝聚方面的作用。日本神奈川大学建筑学科内田青藏教授的报告题为"存续历史与建筑遗产的横滨城区建设"，介绍了1859年横滨开港以降，横滨城市空间的发展历程。居留区的建设对横滨的建筑风貌和城市肌理产生了极为深刻的影响。二战后，横滨的城市建设一度忽视其作为早期开港城市的历史而缺乏特色。1968年后，横滨的城市规划着意加入对城市人文遗产的保护，采用外观保留、另造别馆等方式，保存了一大批富有纪念价值的近代历史建筑，这些建筑现已成为横滨的标志性景观。大阪市立大学的大学院文学部塚田孝教授则为与会学者带来了对日本另一大城市——大阪的研究，他的报告题为"近世大阪的开发与社会·空间构造——以道顿堀周边为中心"。基于安井家保存的文书，塚田教授指出，在历史上，道顿堀两岸的土地在产权上属公有，但两岸町人对这部分土地的使用权也得到了认可，这直接导致了后世道顿堀在清淤、护岸和两岸开发等事业中产权纠纷问题的产生。道顿堀两岸，现在是大阪重要的观光景区，塚田教授对历史资源的观光资源化及由此导致的历史遗迹被改造，还是持一种批判态度。本专题的最后一个报告是理论性的宏观思考。澳大利亚南威尔士州立大学建筑学系主任阮昕教授向与会学者介绍了他对住屋形态发展史的理论思考，他的报告题为"研究住屋文化史的建筑手段"。阮教授将住屋形态的演变归纳为三种模式，一为合院模式，象征天地之间的关系；二为文艺复兴后出现的多房间连通模式；三为近代以降的独立房间向公用走廊开口模式，这一模式强调了对生活私密性的保护。每种模式有不同的变形，譬如外立面形态、平面形状和建筑用材等。这些变形其实都是次要的，住屋宅形变化最核心的内容是生活方式的变化，也就是说，应当将人类生活方式的演变作为把握住屋模式演变的主线。

　　研讨会的第二个主题"中国经验：城市更新与人文遗产保护"是本次会议研讨的一个重点内容，故分为上下两场，上半场包括 5 个报告。法国里昂高等师范大学东亚学院的尹冬茗（Dorothée Rihal）博士曾在武汉工作多年，对原法租界的近代建筑多有关注。她的报告题为"汉口法租界建筑遗产的奇妙之旅：谈一谈建筑遗产的再利用"，介绍了汉口圣母无原罪教堂、东方汇理银行、大智门火车站和德明饭店等建筑在 1949 年后，尤其是近 20 年来的使用情况。尹冬茗博士对历史建筑的重新开发和利用持宽容的态度，她指出，建筑终究是要为人所用的，它不应当只是被当作博物馆中的文物而完全凝固于历史，它完全可以根据目前的需求赋予新的用途加以利用。武汉市社会科学院张笃勤研究员的研究亦围绕武汉而展开，他的报告题为"当代中国都市景观设计与人文遗产保护——以武汉新区为例"。他强调，新城区的规划不能以消灭城市传统风貌为代价，而要为城市人文遗产的保存和展示留下空间。他特别重视城市人文遗产的公共性，主张其开发利用应以创造城市公共空间为导向，反对将城市人文遗产改造为富人住宅。城市人文遗产是大众的共同财富，其开发应为大众服务，而不应成为贫富区隔、社会撕裂的道具。杭州是另一座有着丰富历史人文遗存的城市，杭州城市规划设计研究院城市发展与历史保护研究所所长华芳和规划师王沈玉做的报告题为"转型发展背景下城市遗址的保护利用研究：以杭州市南宋临安城遗址为例"，介绍了他们在临安城遗址保护工作中的实践经验。临安城遗址面积广大，属于典型的都市型大遗址，并且遗址与当代杭州市区上下重叠，因此保护难度极大。规划者通过细致梳理历史，将遗址区划分为重点保护区、一般保护区、建设控制地带和环境控制区，赋予不同的功能适建性，在遗址保护的前提下，合理规划现代基础设施建设。同时，在遗址展示利用方面，鉴于部分遗址残存遗构不多、观赏认知度低，规划者创造性地采用树木、灯光等意象性的标识展示手法，虚实结合，提升大众的临场体验，从而引导大众形成更为完整的遗址整体空间感。俗话说，"上有天堂，下有苏杭"，苏州的城市人文遗产保护同样受到学者的关注。美国西北大学历史学系柯必德教授的报告"古代苏州的现代性"，对最近 20 年来苏州城市建设中的争议进行了回顾和讨论。苏州是一座历史文化名城，同时，它又是中国经济最发达的现代城市之一，苏州的城市建设应当如何兼顾这两个特性呢？破坏传统成为批评现代城市规划最常用的理由。苏州博物馆的设计和施工、苏州工业园区完全诉诸市场的规划建设，曾引起全国性的广泛讨论。柯必德教授认为，这些讨论之所以受到全国的关注，正是因为各地普遍存在着对城市快速发展中传统和审美缺失的担忧。无锡是毗邻苏州的一座近代工业城市，英国莱斯特大学城市史研究中心林涛（Toby Lincoln）博士的报告"无锡：中国的'小上海'"梳理了无锡在近代工业崛起带动下的城市化进程。在这一过程中，以荣氏家族为代表的地方精英和地方政府发挥了领导作用，但是，这两种领导力量在城市发展理念上存在着分歧。林涛博士以戚墅堰电厂的建设为例，展示了无锡城市建设在精英和政府博弈中前行的过程。

"中国经验：城市更新与人文遗产保护"的下半场同样包括 5 个报告。上海城市史学会会长、中国史学会副会长、上海社会科学院熊月之研究员做了报告"关于加强上海都市人文遗产研究的几点想法"，高屋建瓴地指出了以往上海都市人文遗产研究及保护中的四个偏重和四个不足：偏重于中国人物，对外侨人物研究不足；偏重于红色人物，即反帝反封建方面的人物，对其他人物研究不足；对历史人物的研究，偏重于其政治方面，对其他方面研究不足；对都市人文遗产的研究和保护，偏重于看得见、摸得着的显性部分，对看不见、摸不着的隐性部分研究不足，特别是对已经不存在的著名建筑的人文遗产研究不足。熊月之的报告为上海都市人文遗产研究的未来发展指出了值得加力、重视的方向。同济大学建筑与城市规划学院规划系主任杨贵庆教授的报告"从'社会生态链'看城市历史文化遗产保护的价值"，则用一种新的视角对都市人文遗产开发和保护的价值做出阐释。不同人群组织在社会生活中环环相扣，组成"社会生态链"。社会生态链的节点越多，亦即人群越多元化、人群间关联越多样，社会结构便越稳定。上海城市社会的稳定，与上海多元的社会结构、各层次来沪人员均能在城市中找到合适的位置密切相关。因此，都市人文遗产的保护和开发，应当在营造都市公共空间上下功夫，为丰富多元人群的城市生活、加固社会生态链的多元结构做出贡献。上海社会科学院历史研究所研究员、"城市人文遗产研究"创新团队首席专家马学强教授的报告"城市的容器：上海石库门研究的多重视角"恰为杨贵庆教授的观点做了历史的诠释。中西合璧的石库门建筑是标志性的海派景观，是近代上海最为珍贵的都市人文遗产之一。石库门内，各色人等齐聚、三百六十行齐备。石库门不仅是住宅，还兼有其他多重功能，它真正体现了城市作为社会容器的特性。近代上海的城市活力，正蕴藏于石库门所涵纳的多元人群之中。"城市人文遗产研究"创新团队研究员万勇博士的报告"城市历史空间研究的重要意义与初步探索"，结合自己在研究与规划的两栖经历，务实地指出城市规划建设需要保存历史记忆、汲取历史智慧，历史空间的研究需要走多学科融合的路子，并打开国际视野。就上海历史空间的研究而言，需要在基础工作上下功夫，对上海不同时期的历史地图和历史图片进行有计划的搜集和整理，对上海城市史研究的成果进行细致的梳理，在此基础上，对上海城市功能变迁的空间演进进行系统化研究。图形处理、逻辑推导和建言献策，应三位一体，将基础研究的成果导入城市规划的实践。该专题的最后一个报告是上海社会科学院历史研究所副研究员牟振宇博士的"历史人物在城市文化遗产研究中的价值：以上海法租界缔造者敏体尼为例"。城市的发展，离不开鲜活的个人，尤其是活跃于历史关键时期的人物，敏体尼就是这样一个角色。牟振宇博士利用在法国公藏机构收集到的史料，梳理了敏体尼的生平事迹，概括了他在上海城市发展中所发挥的作用。敏体尼开创了法租界，并对中法贸易进行缜密的调查，他重视保护传教士在华的活动，并突出了领事在租界事务中的领导地位。敏体尼的这些活动，对日后各口岸城市法租界的街道风貌和管理体制产生了深远的影响。

研讨会的第三个议题是"面向未来：都市人文遗产研究与保护展望"。这一组报告集中于对都市人文遗产保护未来趋势和城市发展轨迹的探讨。上海交通大学船舶海洋与建筑工程学院刘杰教授的报告题为"上海城市建筑遗产再利用的探索研究"，介绍了他对上海城市建筑遗产再利用的最新思考。历史为上海留下了丰富的建筑遗产，但妥善保护和利用这些建筑遗产颇为困难，绝对的保护与纯粹的再利用对建筑而言都是双刃剑。要求在规划中协调相关人群的不同需求，平衡遗产保护、居民便利和创意发展这三个方向，形成合力，充分发掘建筑遗产应有的价值。近20年来，上海出现了诸如"新天地"等优秀开发案例，但成绩的背后还隐藏着诸多的问题，问题的焦点便集中于未能在遗产保护、居民便利和创意发展之间做好平衡，对部分人群造成了负面影响，且制约了建筑遗产保护和利用的可持续发展。中国的东邻日本，在城市人文遗产的保护上起步较早，复旦大学中国历史地理研究所副教授邹怡的报告"日本工业遗产开发的历史、现状和未来"，梳理了日本工业遗产保护工作发轫的多元动力：专业的技术史研究者和行业爱好者用心于技术的保存和传承，民众通过工业遗产重温自己的热血青春，国家借此宣传近代民族国家强大的根基，而地方政府和社团希望从产业调整后留下的工业遗产中寻得新的经济增长点。因此，日本工业遗产的开发着力于各方力量的有机整合。2014年申遗成功的群马县富冈制丝场以及近代绢丝产业遗迹群，其保护和开发过程中，便充分考虑了各利益团体的诉求，从而有力整合了企业、地方政府和民间社团的力量。人文遗产的内涵，常与国家发展战略有关，工业遗产如是，地名文化亦如是。浙江省舟山市民政局、舟山群岛地名文化工作室王建富主任的报告"地名是城市非物质文化遗产的'活化石'——以舟山地名与国家战略之间的关系为例"，通过考察舟山地区地名的演变，透视了地方发展与国家战略间的关系。在漫长的历史发展过程中，地处海疆的舟山群岛经历了远离朝政、远离战火的宁静渔猎生活，也经历了朝野关注、世界瞩目的重大事件，见证了中国从"黄土文明"走向"海洋文明"的历程。舟山，因国家战略的变化而不断改变命运。地名，生动地记录了这些历史进程。地名，是长时段历史的无声记录者，而对近代史而言，影像资料是更为直观生动的历史记录。上海音像资料馆研究馆员张景岳先生的报告"上海市区的拓展轨迹与人文遗产的空间分布"由一段段珍贵的历史影像展开，可谓"百闻不如一见"。上海音像资料馆收藏有 1500 分钟声影并茂的老上海影像，可以与文献记载相互印证，一些细节，还可以补充文献之不足。例如，1935 年，在沪英人亨利·雷士德捐资建造的医学研究院，是当时与国际接轨的一流医学院，前述熊月之教授的报告中曾感叹对雷士德的研究太少，而上海音像资料馆便收藏有记录雷士德医学研究院外观、内景的珍贵影像。这一组的最后一个报告是美国新罕布什尔大学地理系蓝图博士的"可见性的博弈：服装产业网络和意大利普拉托的城市空间"。从 20 世纪 90 年代末开始，大量温州移民进入意大利服装产业，尤其在意大利中部城市普拉托，形成了一个完整的服装产业网络。蓝图博士的报告梳理了普拉托的城市空间如何被温州移民带来的新兴服装产业所改变，并进一步指出，这种空间变化是由普拉托的政策制定者、意大利商人和普通居民、中国商人和劳工在政治、经济和文化三个层面上的复杂博弈所形成。其结果具有极大的偶然性，并非由其中某一方主导所完成，城市的空间演变是多方利益团体合力作用的结果。

会议的第四个议题是"都市对话"。这是一组不同城市文化遗产保护的比较讨论。天津社会科学院历史研究所原所长张利民研究员的报告"城市文化遗产保护的公共性——以天津为例"从公共性的角度切入，对当前城市人文遗产保护中的成败得失、问题和措施进行了分析。从天津的案例来看，城市人文遗产保护工作中存在着政府部门多头管理、协调不足、缺乏系统规划等问题。城市人文遗产由市民所创造，并且深刻嵌入市民的日常生活，城市人文遗产的保护理应为公众提供多渠道参与的可能性，将城市居民自下而上的保护与政府自上而下的保护相互结合，使民间自发的保护意识能够通过一定的途径落实为具体的保护、参与行为，从而提高保护利用的效果。公众史学、口述历史和城市人文遗产保护群体的多样化，都是未来值得推广的研究与保护措施。同济大学建筑与城市规划学院钱宗灏教授的报告"城市史研究的深层次耕耘——以上海张园为例"是一个细致的个案研究。张园，这座近代上海著名的豪华园林，被学界定位为晚清上海的公共空间，但因张园早已荡然无存，所以，关于张园的诸多详情，至今语焉不详。钱教授通过爬梳西文资料、考证旧照片，梳理了张园的创建和易主过程，并精确地考证出张园中著名建筑安垲第的位置应在德庆里一弄（今茂名北路264弄）至荣康里三弄（今茂名北路250弄）之间，其最后的拆除应在1948年之前。杭州市城市规划设计研究院规划七所所长韦飚的报告"都市外围区域更新过程中的人文遗产保护——以杭州城北地区为例"，结合目前正在进行的规划工作，介绍了杭州城北地区的人文遗产保护实践。杭州城北地区有着以杭州钢铁集团公司半山生产基地为核心的工业带和以半山森林公园为核心的优秀山水资源。由于杭州钢铁集团公司半山生产基地关停在即，如何将这部分工业遗产合理地加以保留和开发，成为规划中的一个难点。韦飚所长深感在城市更新过程中，随着传统的建筑布局、街坊里弄和滨水地带等物质形体发生改变后，非物质文化遗产即便有心保存，也常只是徒留表象，而其真实内涵已残缺不全。对此，强调以落实空间为主要任务的规划设计单位常颇感无力，希望能与公众、政府机构及专业的历史文化研究机构展开有效的合作。美国加州大学圣科鲁兹分校东鸿（Abbie Zamcheck）博士的报告"延续的谱系——民国时期江南重建及其回应"，考察了民国时期江南地区的城市和乡村建设。东鸿博士发现，在此过程中，地方精英发挥着举足轻重的作用，传统的宗族关系仍是近代新事物传播至大众的重要纽带。民国时期，来自城市的新风尚，经由在城市接受教育的地方精英子弟，顺着宗族纽带，进入乡村，深刻地影响了乡村的发展建设。

会议的最后一个议题为"跨学科交流"。上海音像资料馆杨海生馆长的报告"影像资料对都市人文遗产研究与保护的作用——以上海音像馆实践为例"，基于该馆馆藏，展示了影像资料在都市人文遗产研究与保护中的重要作用。城市人文遗产的保护有四大原则：真实性、整体性、可读性、可持续性。真实记录城市历史风貌的影像资料，正体现了城市人文遗产保护的四大原则，从而日益为城市史研究者所重视。目前，上海音像资料馆不仅大力寻访、抢救历史影像，同时留心摄录、保存当代上海发展的资料，并通过互联网等技术手段，令影像资料更容易为学界所利用、公众所了解。影像资料固然直观真实，但对于影像技术问世之前的城市历史，还需缜密的古文献考证和古地图解析工作来考察。上海师范大学人文与传播学院钟翀教授的报告"城市历史形态学视野下的上海老城厢中尺度长期演变分析",就利用旧方志和旧地图,复原了北宋至清末上海县城的平面格局。上海作为城镇的历史大致可分为4个阶段:北宋至元代建县初(11世纪~14世纪中期)的河埠型市镇阶段;元末至明嘉靖筑城前(14世纪中期~1553)的环河型水乡县市阶段;明嘉靖筑城初至民国初拆城(1553~1915)的老城厢阶段,近代化之后至当代(1915年至今)的嵌入型"城中城"阶段。上海老城厢平面格局的长期演变过程,不仅具有典型个案价值,更为今后系统研究江南城市历史形态的演化进程和规律,推进都市人文遗产的保护和利用积累了素材。除旧方志和老地图外,近代档案也是城市史研究的极佳素材。上海市档案馆馆员彭晓亮先生的报告"城市·建筑·人——以上海外滩法国邮船公司大楼为例",利用上海市档案馆收藏的档案,梳理了法国邮船公司大楼的设计、落成、使用和传承情况。无数近代著名人物曾在此工作、出入和交际,细数历史,大楼不啻为近代中国一个重要的历史舞台。现在,大楼为上海档案馆外滩馆,彭晓亮先生即在楼内工作,故其中细节,信手拈来。上海社会科学院历史研究所副研究员张秀莉博士的报告"关于上海工业遗产保护的思考",指出了目前上海工业遗产保护工作中的不足,提出对于都市人文遗产的保护,不仅历史悠久的建筑要保存,且新中国成立以来60余年的当代工业遗产也应纳入研究与保护的视野。如上海苏州河沿岸工业遗址、沪东工业遗产、闵行工业遗产和其他卫星城工业遗址等,均应受到关注。这是一项与时间赛跑的工作,不管政府和相关部门是否重视、是否配合,有识之士都要在力所能及的范围内进行文献调查、口述访谈和影像记录,这是一项存史鉴今的重要工作。目前,来自建筑、规划和传播等学科的学者也开始与历史学研究者携手,共同关注工业遗产保护,这对于都市人文遗产研究的视野拓展、方法更新均大有裨益。最后,上海交通大学校史办胡端和中央财经大学博士生龚浩的报告"民俗视野下的非物质文化遗产——以瓯江流域为中心的考察",介绍了瓯江流域浙江丽水和温州地区的国家级非物质文化遗产,木拱廊桥、龙泉青瓷、龙泉宝剑、青田石雕、瓯绣、瓯塑等物质文化遗产背后蕴藏的民情风俗。

　　两天的会议,内容丰富、安排紧凑。五个主题的专题报告结束之后,马学强教授和杨海生馆长主持了一个总结有力的闭幕仪式。同济大学副校长、联合国环境署—同济环境可持续发展学院院长伍江教授长期直接参与上海城市人文遗产的保护工作。他指出，不少城市人文遗产目前还在使用中，它们是活的，所以不能用文物的眼光来看待它们，不可拘泥于不准改变现状的文物保护方法来处理"活着的"城市人文遗产。物质遗产中原有的人文活动现在有些已经消逝，这是历史事实，必须正视，我们不能勉强地去保留它们，强制地演戏和不道德的看戏，都不是可取的城市人文遗产保护之道。英国格拉斯哥大学 Rebecca Madgin 教授指出，城市人文遗产的保护和利用，必须重视人和建筑之间的感情，专业人士理应担当起社会责任。日本大阪市立大学塚田孝教授以自己的工作经验为例，号召学界加强与公众的联系，携手进行基层调查。假以时日，此项基础工作必定可积累起极其丰富的民众生活记忆。天津社会科学院历史研究所原所长张利民研究员同样有着丰富的城市人文遗产保护实践经验，他指出，城市人文遗产保护工作，涉及学理和现实多个方面，学者不应将自己视为旁观者，只是对工作进行批评，而应多接触实务部门，充分了解工作开展的具体条件。同时，各城市人文遗产的比较研究，现在已有了研究意识，但仍少有此类工作，未来值得花大力气推进。最后，由中国城市史学会会长、中国史学会副会长熊月之研究员发言，他强调了城市人文遗产研究及保护工作的现实性和前瞻性。他认为，智库工作是眼睛向前看，而历史研究是眼睛向后看，城市人文遗产的研究和保护工作，将两者很好地衔接起来。城市人文遗产具有不可伪造性、不可再造性，随着社会经济的发展，公众生活层次的提高，大众必定更加注重对文化的追求，故城市人文遗产的研究、保护和利用工作，任重而道远。

城市的建设，意味着城市的更新。旧城，一度被人们视为理应毁弃的不良资产。然而，当千篇一律的新城在中国各地出现时，人们方才意识到城市的个性和魅力乃来自于其历史文脉。都市人文遗产，是城市文脉的物质载体和精神表现。随着城市史研究的深入、全球史研究的展开，学界日益认识到，对城市历史的理解，不仅要细致梳理城市文脉中的地方性知识，还要将城市置于全球历史的进程之中，善于发现城市文脉中的国际因素。同时，关于城市人文遗产的保护和研究，国际上也已积累了丰富的实践经验，并且仍在进行不断地思考和摸索。所以，本次研讨会主题中的"国际视野"一词兼具以上两层含义。

　　研讨会中，与会学者形成一个共识，城市人文遗产的保护和研究是一项综合性的事业，并非一个学科所能完成，而需汇合历史、地理、建筑和规划等多个学科的专业人员，也并非单纯学界人士所能完成，而需沟通学界、社会团体与职能部门，汇聚合作，形成合力。本次研讨会的召开，也希望借此形成一个跨学科、跨领域、跨国界的交流平台，汇聚有识之士，共同推进城市人文遗产研究和保护工作的务实展开。

作者：邹怡，复旦大学中国历史地理研究所

Abstracts

Regional System & Economic Development

Discuss about the Business Development of Modern Guangxi Towns:
    a Case Study of Daxu Town in Guilin   *Xiong Changkun* / 1

Abstract: Daxu due to water transportation in the Ming dynasty had become
the most important amphibious pier. in the east of Guilin Since in the Qing dynas-
ty, with the rapid development of commodity economy, daxu gradually become
the Quanzhou, Xing – an, Linchuan, Longsheng county agricultural goods dis-
tribution center, and to become one of the "four big town" in Guangxi. Late
Qing early years of the republic of China, for the big fair as the prosperous peri-
od, Hunan, Guangdong, Jiangxi, Fujian, Guangxi local merchants gather
here , shops and as many as 306 households. Modern big fair prosperity, not on-
ly reflects the Guangxi with neighboring Guangdong, Hunan, Jiangxi provinces
such as economic and cultural exchange, but also reflects the degree of economic
development of cities and towns of Guangxi at that time.
    Keywords: Modern; Towns of Guangxi; Business; Daxu

Operation, Achievements and Insufficiency: The Small Loan Service of
    Tianjin during the Period of the Republic of China   *Feng Jian* / 25

Abstract: The small loan service of Tianjin was one kind of folk loan forms
which Tianjin government and the banking circles cooperated to support the small
industrialists and businessmen in the 1930s. The goal it set up was to help small in-
dustry and commerce and strike usury. After the small loan department was estab-

lished, loan business was very busy, but the efficiency of small loan was not high. The agency had not been established eventually and some people who needed money were unable to borrow. Because of the disaster and the chaos caused by the war as well as the status vicissitude of the loan place itself, the repayment had some problems. These problems caused the small loan place couldn't become the loan organization such as pawn industry that could substitute for the folk usury at last. These problems reflected that the government was facing the difficulties in the urban finance modernization. Meanwhile, the article indicates that only the government and the society cooperated appropriately that the small loan might go well.

Keywords: the Small Loan; Forms of Loan; Achievements; Insufficiency

Clean Up Tianjin Union Trade Case in 1927   *Hei Guangju* / 44

Abstract: The financial sector has occurred Tianjin Union Trade Company fraud case in Tianjinin in July 9, 1927 and the sudden occurrence of the case triggered a short – term turmoil in the financial markets. This paper tries to explain the necessity and importance of establishing credit system, credit security in modern China by combing the occurrence, clearing and bankruptcy proceedings of Tianjin Union trade.

Keywords: Debt and Creditor's Rights; Credit Security; Union Trade Case

Tianjin Shipping during the Period of War of Resistance against Japan

Liu Fenghua / 56

Abstract: After the outbreak of Lugouqiao Incident, the occupation authorities firstly took over Tianjin shipping authorities, and Kita – shina hōmengun (the Japanese North China Area Army) issued gradually a series of policies which gave the instructions to Tianjin shipping. After the establishment of Kahoku Kōtsū Gaisha (KKG, North China Transportation Company) in April 1939, the occupation authorities established the unified control of North China Transportation.

Under the policy of "railway as primary, roads and shipping as supplements", KKG controlled civilian ships and boats and strengthened the transportation capacity. Under the circumstances, Tianjin shipping was dominated by the occupation authorities and companies and organizations sponsored by the occupation authorities. After the outbreak of the Pacific war, the occupation authorities increased the control of Tianjin shipping, but it had got heavy blows by U. S. blockade and Chinese guerrillas' raid. Tianjin shipping suffered major losses during the period of War of Resistance against Japan.

Keywords: the Period of War of Resistance against Japan; Tianjin; Shipping; Japan

Space Structure & Environmental Transition

The "Beijing – Tianjin – Zhangjiakou – Datong" Hinterland of
Environment Changes in the Yongding River Basin in Recent 600 Years
Zhang Huizhi   Wang Zhigang / 66

Abstract: Yongding River is one of the five major tributaries of the Haihe River, located at 40 degrees north latitude near, distribution within the basin city exists in three sub – system – West, North and East, which center are Datong, Zhangjiakou, Beijing(Beijing and Tianjin) , but since Beijing is the national political center, its political rights to resource priority aggregation, however, Zhangjiakou and Datong has been to become the barrier and service the capital as their main function. Since the Ming Dynasty, over 600 years, people with little regard for environmental change in upstream may affect the whole basin, along with the increase in disaster type, frequency of Sanggan River and Yang River in upstream Yongding River, in the lower reach of Yongding River, urban water environmental problems in Beijing and Tianjin increase simultaneously. Since the mid – 20th century, The major disaster in Yongding River have been changed by floods into water shortage .

Keywords: Yongding River Basin; City Environment Problem; Watershed

Integrated Development

Japanese Residential Neighborhood in Qingdao and Efforts of

    Decolonizing（1914－1937）   *Ma Shuhua* / 82

Abstract：In 1914, with Japan replacing Germany in occupying Qingdao, a large number of Japanese flooded into the city, which gradually formed the exclusive Japanese residential neighborhood called "New Town". Besides certain streets of Qingdao were renamed and various kinds of colonial cultural landscape became appearance. From a certain point of view, "New Town" and other new changes of the city landscape are not only places where the social culture of Japanese residents could be learnt and observed, but also a space－based carrier in which Qingdao shifted to be an industry and commerce － based, textile industry-centered city from a simple trade and transport port. Furthermore, "New Town" as well as other changes of landscape perform the key to understand Qingdao's effort of decolonizing after 1922 when the city was returned to China. During the years from 1922 when Japanese occupied the city again, the authority of Qingdao made a lot of effort in rebuilding and transforming the colonized space. The efforts finally made Qingdao into a city where colonized culture and national culture mixed, foreign culture and local culture blended with each other.

Keywords：Qingdao；Japanese Residential neighborhood；Space；Decolonization

The Temporal－Spatial Distribution of Epidemic Disasters in Hubei

    Province During the Period of Republic China

                      Wang Zhaolei Wang Siqi / 116

Abstract：Epidemic disaster, a top disaster of human society, results from the massive prevalence of acute infectious diseases and threatens human health safety and life security directly. Hubei province as one of the heavy epidemic areas in

China, its urban disease disasters had quickly increased, either the number and frequency or the distribution area. Because of the affection from the social upheaval and the natural environment's change during the period of Republic China. Cities in Jianghan Plain had become the uppermost endemic area, which had showed the tendency from the seasonal to usual and the historical change in the temporal and spatial distribution, which made the prevention and the control of epidemics much more difficulty, hindered the development of the city of Hubei province during the Republic of China at last.

Key words: the Republic of China; the Cities of Hubei Province; Epidemic Disaster; the Temporal and Spatial Distribution

Social Class & Cultural Education

The Racing Conference of Shimen in the Fall Period　　　*Li Huimin* / 127

Abstract: During the fall from 1939 to 1944, Shihmen successively held 12 racing Conference assembly which in the form of entertainment, emphasizing as " horse breeds improvement and proliferation of horses and seek industry development service. It was not only the meeting in stone the Japanese cultural aggression, in a certain extent to meet the Japanese invaders screening charger needs, and increased the revenue of the city government.

Keywords: Shimen; Racecourse; Racing Conference

The Cinema and the Societies of Beijing and Tianjin during the Fall Period

Cheng Shujun / 141

Abstract: Beijing and Tianjin have experienced eight years of colonial rule during the war of resistance against Japan. During this period, the movie theater because of its unique function and position, became the focus of the invaders and the anti-japanese patriots. Japanese invaders used it as an important tool of political propaganda and ideological control, economic plunder and the object of arbitrary persecution, the Anti-japanese patriots made it become a stage for conveying the patriotic position and an anti-Japanese aggression.

Keywords: Cinema; Tianjin; Beijing; Japanese Rule; Fall Period

Strata, Gender and Performance:

Civilized Play and the Transformation of urban everyday life   *Lin Chunxiu* / 151

Abstract: Theater occupies an indispensable place in the life of common Chinese people in the traditional rural China. In the process of modernization, the local operas entered cities and became an important part of urban culture. It is beyond any doubt that opera played a crucial role in building up historical knowledge, cultural features of the ordinary people. And people learned history, culture and morality mainly in an unwitting manner. Due to the influence of elite bias, historians pay little attention to theater studies. Approach from the Microscope history, this paper will focus on two famous Civilized Drama repertoires *Xuelei Bei* (*Blood and Tear Tablet*) and *Yilv Ma* (*A Piece of Twine*) in early republic theaters, tries to explore the transformation of social culture, such as the strata reinstitution and gender relationship. This paper will also examine the emergence of the cultural hierarchy between the elite culture and popular culture.

Keywords: Strata; Gender; Performance; Civilized Play; Everyday Life

The Study of Tianjin Lawyer's Practicing Activities in the Fall Period

Wang Jing / 164

Abstract: Tianjin lawyer's practicing activities were affected seriously in the Fall the. Compared with the occupied areas, Isolated – Island could afford safe space and potential customers to lawyers for political reasons. However, not only in the Occupied areas, but also in Isolated – Island, the Tianjin lawyers slipped into obscurity in business development, business language and public opinion.

Keywords: Fall Period; Tianjin; Lawyer's Practicing Activities

The Social Network Analysis of the Modern Urban Poor:

a Case Study of 1920 ~ 1930's Tianjin   *Fu Yanhong* / 176

Abstract: With the rapid changes in modern tianjin urban society and the development of industry and commerce, the gap of social class widened which showed not only in the income gap, but also the performance of social networks. For the urban poor social network, it presented an open situation from the traditional kinship to geopolitical relations, and the Karmic relationship. Due to the restrictio by the class and social environment, modern urban poor social network had the narrow, closed and homogeneity characteristics, which reflected the majority of the urban poor were still "Marginalized groups", and had not really integrated to the mainstream society.

Keywords: Modern Tianjin; the Urban Poor Class; Social Network

Overseas Study

The Trade, Transportation and Stock of the Inns in Amsterdam (1450 – 1800)

Maarten Hell / 191

Abstract: Amsterdam inns were indispensible hubs in the organization of early modern urban trade. Their economic functions were numerous: innkeepers offered credit and transport services, acted as sureties and accepted bills of exchange on behalf of their alien guests. In the sixteenth century, a group of predominantly German innkeepers participated in the international trade, but in the following centuries the combination innkeeper – agent became rare. Publicans continued to assist mercantile clients though. Besides offering storage and transport services, meeting space, and credit, certain publicans, also mediated between foreign and indigenous traders. A select group of inns also hosted auction – marts, which attracted brokers, merchants, and general public. In the nineteenth century, the inns lost their appeal and specialized institutions like hotels, restaurants, trade halls, auction – houses, and transport companies took over the economic functions.

Keywords: Dutch Republic; Amsterdam; Inns; Public Drinking Houses; Commerce

The Re-examining and Consideration at Tianjin Research in
Korea Since the new Century   *Luo Haiyan   Lim Sanghun* / 212

Abstract: With the development of Korea – Chinese relations and the adjustment of Tianjin city, the development of Tianjin research could be divided into two periods: Sinology – times and Chinese Study – times. Especially since the 21st century, the Korea government and academics pay more attention to Tianjin and there has been a lot of research on the remarkable achievements, but there are also some problems. So the re – examining and consideration at Tianjin research in Korea will help us to understand Tianjin and Korea and promote the exchanges, cooperation and development among the cities.

Keywords: Chinese Studies; Korea; New Century; Tianjin Research

Academic Review

The Development of Oral History and Urban History's Transition to
Anthropology   *Xu Zhena* / 224

Abstract: "From the bottom up", "whole" and "continual" narrative, and return to the "human" dimension, focus on the reality has already become the main request for current urban history studies. The reality of this request has at a large extent relied on the development of the of method oral history. Firstly, Oral history materials have offered abundant resources to make up the blank and strengthen weak links in the urban history study. The interaction between objects of oral history and professional urban history scholars in the judgment of historical value has played an important role in deconstruction of traditional urban history. As a key medium to share the resources, ideas and interact with each between professional urban history and public history, oral history has provided a possibility for the professional urban history study to form social influence.

Keywords: Oral History; Urban History; From the Bottom Up; Public History

The Research on the Folk Municipal Participation of Modern China

The City History Institute of Jianghan University   *Fang Qiumei* / 238

Abstract: The research on the folk municipal participation is a new branch of the modern city history of China, its findings are mainly concentrated on the following aspects: Different folk administrations' municipal participation; The changes of folk municipal participation and municipal system; The problem of institutionalization, legalization, and limitation, as well as the type, method, pattern of the folk municipal participation, etc. The present research exists clear deficiency, Future research should be improved in the research content, historical materials and methods.

Keywords: Modern China; Folk Municipal Participation; Research Situation;

稿　约

《城市史研究》创刊于 1988 年，是目前国内唯一的城市史研究专业刊物，由天津社会科学院历史研究所主办，现为中国城市史研究会会刊，一年两期，由社会科学文献出版社出版发行。

一、本刊欢迎具有学术性、前沿性、思想性的有关中外城市史研究的稿件，涉及的内容包括城市政治、经济、文化、社会及与之相关的地理、建筑、规划等多学科和跨学科课题。对视角新颖、选题独特、有创见、有卓识的文稿尤为重视。另设有硕博论坛、新书评论、国外研究、研究动态、学术述评和会议综述等栏目。

二、文章字数一般应控制在 15000 字，优秀稿件可放宽至 3 万字，译稿则须附原文及原作者的授权证明，由投稿人自行解决版权问题。

三、来稿除文章正文外，请附上：

（一）作者简介：姓名、所在单位、职称、学位、研究方向、邮编、联系电话、电子邮箱；

（二）中英文摘要：字（词）数控制在 150~200 字；

（三）中英文关键词：限制在 3~5 个；

（四）文章的英文译名；

（五）注释：一律采用脚注，每页编号，自为起止。具体格式请参见《社会科学文献出版社 2012 年学术著作出版规范》第 17~25 页，下载地址：http：//www.ssap.com.cn/pic/Upload/Files/PDF/F6349319343783532395883.pdf。

四、本刊有修改删节文章的权力，凡投本刊者被视为认同这一规则。不同意删改者，请务必在文中声明。

五、本刊已加入中国学术期刊（光盘版）全文数据库，并许可其以数字化方式在中国知网发行传播本刊全文，相关作者著作权使用费与稿酬不再另行支付，作者向本刊提交文章发表的行为即视为同意我刊上述声明。

六、为方便编辑印刷，来稿一律采用电子文本，请径寄本刊编辑部电子邮箱：zhanglimin417@ sina. com，或 chengshishiyanjiu@ 163. com。来稿一经采用，即付样刊两册，因财力有限，没有稿酬；翻译外文文章，酌予翻译费。未用稿件，一律不退，一月内未接到用稿通知，可自行处理。文稿如有不允许删改和做技术处理的特殊事宜，请加说明。

需要订阅本刊的读者和单位，请与《城市史研究》编辑部联系。联系方式：电子邮箱 chengshishiyanjiu@ 163. com。

本刊地址：天津市南开区迎水道 7 号天津社会科学院历史研究所

邮编：300191；电话：022 - 23075336

《城市史研究》 编辑部

图书在版编目（CIP）数据

城市史研究. 第 33 辑/张利民主编. —北京：社会科学文献
出版社，2015.9
ISBN 978 - 7 - 5097 - 8009 - 1

I. ①城… Ⅱ. ①张… Ⅲ. ①城市史 - 文集 Ⅳ. ①C912.81 - 53

中国版本图书馆 CIP 数据核字（2015）第 208978 号

城市史研究（第 33 辑）

主　　编/张利民

出 版 人/谢寿光
项目统筹/李丽丽
责任编辑/李丽丽

出　　版/社会科学文献出版社·近代史编辑室（010）59367256
　　　　　地址：北京市北三环中路甲 29 号院华龙大厦　邮编：100029
　　　　　网址：www.ssap.com.cn
发　　行/市场营销中心（010）59367081　59367090
　　　　　读者服务中心（010）59367028
印　　装/三河市东方印刷有限公司

规　　格/开　本：787mm × 1092mm　1/16
　　　　　印　张：19.25　字　数：302 千字
版　　次/2015 年 9 月第 1 版　2015 年 9 月第 1 次印刷
书　　号/ISBN 978 - 7 - 5097 - 8009 - 1
定　　价/65.00 元